成人知的障がい者の「将来の生活場所の選択」に関する研究
―― 健やかな在宅ケアおよび家庭外施設利用を目指す家族支援 ――

山田哲子 著

風間書房

はじめに

　一般的に子どもが親よりも先立つことは「親不孝」とされますが，我が国の知的障がい児者を取り巻く環境では，親よりも先に知的障がいのある子どもが逝くことを「親孝行」と言われてしまう悲しい現実もあります。これは，知的障がい児者の親が抱く「親亡き後の不安」の深刻さを示していると考えられます。親亡き後の不安を抱く家族が多いにも関わらず，その不安にどのように対処をすれば良いのかについての情報や支援などが十分構築されていないというのが，我が国の現状です。そのため，知的障がい児者の親は将来の不安を抱えながら日々を過ごし，親が体調不良になったり亡くなったりするなどの緊急事態によって，親子共に不本意なかたちで家庭外施設利用が始まってしまう事態も多くなっています。本書では，必ずしも義務ではない在宅ケアのあり方や健やかな家庭外施設利用の可能性を模索するため，知的障がいのある子どもと家族が主体的に"将来の生活場所の選択"を行うために必要な家族支援の検討を行いました。

　第Ⅰ部（第1章・第2章）では，我が国における成人知的障がい者とその家族に関する研究の現状と，社会や福祉政策の動向を概観・整理しました。そして，先行研究の問題点を踏まえた上で，本書の目的を設定しています。

　第Ⅱ部（第3章）では，成人知的障がい者の日中の援助を行っている通所施設職員に焦点を当て，福祉現場における成人知的障がい者の将来の生活場所の選択に関する支援の現状や職員が必要だと考える家族支援について質問紙調査を行いました。そして，福祉現場が必要と考える家族支援のかたちについて知見をまとめています。

　第Ⅲ部（第4章・第5章・第6章・第7章）では，当事者家族の立場から，成人した知的障がいのある子どもと「共に暮らすこと」と「別々に暮らすこと」

についてアプローチしました。まず，現在在宅にて子どものケアをしている両親にインタビュー調査を行い，両親の抱く葛藤体験を描き出しました（第4章）。次に，両親が健在な家庭状況で家庭外施設の利用を決めた親にインタビュー調査を行い，子どもを家庭外施設に離してから継続的利用に至るまでの心理的プロセスを明らかにしました（第5章）。また，現在我が国で支援が必要と考えられているような，緊急事態によって家庭外施設利用に至った母親の心理的体験については第6章にてアプローチしています。これらの知見は，我が国の知的障がい者家族にとって欠けている"将来の生活場所の選択"に関するモデルストーリーの構築を狙ったものと言えます。そして第7章では，第4章から第6章の研究結果から導き出された，家族支援に関する臨床心理学的示唆をまとめました。

　第Ⅳ部（第8章・第9章）では，第Ⅱ部・第Ⅲ部の結果を元に，親を対象とした成人知的障がい者の将来の生活場所の選択をめぐる心理教育プログラムの実践研究の結果をまとめています。その結果，心理の専門家からの心理教育プログラムというアウトリーチによって，親の主体性が刺激され，プログラムに参加したそれぞれの親にとって可能な「子どもの将来のための準備」に向かわせていたという結果が得られました。また，この心理教育プログラムは当事者家族だけでなく，専門家に対して実践することで，家族理解の促進および家族の時宜に応じた適切な援助の供給を可能にするという発展可能性があることが明らかになりました。本書は，当事者家族の声を活かした生活場所に関する新しいサポートの在り方や，専門家からのアウトリーチという積極的な姿勢を提言したものです（第Ⅴ部：第10章）。

　質的研究を採用した第Ⅱ部では，当事者である家族の豊かな語りを多く記載しています。なお，倫理的配慮により，研究全体を通して得られた語りは本来の意味を損ねないように配慮しながら一部改変しています。

目　次

はじめに

第Ⅰ部　知的障がい者の「将来の生活場所の選択」……………… 1

第1章　研究の背景………………………………………………… 3
　第1節　日本の知的障がい者家族の現状……………………………… 3
　第2節　「将来」の不安………………………………………………… 5
　第3節　家族研究から読み解く親子関係……………………………… 7
　第4節　国内外の入所施設誕生と地域生活移行……………………… 8
　第5節　「親の声」に寄り添った支援の必要性………………………11

第2章　知的障がい者の「将来の生活場所の選択」を叶えるために ……15
　第1節　本書の目的と構成………………………………………………15
　第2節　用語の定義………………………………………………………17

第Ⅱ部　福祉現場の家族支援の現状…………………………………21

第3章　研究1：通所施設における「将来の生活場所の選択に関する支援」の現状調査………………………………………………23
　第1節　目的………………………………………………………………23
　第2節　方法………………………………………………………………25
　第3節　結果………………………………………………………………28
　第4節　考察………………………………………………………………62

第Ⅲ部　成人知的障がい者家族の声…………………………………69

第4章　研究2：在宅ケア両親における「子どもを親元から離す意識」及び「子どもと一緒に暮らす」体験………………………71

第1節　目的 …………………………………………………………… 71
　第2節　方法 …………………………………………………………… 73
　第3節　結果 …………………………………………………………… 77
　第4節　考察 …………………………………………………………… 95
第5章　研究3：入所施設を利用している両親の「子どもを親元から
　　　　離す」心理的プロセス ………………………………………… 105
　第1節　問題と目的 …………………………………………………… 105
　第2節　方法 …………………………………………………………… 107
　第3節　結果 …………………………………………………………… 112
　第4節　考察 …………………………………………………………… 122
第6章　研究4：緊急事態を体験した親の「子どもを親元から離す」
　　　　心理的プロセス …………………………………………………… 129
　第1節　問題と目的 …………………………………………………… 129
　第2節　方法 …………………………………………………………… 130
　第3節　事例の概要 …………………………………………………… 134
　第4節　結果 …………………………………………………………… 136
　第5節　考察 …………………………………………………………… 149
第7章　今後求められる親亡き後をめぐる知的障がい者家族支援
　　　　とは ……………………………………………………………… 157
　第1節　始まり方の異なる「子どもを親元から離す」体験の比較 … 157
　第2節　施設移行の経験者家族からの示唆 ………………………… 161
　第3節　将来の生活場所の選択をめぐる知的障がい者家族支援に
　　　　　対する臨床心理学的示唆 ………………………………… 165

第Ⅳ部　知的障がい者の「将来の生活場所の選択」に関する心理
　　　　教育プログラムの開発及び提案 ………………………………… 177
　第8章　研究5-1：在宅ケア家族に対する心理教育プログラムの開発 … 179

第 1 節	目的	179
第 2 節	プログラム開発の視点	181
第 3 節	プログラム開発の方法と結果	183

第 9 章 研究 5-2：在宅ケア家族に対する心理教育プログラムの実践 ·· 191
 第 1 節 目的 ………………………………………………………… 191
 第 2 節 方法 ………………………………………………………… 192
 第 3 節 実践の流れ ………………………………………………… 193
 第 4 節 事例検討 …………………………………………………… 201
 第 5 節 効果測定（直後アンケート，1 か月後アンケート） …… 205
 第 6 節 考察 ………………………………………………………… 227

第Ⅴ部　今後の家族支援の発展 …………………………………… 237

第 10 章 総合考察 ………………………………………………………… 239
 第 1 節 本研究で得られた知見 …………………………………… 239
 第 2 節 臨床心理学的意義 ………………………………………… 245
 第 3 節 本研究の限界 ……………………………………………… 250
 第 4 節 今後に向けて ……………………………………………… 253

引用文献 ……………………………………………………………………… 257
おわりに ……………………………………………………………………… 263

第Ⅰ部　知的障がい者の「将来の生活場所の選択」

第1章　研究の背景

　第1章では，成人知的障害者とその家族の生活場所をめぐる現状と，入所施設誕生の背景などの歴史を国内外で対比しながら整理する。それらを踏まえ，成人期の家族支援に関する先行研究をまとめて問題点の指摘を行う。

第1節　日本の知的障がい者家族の現状

　高齢化が進んでいる日本社会（総務省，2012）において，成人期の知的障害者及び家族への支援はより重要になっている。しかし，我が国の知的障害者家族に関する研究は，幼児期から青年期を中心に発展し，成人期以降の研究は少数しかない。その数少ない成人期以降の知的障害者をめぐる研究内容を調べると，日常生活動作（Activities of Daily Living：ADL）支援や作業・就労支援，支援を提供するシステムに関する報告が主であり，成人期以降の知的障害者の心理面に関するものや，家族問題などの基礎的な研究報告は充分とは言えない（菅野，2006）。そのため，研究の積み重ねにより幼少期における療育支援は整ってきているものの，成人期の知的障害者やその家族に対する支援は現在においても未だ多くの課題が取り残されていると言える。

　知的障害は，DSM-Ⅳ-TR（American Psychiatric Association，2000）では精神遅滞として示されている。その診断基準によると，①知的機能と，②日常生活を営む上での適応機能に困難を抱える状態と理解できる（表1-1）。厳密な医学領域では「知的障害」と「精神遅滞」は区別されるが，実際には適応問題の判断が難しく，知能のみで判断されるために「知的障害」と同義語のように使われるのだという（小林・稲垣，2011）。精神遅滞は知的障害の水準によって4段階に分けられている。それぞれの特徴を，DSM-Ⅳ-TRと小林・

表 1-1. 精神遅滞の診断基準と水準（DSM-Ⅳ-TR より抜粋）

A. 明らかに平均以下の知的機能：個別施行による知能検査で，およそ 70 またはそれ以下の IQ（幼児においては，明らかに平均以下の知的機能である，という臨床的判断による）
B. 同時に，現在の適応機能（すなわち，その文化圏ではその年齢に対して期待される基準に適合する有能）の欠陥または不全が，以下のうち二つ以上の領域で存在：
コミュニケーション（意思伝達），自己管理，家庭生活，社会的／対人的技能，地域社会資源の利用，自律性，発揮される学習能力，仕事，余暇，健康，安全
C. 発症は 18 歳以前である

水準		
軽度精神遅滞	IQ レベル	50-55 からおよそ 70
中等度精神遅滞	IQ レベル	35-40 から 50-55
重度精神遅滞	IQ レベル	20-25 から 35-40
最重度精神遅滞	IQ レベル	20-25 以下

稲垣（2011）を元に以下にまとめる。軽度精神遅滞は全体の約 85％を占め，幼い頃は診断をされないことも多い。ストレスにさらされると社会に適応することが難しくなるが，適切な援助があれば成人期には最低限の自立可能な社会的・職業的技能を得て，社会生活を営むことができる。全体の 10％を占める中度精神遅滞は，一般的に小学校低学年以上の学習能力を超えることは難しいとされる。成人期には監督の元，いくらか熟練した仕事や，地域社会での生活に適応することが可能である。重度精神遅滞は全体の 3～4％に当たり，学習能力面ではわずかの獲得に留まる。成人期には，監督された状況において単純作業などの仕事を行うことも可能で，地域社会，グループホームや家族との生活に適応できる。精神遅滞全体の 1～2％を占める最重度の精神遅滞は，多くの機能不全が伴うが適切な援助と環境の元で，単純作業を獲得可能である。医療的ケアを必要とする場合も多いという。なお，厚生労働省（2014a）の知的障害の定義における知能水準（IQ）の区分は，軽度をおおむね 51～70，中度をおおむね 36～50，重度をおおむね 21～35，最重度をおおむね 20 以下としているが，定義としては DSM-Ⅳ-TR とほぼ同様である（厚生労働省，2014a）。1999 年に我が国では法律上「知的障害」という用語に統

一されており（小澤，2008），本書においてもこれを使用する（以降，引用や法律名として使用する場合を除き，知的障がいと表記する）。

　診断基準を見るに，同じ知的障がいでもその水準によって成人期の過ごし方が異なるが，他者の援助が必要という点は共通である。特に，近年注目されている自己決定を叶えるためには，知的障がい者はその障がい特性ゆえに周囲の援助が必要になる。知的障がいのある子どもが親と共に生活している場合，子どもの自己決定を支える存在として親が重要な役割を持つ。そこで本研究では，知的障がいのある子どもが人生の中で選択・決定をする際に，より他者の援助を必要とすると思われる障がいの程度を対象とする。具体的には，幼少期までに診断を受け，療育手帳を取得していたり特別支援学校（またはかつての養護学校）に在籍していたりした知的障がいのある子どもとその親を対象とする。

　家族ライフサイクルの観点からすると，知的障がいのある子どもが成人期になると，きょうだいの独立，両親の加齢，親亡き後が遠い将来のことではなくなるなど，家族システムに変化が生じやすい。つまり，成人を迎えた知的障がいのある子どものケアを担っている親にとって，「子どもの将来の暮らし及び生活場所」は「どこで誰に子どものケアを託せるのか」に関連する重大な関心事になると言える。

第2節　「将来」の不安

　知的障がいのある子どもの親が，将来に対して不安を抱くということについてはかねてから指摘されていた（新美・植村，1985）。親の将来の不安は具体的に，「施設に関する不安」，「親亡き後の生活の不安」，「きょうだい関係の不安」，「就職・就労の不安」，「進学・進路の不安」，「療育・教育の不安」などが報告されている（米倉・水谷・和田，2009）。また，障がいのある子どもの親は，例え子どもが20〜30歳代の比較的若い年齢であっても，「子どもの老後」

について不安を抱えていることも明らかになっている(三原・松本・富山,2007)。紫藤・松田(2010)は親が抱く子どもの将来の不安を,どの親も抱く共通不安と,個人によって内容が異なる個別不安に大別した。共通不安には,「社会保障に対する不安,社会の障がい理解・偏見に対する不安」があり,個別不安には,「高等部卒業以降の進路の不安,子どもの自立,生活の場,子どもの健康,母親の加齢,親亡き後の生活に関する不安」などがあった。この個別不安に影響を与える要因には,子どもの障がいの種類,程度,母親の年齢・健康状態が見出された。これらの結果から,親は知的障がいのある子どもが家庭に誕生してから,子どもの障がいの程度や親の健康状況など個別の事情が影響するとしても,親は共通して子どもの将来について不安を抱いていることが分かる。そして,幼児期・学童期と義務教育の枠の中で子どもが社会生活を営めるよう親は尽力し,子どもの高等部卒業という区切りによって人生の自由度が広がる頃に,親自身の加齢による健康状態の変化から潜在的にあった親亡き後の不安と直面することが推察される。単純に寿命だけで考えると,ケアの担い手である親の死は,受け手の知的障がいのある子どものものよりも早く訪れやすい。この点が,同じ介護でも高齢者介護とは異なる点であり,ケアを担う知的障がい者家族の不安として必ず挙げられるのであろう。

　一方,将来について不安に思ってはいても,具体的な計画を立てている知的障がい児者の親が少ないことも指摘されている(望月・秋山,1999)。その背景には,親が自身を最良の介護者であると感じていること,暗黙の了解できょうだいが次世代のケアを担うことが家族の雰囲気として成立していること,さらに子どものケアを通して子どもの成長に喜びを見出してきた親にとって,子どもはかけがえのない存在になることからいつまでも親役割を担おうとすることが影響していると指摘されている。これらからは,「将来について不安を抱きながらも,具体的に計画や準備をしない或いは出来ないまま,子どもが成人を迎えても親子で過ごし続ける知的障がい者家族」の図が

浮かび上がる。成人した障がいのある子どもと親との関係性が，何故指摘されているような強い結びつきになるのかを考えるには，これまでの家族研究の中から親子関係に焦点を当てて理解することが求められる。

第3節　家族研究から読み解く親子関係

　知的障がい児者の家族研究は，親の障がい受容をテーマに発展した。これは，家庭に障がいのある子どもが誕生したことから始まる親の感情体験のプロセスを理解することで，適切な援助を供給していくことを目的としていた。親は①ショック，②否認，③悲しみと怒り，④適応，⑤再起の5段階の感情体験を経るとしたDrotarら（1975）の段階説や，常に親の中に悲哀が潜在的に存在するため周期的に表象すると捉える慢性的悲哀説（Olshansky, 1962）などが多くの実践家に支持されてきた。段階説と慢性的悲哀説を包括したモデルとして中田（1995）は螺旋モデルを唱えている。これは障がい児を持つ親の慢性的な悲哀やジレンマを通常な反応と考え，さらに障がいに対する肯定的感情である「適応」と否定的感情である「落胆」の気持ちは常に存在し，その双方を繰り返すと考えている。そしてこの過程には区切られた段階はなく，障がい受容はゴールではなく告知されてからの全てが適応の過程であると理解している。その他にも，障がい受容の過程を追ったものや（田中・丹羽，1990；広瀬・上田，1989）障がい受容の尺度を作成した研究など様々に展開している（倉重・川間，1995/1996）。

　これらの親の思いに寄り添うかたちで発展していった障がい受容研究の他に，障がいのある子どものケアをすることに対する親のストレスや負担感，そしてそれらの軽減要因についての研究もなされた。特に，親に対するソーシャル・サポートが持つ，ケアの負担軽減効果については重要視されている（武田，2004）。また，知的障がいのある子どものケアをするということにはネガティブな側面だけでなく，一般の母親よりも自己受容度が高くなること

（西永・奥住・清水，2002）や，自己成長感を抱くこと（橋本・佐久間，2004）など肯定的な側面もあることが明らかになった。このように，親は知的障がいのある子どもとの突然の出会いから，戸惑い，困難を引き受けながら養育し，その中で自身が親としてそして人間として豊かになっていく気づきを得ていくことが分かる。

　また中根（2006）は，子どもの障がいをめぐって社会と親が摩擦や葛藤を伴う相互作用を経験することで，親子関係が強化されていくという。そして，「子どもの幸福のために親が身を粉にして行動する」という一見理想的とも見える家族の在り様に，子どもの自己決定を阻む「他者への侵入危険性」と親によるケアに内在する「時間の限界性」という落とし穴があると問題視した。そして，この「他者への侵入危険性」と「時間の限界性」の二つが結びついた時，将来を悲観した親による子殺しや無理心中などの悲劇が生じるとした。また，最近ではケアを担っていた親と子の孤立死という問題も取り上げられている（井土，2013）。西村（2007）は，「親が子離れできない」ように見えるこの状況には，親が子どものケアを永続的に担うことを期待する日本社会の影響があることを指摘している。そこで，次節ではこれまでの社会情勢と知的障がいのある子どもの生活場所について見ていく。

第4節　国内外の入所施設誕生と地域生活移行

　知的障がい者の生活場所の選択肢を大別すると，まず家庭があり，家庭外施設としては，日中と夜間の援助を一体化した入所施設，地域生活を可能とするグループホームなどの小規模施設がある。現在，世界的に知的障がい者の生活場所について，脱施設化に伴う地域移行が推進されている。これは知的障がいのある本人の生活を施設によるケアではなく，コミュニティという共同体のケアによる，よりノーマルとされる生活環境に近づけようとしている動きである。日本の福祉政策の方向性もこれに則っているが，そもそも入

所施設が誕生した背景は海外と日本で大きく異なる。そのため，脱施設化に対する知的障がい者家族の思いや反応にも差があった。

　知的障がい者の教育・矯正の目的の元，海外諸国で入所施設が設立されたのは19世紀にまで遡る（小澤，2008）。その後，入所施設内の管理や隔離といった処遇が人権思想やノーマライゼーションの方向性から批判を呼び，1960年代には脱施設化が推進されるようになった（西村，2007；小澤，2008）。脱施設化に伴う地域移行の効果を実証研究した結果，地域移行によって知的障がいのある本人の能力や適応行動，生活への満足感，自己管理・自己決定の機会，生活の質（余暇活動・日中活動，経済，仕事，家族との関係）などが向上することが示された（Mansell et al, 2010：Heller, 2002）。また，脱施設化に伴う地域移行に対する家族・親族の態度を調査した研究では，取り組み当初，否定的な態度を表出していた家族も時間の経過と共にその態度が変容したという（鈴木，2006）。このように，支援者から見た知的障がいのある本人の客観的QOL（Quality Of Life：生活の質）や，家族から見た本人の好ましい変化といった限定的な側面ではあるが，脱施設化に伴う知的障がい者の地域生活には意義が見られたと言える。そして親が亡くなったりケアを担えなくなったりするなどの家族の危機を契機とするのではなく，親が健康なうちに生じた子どもの施設移行は，健常者の原家族からの独立と同様のものであり，ノーマル且つライフサイクル上必要なことであるという見方が出てきた（Seltzer, Krauss, Hong, & Orsmond, 2001）。そして社会の規範意識の変化や専門家の実践により，家庭外施設に知的障がいのある子どもを移行させる傾向は高くなって来ているという（Baker & Blacher, 2002）。

　これに対して，日本の入所施設設立の歴史は，海外とは対照的である。「日本型福祉社会」という言葉に代表されるように，「家族のケアは家族で担う」という考えが我が国には強かった。そして1960年代頃に相次いで起きた知的障がいのある子どもの親による無理心中や子殺しの事件から「親亡き後」の問題は社会的に注目を浴びるようになった。そして親亡き後を心配する親

たちの声を受けて，1960年の知的障害者福祉法の中で入所施設が誕生したという背景がある（小澤，2008：西村，2007）。つまり，家族のケアが限界を迎えた際のセーフティネットとしての役割が入所施設には求められていたのである（小澤，2008）。そのため，海外のノーマライゼーション思想や脱施設化の影響を受けて政策転換が生じてから年月が経ち，日本でも障がい者が地域というコミュニティで生活を送るという考えが浸透してきても，親が期待する子どもの暮らし方はグループホームなどの地域生活ではなく「入所施設」であったという研究もある（米倉他，2009）。これには，家族が限界まで知的障がいのある子どものケアを担い，限界が来ると入所施設へ子どもを預けざるを得なかったという歴史のある日本社会において，「コミュニティで知的障がいのある子どもの生活を支える」という新しい生活のかたちに親が具体的なイメージを持てないことが影響しているのだろう。実際には海外同様日本でも，脱施設化に伴う地域生活移行に関する研究では，地域生活による知的障がいのある本人の肯定的な変化は認められている（森池，2011）。しかし，地域生活を営むためのケアが十分整っているとは言えない現状から，重度知的障がいや所謂「行動障害」のある子どもの親にとっては，脱施設化に伴う地域生活移行は「家族のケアに戻ること」を意味していたという報告もある（西村，2009）。日本における脱施設化に伴う地域移行は，必ずしもケアを担う親の期待や希望を反映した政策ではなかったと言える。そして現在の福祉政策では，必要な入所施設に限定しつつも施設政策は維持され，地域生活を可能にする基盤も整備するという，施設によるケアと地域によるケアのどちらともつかない状況になっている。

　現在，日本の18歳以上の知的障がい者の総数41.0万人のうち7割以上の29.0万人が在宅者であり，家庭外施設の利用は12.0万人である（内閣府，2013）。また，我が国の大多数の親が，家族の介護負担の軽減を狙いに展開されているショートステイやレスパイトサービスなどの外部のサポート資源を利用せずに，ケアを親自身のみで担っているという（西村，2009）。これらか

ら，我が国の現状として成人を迎えた知的障がい者の生活場所として「家庭」が選ばれることがごく自然であることと，知的障がい者のケアは親や家族だけで担われている事実が示されている。さらに現在でも色濃く残る，"親が元気でいられる間は親が世話をし，できなくなったら施設を"という考え方（鶴野，2000）は，入所施設自体や親が子どもを親元から離すという行為，特に"親がケアを担える状況にも関わらず，知的障がいのある子どものケアを家庭外に委ねること"に対するネガティブな意味合いを残してきた。実際，入所施設職員の実践報告からは，家族が入所施設を必要とするときは家族にとって「逆境の時」が多く当てはまること，そしてそのような時に自殺や一家心中を考える家族が多いことが述べられている（飯野，2003）。このように親亡き後の問題は，現在においても未解決の課題として残ったままである。

第5節 「親の声」に寄り添った支援の必要性

このような我が国の親亡き後の問題解決のために，多くの先行研究は親子関係に注目し，支援の必要性を説いている。例えば，知的障がい者家族の特殊な親子関係を変容する契機を作り，親が子どもの主体性に気付くことが出来るような支援（森口，2009）や，脱施設化同様「脱家族化」，及び親が生きている間から継続的な親子分離の支援（西村，2009）などの必要性が挙げられている。中山（2010）は，親達の社会的活動を中心に日本の知的障がい者福祉制度が展開されてきた歴史を振り返り，知的障がいのある本人が家族からの自立を成し遂げられるか否かも母親たちの取り組みに依存しているという。つまり，先行研究の多くが，「親と共に暮らすか，家庭外施設で暮らすか」という選択が実際は知的障がいのある本人ではなく親によって行われていることを問題視している。

また，先行研究には家族支援のかたちに対しても意見が述べられている。現状の「家族の負担を軽減するための家族支援」という方向性では，ケアを

する主体としての家族の役割を強化してしまうこと，それは同時に障がいのある本人を「ケアの受け手」として位置付けてしまうことの危険性が唱えられている（鶴野, 2000）。中根（2006）も，知的障がいのある子どものケアを社会と親が共有することが出来るように，親が段階的にケア体制を移行できるようなプロセスの支援が必要だと指摘する。どの指摘も，我が国の「親が限界まで知的障がいのある子どものケアを担う」という状況への問題提起であり，成人した知的障がいのある子どものケアを担う親が，親役割を降りられるように社会と親とが変化する必要性を指摘していると言える。

　ここまで，成人を迎えた障がい者およびその家族に対する親亡き後や子どもの生活場所に関する支援の研究を概観した。

　先行研究の問題点として，まず方法論が挙げられる。知的障がい者家族研究には，かねてから質的研究と量的研究の両方が求められると指摘されている（溝上, 1979）。脱施設化に伴う地域移行に関しては，量的な実証研究が多い。しかし，「ノーマライゼーション」，「脱施設化」，「地域生活」，「自立」，「自己決定」など様々な概念に触れる場合，知的障がい児・者の親一人ひとりによって意味するものが異なる可能性がある。例えば，「自立」という概念は，ある親にとっては「親から離れて生活すること」を意味するかもしれないが，他の親にとっては「身辺自立や，経済的自立，誰の手も借りないで生活できること」を意味するかもしれない。同じ言葉でも親によって意味するものが異なっていた場合，得られた結果の般化が難しくなる。さらに，例えば「入所施設」のように，年代や地域，家庭の考え方によって抱かれている感情が複雑かつ異なる対象を扱う場合，量的研究の結果にその複雑さを反映することは難しい。よって，質的研究によって障がい者家族の体験や声を丁寧に拾い上げていくことが求められる。

　次に，研究対象者についての課題がある。これまで国内外問わず古くから障がい者家族研究の多くは，母親のみを対象とするものが多かった。つまり，知的障がい者家族研究は，「障がいのある子どものケアを担う家族のため

の支援」という枠組みで捉えられてきたが，その多くの研究は「子どものケアを担う母親」に注目をし，他の家族構成員の扱いは「母親をサポートする家族」というものであったと言える。そのため，家族研究における「父親不在」という問題点が指摘されてきた（Bailey, 1986）。また，研究対象者の課題に関連して，家族システム論の視点の欠如という課題が挙げられる。家族システム論では，家族を1つのシステムとし，その構成員（家族メンバー）はそれぞれ影響を及ぼし合い，相互作用すると考える。また家族内だけでなく，家族を囲むコミュニティからも家族が影響を受けるという視点も大事である。つまり，家族の現実を捉えるには，周囲の環境という家族の置かれている文脈全体を視野に入れなけれならない（中釜, 2008）。例え研究を行う上でアクセスの問題から母親のみを対象にしたとしても，母親の語りの中から父親やきょうだいの視点を含めた「家族全体として何が起きているか」の視点や，保護者仲間や居住環境などの家族を囲むコミュニティの影響の視点などを持つことは，家族支援を考える上で必要である。

　さらに，これまでの先行研究では親子の関係性の変化を求めているものの，その具体的な支援方法や，働きかけることによる親子への心理面の影響などの実証研究がなされていなかった。そのため，親子の関係性に働きかける必要性を援助者の間で共有する段階に留まっていると言える。

　そして，当事者である家族の立場からの理解の不足という問題もある。成人期の知的障がいのある子どもと親子の関係性において，親子分離が必要とされていることに触れた。しかし本章にて知的障がいのある子どもと親の関係性の研究を概観したことにより，成人期の親子の関係性は，それまでの幼少期の親子の歴史を受けて形成されたものであることも分かった。つまり家族には，子どもの障がいを受け止め，社会で生きる上で様々な困難に出会い，親子で乗り越えながら日々を過ごしてきた歴史がある。それにもかかわらず，研究領域や専門家からの親子分離の提案・助言は，家族からすれば急進的な意見と捉えられかねない。援助者が親子関係にアプローチする場合に

は，関係性を強固なものにしなければ社会生活上の困難を乗り越えられなかった親子の背景に配慮をすることが求められる。

　さらに，先行研究から見出された親子分離の志向性は，「知的障がいのある子どもの在宅ケアを行って一緒に居たい」と思っている親たちを否定することになる。家族のかたちが多様化している昨今，成人を迎えても親と生活する健常の子どもも珍しくない。そして，福祉の基本となっている自己決定という概念に鑑みれば，「親子が一緒に生活する」も「親子が離れて生活する」も家族ごとの選択・決定が尊重されるべきである。しかし，親が子どもをケアするという形態は，その多くが「親の次にケアを担ってくれる人」を必要とする。それが外部資源の場合もあれば，家族の中できょうだいなどが担う場合もある。そこには多種多様の家族の在り方がある。「こうあるべき」の家族支援ではなく，「どのようにしたいか」という家族の選択を叶えることができるような家族支援が求められていると言える。

第2章　知的障がい者の「将来の生活場所の選択」を叶えるために

前章を踏まえ，本章では本書の問題意識・目的をまとめる。

第1節　本書の目的と構成

　我が国では，成人期以降の知的障がい者やその家族への支援の構築が急務である。数十年前から，「親亡き後の問題」に代表されるように家族によるケアの限界が示されているものの，現在においても公的なサービスは家族介護の補完として位置づけられているままである（西村，2007）。そのため，在宅にて知的障がいのある子どものケアを負わざるを得ない状況にさらされている家族の存在が考えられる。また，親亡き後を懸念した親の声を受けて誕生した入所施設を解体し，地域生活を推進する福祉制度政策の転換は，親の将来の不安をさらに高める側面があった。このような中で，漠然とした将来の不安を抱えたまま親や家族は日々を過ごし，親が体調不良になったり亡くなったりするなど「家族の危機」によって知的障がいのある子どもと親の生活の分離が迎えられているという日本の現状と課題がある。

　本書では，上記のような知的障がいのある子どもを含む家族が"子どもの生活場所の選択・決定"をすることなく在宅ケアを余儀なくされている現状が少なからずあること，親の限界によって親子共に不本意なかたちで家庭外施設利用が始まってしまう現状が多いことを問題点として着目している。また，将来のケアの計画の有無は親亡き後の知的障がい者のQOLに影響するという知見から，プランニングの重要性が示されている（Selzer et al, 2001）。これを受け，親亡き後の問題が生じているのは，知的障がいのある子どもと

親が一緒に暮らしているからではなく，子どもを含んだ家族が将来に対する準備やプランニングが無い状態で，ケアテイカーである親の限界を迎える傾向が強いことに起因すると考える。

さらに，問題の本質は施設によるケアか地域などの共同体によるケアかということではなく，どこが個人にとって一番適しているかということであり，個人によって最適な生活場所は異なるという指摘（Marie, 1975）を採用し，本研究では「知的障がいのある子どもの将来の生活場所」は家族ごとに希望のかたちがあることを前提とする。そして，知的障がいのある本人を含んだ家族による選択・決定を後押しできるような家族支援の構築を最終的な目標とする。そのために，親亡き後に関連する知的障がいのある子どもの将来の生活場所の選択・決定に関する支援の現状を明らかにした上で，家族の立場から家族支援の可能性を検討し，本人を含んだ知的障がい者家族が将来のプランニングを行えるような家族支援のための知見を得ることを目的とした。その際には，知的障がいのある子どもとその親の関係性についても注目し，家族の心理面を理解した上での家族支援を展開する必要性がある。これにより，知的障がいのある子どもと親の双方にとって幸福な暮らしのために必要な援助の探索が可能になると思われる。

本書の構成は下記の通りである。第Ⅱ部では，成人した知的障がいのある本人やその家族を支援する通所施設職員を対象に，「親亡き後に関連した知的障がいのある子どもの将来の生活場所の選択・決定に関する支援」をどのように行っているのか，また，あるならば困難はどのようなものか，質問紙にて現状調査を行う（研究1）。

第Ⅲ部では，当事者である家族の立場から，「成人した知的障がいのある子どもと一緒に暮らし続けること及び子どもを親元から離すこと」の検討を行う。まず，現在，在宅にて知的障がいのある子どものケアを行っている両親が"子どもを親元から離すということ"についてどのような意識を持っているのかをインタビュー調査にて探索的に検討する（研究2）。次に，両親が健

在な家庭にて，知的障がいのある子どもを親元から家庭外施設に離した両親の体験について探索的に検討を行う（研究3）。そして，研究3の調査対象者とは対を為す，親に緊急事態が生じて知的障がいのある子どもを家庭外施設に移行せざるを得なかった親の体験を検討する（研究4）。

第Ⅳ部では，第Ⅱ部，第Ⅲ部から見出された知見を元に，現在知的障がいのある成人した子どもの在宅ケアをしている親や家族を対象にした将来の生活場所に関する心理教育プログラムの開発（研究5-1），試行実践（研究5-2）を行い，効果の検討をする。

第Ⅴ部では，総合的な考察として，本研究の総括，限界，そして今後の展望を述べる。本研究の構成を図2-1にて示した。

第2節　用語の定義

ここで，本書で使用する用語の定義と説明を行う。

・入所施設
1960年に知的障害者福祉法の成立によって制度化された，夜間の援助だけでなく，日中の生活介護，自立訓練，就労移行などを行う施設である（厚生労働省，2014b）。日本では1960年代頃から1980年代頃まで大型の入所施設が郊外に多く建設されていた（西村，2007）。

・グループホーム（図やカテゴリー，発言例ではGHと表記）
1989年に知的障がい者の地域生活援助事業として始まった。地域で共同生活を営める障がいのある利用者が4・5名で居住する形態である（小澤，2008）。本研究実施時の制度では，区分1（中・軽度）対象の共同生活援助と言われていた。

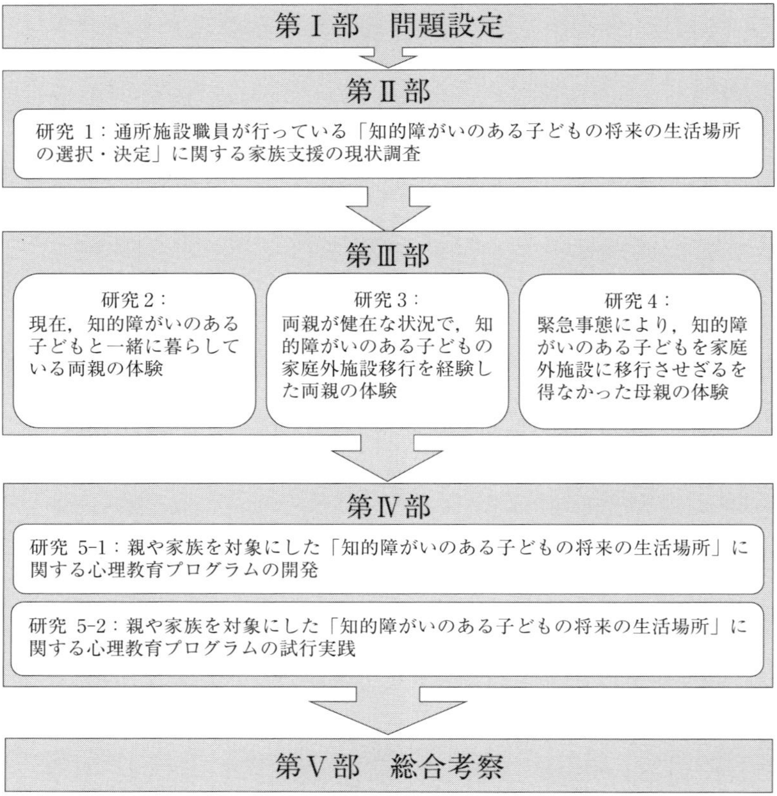

第Ⅰ部　問題設定

第Ⅱ部
研究1：通所施設職員が行っている「知的障がいのある子どもの将来の生活場所の選択・決定」に関する家族支援の現状調査

第Ⅲ部
研究2：
現在，知的障がいのある子どもと一緒に暮らしている両親の体験

研究3：
両親が健在な状況で，知的障がいのある子どもの家庭外施設移行を経験した両親の体験

研究4：
緊急事態により，知的障がいのある子どもを家庭外施設に移行させざるを得なかった母親の体験

第Ⅳ部
研究5-1：親や家族を対象にした「知的障がいのある子どもの将来の生活場所」に関する心理教育プログラムの開発

研究5-2：親や家族を対象にした「知的障がいのある子どもの将来の生活場所」に関する心理教育プログラムの試行実践

第Ⅴ部　総合考察

図2-1．本書の構成

・ケアホーム（図やカテゴリー，発言例ではCHと表記）
グループホーム同様地域生活援助事業の一部であり，区分2（重度）以上を対象としている。支援員を施設に配置しており，共同生活介護と呼ばれている。（厚生労働省，2014b）。なお，平成26年4月から共同生活援助（グループホーム）と一元化された。

・短期入所またはショートステイ（図やカテゴリー，発言例ではSSと表記）

居宅にて介護者の疾病または他の理由により障がい者支援施設に短期入所をさせ，必要な保護・支援を行う障がい者福祉サービスの１つである（厚生労働省，2014b.）。

・在宅ケア
在宅介護という表現が一般的だが，子どもの障がいの程度によっては介護という表現が親の実感と合わない恐れがある。そのため，本研究では，自宅での見守り行為などを含み「在宅ケア」という表現を使用している。

・家庭外施設
本研究において「家庭外施設」とは入所施設，グループホーム，ケアホームなど全ての家庭外施設を含んでいる。

　なお，本研究では親の視点に立ち，成人を迎えた障がい者本人のことを「子ども」と統一し，子どもが家族と共に生活している状況から家庭外施設へと移行することについて「子どもを親元から離す」というフレーズを用いている。

第Ⅱ部　福祉現場の家族支援の現状

第3章 研究1：通所施設における「将来の生活場所の選択に関する支援」の現状調査

　第3章では，知的障がいのある子ども本人及び家族の援助者としての役割を果たす通所施設職員に焦点を当てた。そして通所施設における，親亡き後をめぐる知的障がいのある子どもの将来の生活場所に関する家族支援の現状を明らかにするため，質問紙調査を行った。

第1節　目的

　家族の中でケアを担っているメンバーに対するソーシャル・サポートの重要性は，介護負担研究の中で見出された。ケアをするストレスや負担感に関する研究は，1980年代の米国を中心に深められ，日本では1990年代に社会問題となった高齢化の影響で心理学的・医学的な側面から進められるようになった（武田, 2004）。介護者の負担感には，自分の時間が無くなったり社会的に孤立したように感じたりする社会的負担，自身が行っているケアに対する報われなさなどの情緒的負担，そしてケアを行うことの身体的・物理的負担などが挙げられている（McDermott, Valentine, Anderson, Gallup, Thompson, 1997）。このようにケアの負担感の構成要素が明らかになると，ケアを担う家族をサポートするため，負担感やストレスを軽減する様々な要因について注目された。その結果，家族を囲むコミュニティのサポート資源や，ソーシャル・サポートの重要性が指摘された。武田（2004）は介護者のストレス軽減のためにショートステイ，ヘルパー，レスパイトケア，通所施設などが実践的サポートとして重要な役割を担うことを述べる一方，介護者にとって役立つソーシャル・サポートは，ピアカウンセリングなど介護者の心理面をケアす

る情緒的サポートであると指摘する。このことは，単純にソーシャル・サポートの有無だけでなく，「どのようなソーシャル・サポートか」といった一歩踏み込んだ質的な検討も視野に入れることの重要性を示唆している。また，知的障がいのある子どもの両親によって知覚されたソーシャル・サポートには，心理面をケアする言葉がけなどの情緒的サポートと情報的サポートの2因子があった（内野，2006）。情報的サポートには，家族に必要な情報を提供してくれることだけでなく，「求めている情報がどこで得られるかを教えてくれる」といった他の資源と繋ぐことも含まれていた。このことから，ケアを担う家族を囲んだコミュニティでの支援の発展が求められていると言えよう。

　現在，知的障がい者家族にとって公的なソーシャル・サポートの1つを担っているのは相談支援事業である。我が国では，「障害のある人が自立した日常生活又は社会生活を営むことができるよう」市町村を中心として，「①障害福祉サービス等の利用計画の作成，②地域生活への移行に向けた支援，③一般的な相談をしたい場合，④一般住宅に入居して生活したい場合，⑤障害者本人で障害福祉サービスの利用契約等ができない場合」の5つについて相談支援事業を実施している（厚生労働省，2014c）。利用者数は平成20年7月で2000人弱から年々増加し，平成26年3月には相談支援の合計で約7万8千人となっている（厚生労働省，2014d）。しかし，日本の知的障がい者の総数54.7万人であること（内閣府，2013）を鑑みると，相談支援事業に繋がっていない家族の存在が大きいことは想像に難くない。

　一方，高等部を卒業した知的障がいのある子どもの日中の過ごし方は，「作業所」と「通所施設」が46.1％を占めるという（厚生労働省，2007）。このことから，成人を迎えた知的障がいのある子どもとその親にとって，最も身近な援助者は通所施設職員であることが想定できる。実際，知的障害者基礎調査結果からは，18歳以上の知的障がい者の「相談相手」には，親や祖父母に次いで「施設の職員・GHの世話人」という回答が38.1％を占めていた（厚生労

働省，2007)。通所施設職員の役割は日中支援だが，18歳以上の知的障がいのある子どもとその親と日常的に関わる中で「親亡き後に関連した子どもの将来の生活場所」についてどのような意識や思いを抱いているのかを明らかにすることは，今後の家族支援を考える上で有意義である。しかし，実際に我が国で18歳以上の知的障がい者を対象に日中の支援を行っている通所施設において，専門家や研究分野の中では重要視されている親亡き後の問題や知的障がいのある子どもの将来の生活場所に関する家族支援がどのように行われているのか，また行われているとしたらどのような支援なのかについては明らかになっていない。そこで，知的障がいのある子どもとその家族にとって身近な援助者と言える通所施設職員は，親亡き後をめぐる成人知的障がい者の将来の生活場所に関することについて，どのように家族と関わっているのか，またその困難を明らかにすることを本研究の目的とした。これにより，身近な援助者の立場から，知的障がいのある子どもの将来の生活場所に関連する家族支援についての知見の深化を行うことが可能になると思われる。

第2節 方法

第1項 データ収集方法

(1) 質問紙作成

　ある社会福祉法人にて運営されている都内A区にあるB通所施設（生活介護事業と就労継続支援B型の多機能型）に協力を頂いた。生活介護事業のチームリーダーと就労継続支援B型のチームリーダーの計2名に対し，"知的障がいのある利用者の将来の生活場所に関する支援"について半構造化インタビューを行った。インタビュー時間はそれぞれ約60分であった。インタビューで得た結果を元に，質問項目を作成し，質問紙を構成した。

(2) 予備調査

質問項目生成のためのインタビュー調査によって作成された質問紙を，大学院の臨床心理学を専門としている教授のチェックを受け，精緻化した。その後，都内 A 区 B 通所施設内の職員 30 名を対象に予備調査を行い，質問項目の文章で意味内容が通るか，追加で必要な質問項目は無いかなどの検討を行った。その結果を受け，質問紙の精緻化を行った。

(3) 本調査

調査対象 東京都社会福祉協議会の名簿に掲載されている通所施設 211 施設のうち，予備調査に協力をいただいた A 区 B 通所施設を除く 210 施設を対象にした。名簿にメールアドレスの記載がある施設には調査依頼のメールを送った後に電話をし，電話番号のみ掲載の施設には直接電話をし，施設長又は担当者と研究協力の交渉をした。その結果，210 施設中 156 施設に研究協力の承諾をいただいた。その後，郵送にて質問紙を送付し，回収した。

2214 部配布を行い，回収は 872 名分（男性：388 名，女性：455 名，未記入：29 名）であった（回収率 39.3％）。なお，回答者の勤務形態は常勤 687 名，非常勤 150 名，未記入 31 名であった。平均年齢は 37.8 歳（最低 20 歳〜最高 73 歳，未記入 42 名，標準偏差（SD）= 10.4），福祉分野従事年数は平均 8.81 年（最短 1 ヶ月〜最長 43 年 未記入 44 名，SD = 7.4），勤務の職種は支援員 730 名（兼任 5 名含む），施設長など管理職 31 名，看護師 24 名（支援員との兼任 1 名含む），事務員 13 名（支援員との兼任 1 名含む），栄養士 6 名，その他 13 名，未記入 32 名であった。回答者が担当しているサービス形態は，就労継続支援 A 型 6 名，就労移行 40 名，就労継続支援 B 型 234 名，生活介護 602 名，その他（就労支援，自立訓練，相談支援，共同生活介護・援助など）49 名，未記入 63 名で，複数回答されているものもあった。

調査時期 2013 年 1 月〜5 月

質問項目内容 記述統計として，上記の通り，性別，役職・常勤／非常勤，

勤務年数，自身が担当している支援形態種別を尋ねた。その他の質問項目は以下である（質問紙の順序通りに提示している）。

1. 日々の勤務の中で，親や保護者と関わる機会及び頻度
2. 1の機会に，やり取りしている内容。
3-a. 「親が年老いて亡くなっていく中で，障がいのある子どもの将来の生活場所を選択ないし決定すること」について，親や保護者と関わることはあるか（5件法）。
3-b. 「親が年老いて亡くなっていく中で，障がいのある子どもの将来の生活場所を選択ないし決定すること」について，どのように親や保護者と関わりの機会を持っているか。
3-c. 「親が年老いて亡くなっていく中で，障がいのある子どもの将来の生活場所を選択ないし決定すること」について，親や保護者と関わる上での困難とその理由。
3-d. 「親が年老いて亡くなっていく中で，障がいのある子どもの将来の生活場所を選択ないし決定すること」について障がい者本人に対してどのような関わりを持っているか，またその困難。
4-a. 「親が年老いて亡くなっていく中で，障がいのある子どもの将来の生活場所を選択ないし決定すること」に関連した親や保護者に対する支援は，必要だと思うか。（5件法）
4-b. 4-aについて，どのような支援が必要だと思うか。
5. 「親が年老いて亡くなっていく中で，障がいのある子どもの将来の生活場所を選択ないし決定すること」に関連した印象深い事例について。
6. 「親が年老いて亡くなっていく中で，障がいのある子どもの将来の生活場所を選択ないし決定すること」について，外部的な要因（制度面・経済面など）の影響はどのようなものがあるか。
7. 「親が年老いて亡くなっていく中で，障がいのある子どもの将来の生活場所を選択ないし決定すること」について自由記述。

なお,「支援」という言葉を使わずに,「関わり」と表現したのは,職員が支援と思っていない行為であっても,家族にとっては"支えられた"と感じる体験に繋がる場合もあることを想定し,職員から親への関わりを広く捉えるためである。

第2項 データ分析方法

自由記述に関する分析方法は,KJ法(川喜田,1970)を援用して分類を行った。まず,記述された内容を読み込み,意味内容を基準に一単位とし,その意味内容に即したコードを付けた。そしてそのコード名について,似ているもの同士をまとめ,カテゴリーグループを作成した。さらにその一つ一つのグループに見合う見出しを付けた。そのような手順で作成されたカテゴリー同士をさらにまとめてカテゴリー同士の関連について精緻化した。なお,上位カテゴリーを＜　＞,カテゴリーを【　】,下位カテゴリーを[　]で示す。

また,質問項目7の全体の自由記述については,研究者への励ましなどの内容を除き,記述されている内容を基準にその他の質問項目(主に3-b, 3-c, 3-d, 5, 6)の回答として割り振って分類を行った。

第3節 結果

ここでは,質問項目の回答結果を分類するプロセスで浮かび上がって来たテーマに即して結果を提示する。そのため,必ずしも上記の質問項目の順番に添って結果を示すとは限らない。

第1項 日々の勤務における,通所施設職員と親との関わり

まず,本項では通所施設職員と親との普段の関わりについて概要を捉えることを目的とする。質問項目1にて,知的障がい者家族のソーシャル・サポートの一端を担っていると考えられる通所施設職員が,具体的に日々の勤

務の中でどのように親や家族と関わる機会を持っているのか，またその頻度について回答を求めた（表3-1）。

　その結果，【家族会・勉強会】，【面談・会議】，【送迎時】，【連絡帳・紙面】，【電話連絡】，【行事・懇談会】，【家族が来所した時】，【緊急対応】，【家庭訪問】，【事務手続き】，【通院同行】のカテゴリーが得られた。

　回答者の53％が記述した【家族会・勉強会】の頻度は月に一回が多かった。しかし，記述には「参加する保護者の割合は三分の一程度です」などがあり，参加しない／できない親の存在がうかがえた。48.7％が回答した【面談・会議】は，頻度として年1・2回が多かった。これは主に契約更新時や個別支援計画の作成・中間報告などの定期面談に該当していた。48.1％の回答があった【送迎時】，33％の回答があった【連絡帳・紙面】は頻度の中に「毎日」という回答が多く，これらが通所施設職員にとって親や家族との日常的な関わりの機会であることが見出された。しかし，【送迎時】では，職員のバス添乗は不定期であることや，会えるのは親や家族が利用者と同行している場合であること，【連絡帳・紙面】に関しては希望する親との間のみなど，限定的である記述もあった。同様に，【家族会・勉強会】や【行事・懇談会】，【家族が来所した時】などの機会は，親や保護者の方から主体的であれば通所施設職員も関わりがあり，そうでない親や保護者は，通所施設職員と関わりがないことが記述内容からは示されていた。総じて，同じ通所施設の中でも親や家族によって職員との関わりには差があること，関わりのある親及び保護者は全体から見ると限定的であることが記述されていた。

　次に，質問項目2にて，質問項目1で回答された機会に通所施設職員が親や家族とやり取りしている内容について回答を求めた（表3-2）。

　上位カテゴリーには，＜障がいのある子どもについて＞，＜支援について＞，＜将来について＞，＜家庭について＞，＜情報提供＞，＜困っていることについて＞，＜その他＞が得られた。回答者の83.1％が，通所施設や家庭での子どもの様子についてやり取りを行っていると回答があった。これ

表 3-1. 質問項目 1. 通所施設職員が勤務の中で家族と関わる機会（N = 872）

カテゴリー	n	%	頻度	n
家族会・勉強会	463 （頻度未記入 191）	53.1	月 1 隔月 年 1・2 回 年 3～5 回 年 8～10 回 月 2 回	148 47 35 27 12 3
面談・会議	425 （頻度未記入 133）	48.7	年 1・2 回 年 3・4 回 月 1 回 月 2・3 回 3 年に 1 回 不定期	208 36 5 3 1 39
送迎時	419 （頻度未記入 222）	48.1	毎日 週 1・2 回 週 3・4 回 月 1・2 回 年数回／不定期	116 33 15 17 16
連絡帳・紙面	288 （頻度未記入 22）	33	毎日 週 3～5 回 月 1・2 回 必要時	195 4 6 7
電話連絡	268 （頻度未記入 95）	30.1	必要に応じて 毎日 週 1～3 回 月数回 数カ月に 1 回	133 15 10 13 2
行事・懇談会	250 （頻度未記入 113）	28.7	年 1 回 年 2・3 回 月 1 回 年 4・5 回 隔月	64 34 19 17 3
家族が来所した時	54 （頻度未記入 42）	6.2	日々 週 1～3 回 月数回 年数回	6 3 1 2
緊急対応	52 （頻度未記入 7）	6	必要時 週 1～4 回	42 3
家庭訪問	22 （頻度未記入 10）	2.5	必要時 年 1～3 回	8 4
事務手続き	15 （頻度未記入 3）	1.7	毎日 週 1～3 回 月数回 年 1～6 回	6 3 1 2
通院同行	14 （頻度未記入 9）	1.6	月 2 回 年 2～4 回 必要時	1 2 2
機会無し／未記入	68	7.8		
総回答	2338			

表 3-2. 質問項目 2. 通所施設職員が項目 1 に家族とやり取りしている内容
　　　　（N ＝ 872）

上位カテゴリー	カテゴリー	n	％
障がいのある子どもについて	日々の様子（施設での様子・家庭での様子）	725	83.1
	健康状態	235	26.9
	日々の気になること・特変事項	88	10.1
	成育歴など子どもの情報	14	1.6
支援について	個別支援計画や今後の方針	111	12.7
	日中の支援	95	10.9
将来について	就労	14	1.6
	親亡き後	12	1.4
	内容不明	38	4.4
家庭について	家族の様子	111	12.7
	要望	66	7.6
情報提供	福祉制度	51	5.8
	現施設の運営	49	5.6
困っていることについて	施設が困っていること（3）家族が困っていること（37）	92	10.6
その他	事務連絡	110	12.6
	挨拶・雑談	90	10.3
	緊急対応	3	0.3
	未記入	81	9.3
	総回答	1985	

は，連絡帳・紙面，送迎時，家族会・勉強会，面談・会議時など幅広い機会にてやり取りされている内容であり，日中の支援を行っている通所施設職員にとって利用者の様子の情報共有は，基本的かつ最も重要な内容であることがわかる。

　また，10.6％の回答者が親や家族と＜困っていることについて＞やり取りを行っていると回答した。【施設が困っていること】，【家族が困っていること】のカテゴリーが得られた。【家族が困っていること】を通所施設職員が受

けているということは，親や家族にとって，通所施設職員がソーシャル・サポートの1つとして機能しているという先行研究の指摘（武田，2004）と合致する。

＜将来について＞には下位カテゴリーとして【就労】，【親亡き後】，【内容不明】があり，親亡き後に関するものと記述があったものは4.4％の職員のみ回答があった。このことから，親亡き後に関する話題は日々の勤務の中ではやり取りされにくい内容であることがうかがえた。

このように通所施設職員は，日々の勤務の中では連絡帳や送迎時，そして定期的なものとしては面談や家族会などの機会に通所施設職員は家族と関わりを持っていることが明らかになった。そして，親とやり取りしていることは＜障がいのある子どもについて＞が多く，それ以外についてやり取りしていることは少なかった。

第2項　通所施設職員と親との間で知的障がいのある子どもの将来の生活場所の関わりの現状と，経験

質問項目3-aにて，通所施設職員と親との間で「親が年老いて亡くなっていく中で，障がいのある子どもの将来や生活場所を選択ないし決定すること」の関わりを持っているかについて5件法で尋ねた（図3-1）。

その結果，「1＝全くない」と「2＝ほとんどない」が38％に対し，「4＝たまにある」と回答した職員が35％，「5＝よくある」は6％に留まった。この結果からも，質問項目2で明らかになったように，「親亡き後や将来」について通所施設職員が親と関わっている割合は低いことが見出せた。

次に，質問項目4-aにて知的障がいのある子どもの将来の生活場所の選択・決定に関する家族支援が必要と思うかどうかについて5件法で尋ねた結果を提示する（図3-2）。

その結果，「4＝少し思う」と「5＝かなり思う」を合わせると85％を占めた。ここで，質問項目3-aと質問項目4-aの回答を便宜的に3件法に修正し

第3章　33

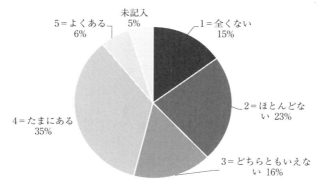

図3-1. 質問項目3-a. 知的障がいのある子どもの将来の生活場所の選択・決定に関する親や保護者との関わり

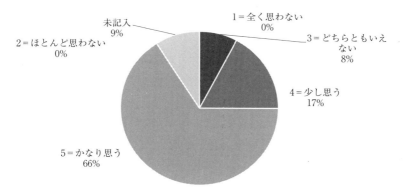

図3-2. 項目4-A. 知的障がいのある子どもの将来の生活場所の選択・決定に関する家族支援は必要だと思うか

て作成した，3×3のクロス表を提示する（図3-3）。

　これによると，現在日々の勤務の中で親と将来について関わりの有無に関わらず，通所施設職員は将来に関する家族支援が必要だと思っていることがわかる。つまり，質問項目3-aにて職員が親や家族と将来に関する関わりを持っていないと回答した背景には，関わることが必要ないという思いではなく，必要だと思っていても，何らかの理由で現状関わりを持つことが難しい

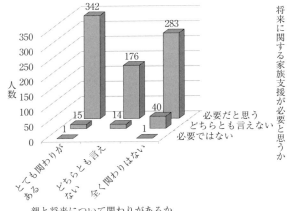

図 3-3. 通所施設職員と親の将来についての関わりと，将来に関する家族支援の必要性の意識

という可能性が浮かび上がった。そこで，次節にて通所施設職員が親と「子どもの将来の生活場所の選択・決定」について関わることの困難に迫るため，本節では引き続き，通所施設職員と親との間で行われている子どもの将来の生活場所の選択・決定についての関わりの現状について整理を行う。

質問項目 3-b では，親や保護者と将来の生活場所に関してやり取りを行う機会について，記述回答にて尋ねた。まず，職員と家族が親亡き後や将来について関わる場面の分類結果を提示し（表3-3），その後具体的に通所施設職員が行っている関わりの分類結果を示す（表3-4）。

これによると，将来の生活場所について関わる場面として，圧倒的多数の40.4％の回答を占めたのは【定期面談】であった。そして，【家族の要望時】，【必要時／緊急時】，【家族会】と回答が次いだ。この【家族の要望時】と【必要時／緊急時】の違いは，明確に家族からの希求を出発点としていると読み取れるものを【家族の要望時】とし，主体が不明のものを【必要時／緊急時】とまとめている。しかし，そもそも家族が職員に関わりを求める時は既に何

表 3-3. 項目 3-b「知的障がいのある子どもの将来の生活場所」に関して
職員と家族が関わる場面（N = 872）

場面のカテゴリー	n	%
定期面談	352	40.4
家族の要望時	74	8.5
必要時／緊急時	48	5.5
家族会	35	4
送迎時／家族と会った際	31	3.6
電話	18	2.1
連絡帳	12	1.8
家庭訪問	5	0.6
職員が必要と判断した時	4	0.5
関わりなし（事後報告（3）含む）	127	14.6
未記入	175	20

らかの必要に迫られている状況であり，緊急事態である場合も想定できる。そのため，実際には【家族の要望時】と【必要時／緊急時】の分類は，その境目が曖昧である。つまり，緊急事態ではない状態の家族に通所施設職員が関われる機会は定期面談であり，面談時以外に親や家族と関わる時は既に家族に緊急事態が生じている時である可能性が浮かび上がって来た。

続いて，表3-3の機会に通所施設職員と親との具体的な関わりの分類結果が以下である（表3-4）。

その結果，＜親との対話をはかる＞，＜親の思いを受け止める＞，＜情報を伝える＞，＜アドバイスする＞，＜サポート体制を整える＞，＜子どもの施設移行のサポートをする＞，＜社会資源の利用手続きを手伝う＞，＜関わりなし（事後報告を受けるのみ含む）＞の8つの上位カテゴリーが得られた。

最も回答数の多かったものは，＜親との対話をはかる＞のカテゴリーである【親の将来の意思・希望を確認する】で，17.2％を占めていた。場面としては面談時が多く選ばれていることが読み取れたが，その他にもアンケート調査を行って尋ねるという回答もあった。【将来について話を振る】は，【親の将来の意思・希望を確認する】のカテゴリーほど親にとって直面化となる関

表 3-4. 項目 3-b「知的障がいのある子どもの将来の生活場所」に関する職員と家族の関わり（N = 872）

上位カテゴリー	カテゴリー	n	%	記述例
親との対話をはかる	親の将来の意思・希望を確認する	150	17.2	年に一度の個人面談の中で家族の意向を確認するのみ。
	将来について話を振る	77	8.8	将来のことは、大事なことであるが、プライベートのこともあるため、慎重に取りあつかう必要あり、ゆっくりとあせらず、話をしていく。
	家庭の状況を聞く	2	0.2	「子離れ」出来ずにいる方で、親が60歳以上の方は、ご家庭の状況を聞きとり、タイミングを計っている。
親の思いを受け止める	親からの相談を受ける	89	10.2	こちらからの働きかけはほとんどありません。親からの相談に乗るケースがほとんどです。
	親の思い・悩みを聞く	26	3	将来が不安だという漠然とした思いを面談の時等にきくことがある。
情報を伝える	情報提供を行う	82	9.4	もちろん希望があるタイミングでお知らせしたり、法人内で新しいGH立ち上げの際には情報を差し上げています。
	勉強会・ワークショップ・施設見学同行を行う	25	2.9	ワークショップをひらき、親の気持ちやニーズ、サービスを提供する側の事態を話し合った。
アドバイスする	社会資源を利用すること	47	5.4	面談時に将来についての備えの意味でもSSの利用などをすすめている。
	将来について考えること	16	1.8	親がどのように考えているかを確認したり、あまり考えていない方についてはしっかりと考えるように促したりしている。
	将来についてアドバイスする	14	1.6	支援ノート（ひとりの情報が細かく載っている）の作成をすすめる。
	親元から離す提案	3	0.3	法人の方針として「親亡き後」をうたっているので、提案することもある。
サポート体制を整える	施設職員が他機関と連携する	14	1.6	保護者とケースワーカーの間に入り調整する
	親を他機関に紹介する	14	1.6	当センターは、決定機関ではない為、福祉事務所へのつなぎ役、情報提供で関わることがある。
	ケースカンファレンスを行う	7	0.8	ケースカンファレンスなどを早め早めに開いています
	家庭外施設の建設を行う	3	0.3	ご家族から重心のCH等を創れないかとの要望があり、現在ご家族の有志者と話し合う場を設けている。
子どもの施設移行のサポートをする	緊急対応	20	2.3	現在は緊急のケースについて相談支援＋連絡調整を行っています。年に1回あるかどうかですが。
	施設移行・後の支援	12	1.4	入所先を探す手伝いをする。
社会資源の利用手続きを手伝う		4	0.5	利用者さんの将来を見据え、社会資源の活用を親ごさんと一緒に考えたり、社会資源を活用するための手続きのお手伝いをすることはある。
関わりなし（事後報告を受けるのみ（3）含む）		127	14.6	毎日の生活を共にしているだけ（答えになっていないと思いますが）。
未記入・分類不可		195	22.3	
総回答		927		

わりではなく，通所施設職員が親に配慮しながら話題を振って反応を見る動きのカテゴリーである。こちらも定期面談時が多く選ばれることが読み取れたが，【親の将来の意思・希望を確認する】ほどかしこまった動きではないためか，親と顔を合わせた時など雑談として行われることがあることが示されていた。

　＜親の思いを受け止める＞という上位カテゴリーは，通所施設職員が親の心理的なケアをしていると見なせる特性がある。カテゴリーには【親からの相談を受ける】，【親の思い・悩みを聞く】の２つがあった。前者は親から明確な相談事項を受けたものを分類し，後者は漠然とした不安や感情の吐露などを受けたものを分類した。どちらも親から発信された思いを通所施設職員が応えるという性質がある。

　＜情報を伝える＞のカテゴリーには【情報提供を行う】と【勉強会・ワークショップ・施設見学同行を行う】の２つがあった。

　＜アドバイスする＞のカテゴリーには【社会資源を利用すること】，【将来について考えること】，【将来についてアドバイスする】，【親元から離す提案】の４つがあった。

　＜サポート体制を整える＞は，【施設職員が他機関と連携する】，【親を他機関に紹介する】，【ケースカンファレンスを行う】，【家庭外施設の建設を行う】の４つのカテゴリーから成る。【施設職員が他機関と連携する】，【ケースカンファレンスを行う】，【家庭外施設の建設を行う】のカテゴリーは，通所施設職員がサポート体制を整えることで間接的に家族を支援する性質がある。【親を他機関に紹介する】は，通所施設の支援内容は日中支援のため，相応しい関係機関と親との橋渡しとして支援を担っていることがわかった。

　＜子どもの施設移行のサポートをする＞には，【緊急対応】，【施設移行・後の支援】の２つのカテゴリーがある。前者は親や家族に緊急事態が生じてからの対応を指し，後者は緊急事態が生じての施設移行とは内容からは読み取れなかったものを指す。「通所施設は子どもの生活場所に関する援助は役割

が異なる」という回答が見られたものの，2つのカテゴリーを合わせて3.7%の通所施設職員が実際に知的障がいのある子どもの施設移行の援助の体験があることがわかった。そして＜社会資源の利用手続きを手伝う＞という上位カテゴリーも，通所施設職員が家族の実質的なサポートをしていることを示している。

このように，子どもの将来について親に対する様々な関わりが見出されたが，＜関わりなし（事後報告を受けるのみ含む）＞の回答は，二番目に多い回答数である14.6%を占めていた。

見出された8つの上位カテゴリーのうち，通所施設職員から親への方向性の関わりは，＜親との対話をはかる＞，＜情報を伝える＞，＜アドバイスする＞，＜子どもの施設移行のサポートをする＞がある。しかし，この中で＜親との対話をはかる＞以外は，「家族の要望があれば」という条件下で行われているものが多かった。本項目で様々な関わりが見出されたものの，質問項目3-a（図3-1）で通所施設職員が「たまにしか関わっていない」という主観的体験をしているのは，通所施設職員から主体的に関われている機会は，定期的なものは年1・2回の面談時が多く，その他は親からの要望時という不定期な機会が多いためであることが推測された。

ここまでの質問項目では，通所施設職員と親の間のやり取りに焦点を当てた。そこで質問項目3-dでは，通所施設職員が日中の支援の対象である知的障がいのある子どもとの間における，将来の生活場所について「関わり」と「困難」を尋ねた。まずは質問項目3-d①として「関わり」に該当する分類結果を示す（表3-5）。なお，「困難」については質問項目3-d②として次項にて結果を示す。

上位カテゴリーには，＜将来を見据えた関わりを行う＞，＜将来について考えるように促す＞，＜イメージの構築を促す＞，＜通所施設内で最善な支援を行う＞，＜周囲と連携する＞，＜親亡き後や環境の変化に対する心理面のケアを行う＞，＜子どもからの相談に乗る＞の7つが見出せた。

表 3-5. 項目 3-d ①親亡き後に関連する将来の生活場所に関して知的障がいのある子どもとの関わり（N = 872）

上位カテゴリー	カテゴリー	n	%	記述例
将来を見据えた関わりを行う	生活スキルを高める	87	9.7	一つでも多く、生活スキルが身に付くように、関わり支援している。将来困ることが一つでも少なくなるようにと心がけている。
	親以外の人との関係性の構築	15	1.7	利用者（人見知りが激しい）が親亡き後も安心していろんな人と関わって暮らしていけるように、人間関係を広げる対策を行っている。
	家での手伝いを尋ねる	2	0.2	家でお手伝いしていることについて一緒に話す。
将来について考えるように促す	親亡き後・将来について話題を振る	70	7.8	コミュニケーションがとれる人については「～さんはお父さんとお母さんがいなくなったらどうする？」などと雑談にまじえて話したりする。
	将来の意思を聞く	21	2.3	自分の将来について考えることができる方は個別で話を聞いている。「できない」とあきらめてしまうことが多い。
イメージの構築を促す	SS・GH の見学	34	3.8	GH の見学、将来の生活をイメージする機会を設ける
	制度・選択肢を情報提供する	33	3.7	知的障害者は、相手の言い方に誘導されやすい所があると思うので、わかりやすく、主観を入れず、情報提供
	親元から離れた仲間の話を聞く	10	1.1	実際に入居されている方の話を聞く機会を設けています。
	社会資源の活用を勧める	8	0.9	社会資源の利用を勧める。ガイドヘルパー、SS、GH 体験など
通所施設内で最善な支援を行う	子どもにとって良い支援を考える	15	1.7	本人が選択することの困難がある為、本人の気持ちに合った環境を見つけていくように考えている。
	通所施設の時間を楽しんでもらう	10	1.1	（通所）施設の目的が、日中活動の提供なので、地域で生活を送っている間は出来る限りのことを行い、充実した時間を過ごせるようにしていく。
周囲と連携する	福祉・関係機関と連携	14	1.6	現段階では、福祉事務所が主導的に動いているので、福祉と連携して関わりを持つ形が多い。
	親との連携	7	0.8	本人にとって、良い時期に情報を伝えるよう、家庭と連携して対応する。
親亡き後や環境の変化に対する心理面のケアを行う		13	1.4	決定後、もしくは変化後のフォロー。ご本人が不安定になることが多く、そのストレスケア。
子どもからの相談に乗る		10	1.1	言語を持たない方が多くいらっしゃるので、なかなかそういった機会もありませんが、言語を持たれる方がご自身の先々のことで相談された場合、相談に乗っています。
未記入・分類不可（項目 3-d ②と合わせて）		279	31.1	
総回答（項目 3-d ②と合わせて）		897		

＜将来を見据えた関わりを行う＞には【生活スキルを高める】,【親以外の人との関係性の構築】,【家での手伝いを尋ねる】などのカテゴリーが見られ,通所施設内で可能な子どもの将来のためになる関わりを職員が行っていることがうかがえた。【家での手伝いを尋ねる】のは,知的障がいのある子どもへの意識づけの意味と,

> 就労支援として,利用者の方々と接していますが,その中でご家族との距離感や依存度については,確認しようと接しています。その結果が,将来の生活場所を選択する時の参考になると考えるからです。

という回答例にもあるように,家庭内での親子の関わりをアセスメントする意味でもなされていた。

＜将来について考えるように促す＞は,言語でのやり取りが可能な場合に限られているカテゴリーであった。カテゴリーには【親亡き後・将来について話題を振る】,【将来の意思を聞く】の2つがあった。前者は,雑談や何気ない会話の中で触れるという,通所施設職員が知的障がいのある子どもの情緒面に配慮している様子が読み取れるもので,後者は直接的に尋ねているものである。また,話題を振る際にも,

> 家が一番良いという感覚が本人の中にあることと,やはり「親に捨てられる」「家族から仲間はずれにされる」という意識が強いので,プラスのイメージを持てるような話を日々する

という回答例にあるように,通所施設職員が子どもの気持ちに配慮した関わりを行っていることが読み取れた。

＜イメージの構築を促す＞には【SS・GHの見学】,【制度・選択肢を情報提供する】,【親元から離れた仲間の話を聞く】,【社会資源の活用を勧める】の4つのカテゴリーが得られた。

＜通所施設内で最善な支援を行う＞には【子どもにとって良い支援を考える】,【通所施設の時間を楽しんでもらう】の2つのカテゴリーがあった。このカテゴリーには,将来に関する支援には関われないため通所施設職員の役

割である日中支援を全うするしかないというスタンスの回答が多く見られた。

＜周囲と連携する＞は【福祉・関係機関と連携】，【親との連携】のカテゴリーがあった。これらは，通所施設職員が周囲と協力することによって，間接的に知的障がいのある子どもへの支援を行うという特徴がある。

また，＜親亡き後や環境の変化に対する心理面のケアを行う＞を行っているという回答も得られた。これは，施設移行後のアフターケアを通所施設職員が担う機会があることを示している。

そして，唯一知的障がいのある子どもからの行動に応える特徴のあったカテゴリーが，＜子どもからの相談に乗る＞であった。これは，言語でのやり取りであり，子ども本人が自ら将来についてイメージして不安に思って主体的に通所施設職員に関わりに行くという行動のため，少数の回答に留まっている。

質問項目3-d①の結果から，"知的障がいのある子どもの将来のために"という視点を持ちながら通所施設にて支援を行っている職員は，本来の役割である「日々の日中支援」という枠を越えない範囲で，通所施設職員に可能な支援を行っていることが見出せた。具体的には，【生活スキルを高める】や【親以外の人との関係性の構築】を狙いとした関わりが基本となり，必要だと思われる子どもには＜将来について考えるように促す＞ことをしたり＜イメージの構築を促す＞働きかけをしたりしていることがわかった。また，＜周囲と連携する＞のように通所施設職員がサポート体制を整えることで間接的に知的障がいのある子どもを支えようとしたり，必要に応じて＜親亡き後や環境の変化に対する心理面のケア＞を行ったりしていた。

次に，質問項目5の「通所施設職員が親亡き後に関連する子どもの将来の生活場所に関して印象的と感じた事例」の分類結果を示す。このことにより，通所施設で働く職員が見た現実や，体験について理解することを目的とする（表3-6）。

表 3-6. 項目 5. 通所職員の,「親亡き後に関連して子どもの将来の生活場所」について印象的だった事例（N = 872）

上位カテゴリー	カテゴリー	n	%	記述例
子を思う親の思い	子どもと離れたくない	70	8	母子家庭の母が重病で入院し、やっとこさで県外のSSに入れてもらったのだが、母が退院後御本人さんを呼び戻してしまった。その時の母の「ごめんなさいね。私の生きがいだから。」
	将来の準備をしながら在宅ケアを続ける	24	2.8	親がGHを設立しようとしていた。そのため、障害児本人も親も作業所で働き、資金を貯めていた。
	子の将来を思って親元から離す	19	2.2	親が元気な内に準備を進めて24時間施設へ入所したケース。早いうちから保護者や関係者が意識をして動くことの大切さを実感した。
誰の思いも決定に反映されない	親の急死や緊急事態	92	10.6	母子家庭において、母の死亡のため、本人、母の希望をきちんと聞くことなく遠方の入所施設に決定されてしまったこと。
職員が見た,親がケアを担えなくなる「その後」	子どもが不適応を起こす	30	3.4	両親も亡くなってしまい、入所施設へ来た利用者が混乱してしまい、大あばれを毎日している。
	家族も戸惑う	22	2.5	やはり障がい者の生活の支えの多くは母の存在が大きいと思うので、母亡そうなってしまったときに父が出てきてもなかなか上手く行かない気はします。普段の生活からご本人、母、父の関係を作っていく必要があると思います。
	きょうだいもケアを担うのは難しい	16	1.8	親戚や兄弟では長い支援は困難である事
現実の厳しさ	家庭外施設が見つからない	34	3.9	入所先（生活の場）が決まらず、SSを転々としていた。
	高齢になると入所施設しかない	6	0.7	GHやCHが増えつつある中、それでもいざという時には入所施設に入ることになってしまう利用者が多い。
	経済面から離れられない	5	0.6	年金が生活費なので、手支さない親のその理由づけ
	住民の地域移行への反対	2	0.2	GHなど障害者施設を建設する際に、地域の方々の反対があり、建設が見送りになった。
	GH・CHの運営の難しさ	2	0.2	数年前に自分の子の為にGHを設立した親たちがいましたが、施設の運営に関わったことのない方々でしたので、現在に至っても問題山積の状況が続いている。
周囲が子どもの最善を考えて行動した	職員が働きかける	18	2.1	以前勤務していた施設の利用者について。担当をしていた時にSSの利用を勧めていた。私がその施設を離れた後も、継続して話をしていたようで、2～3年後に初めてSSを利用したと聞いた。
	子どもの意思を叶えた	15	1.7	親が急に亡くなり、施設には入りたくないと言った障害のある方に対し、みんなでCHを立ち上げ、その方のために生活の場づくりをしました。
	援助者が親亡き後の地域生活を叶える	12	1.4	両親が亡くなり、その親族が実家にGHを建て、そこに本人が、生活した。地域社会資源を生み出した良い例。
子どもの意思が叶わなかった	親の意思が優先される	24	2.8	言葉でのやりとりができ、ある程度意見を述べることができる利用者であったが、「親の意見」に左右され、将来について考えた時、混乱してしまった事。
	将来を考えた親の行動に、子どもの気持ちが伴わなかった	14	1.6	ご両親がご健在の間にGHを利用する経験を…と試みたところ、本人に準備が整っておらず不安定になり退寮した。
親の思いが子どもに合った	緊急事態を契機に親が動き、結果的に安定した	11	1.3	両親とも亡くなり他のCH付の作業所に移動になりました。が、安定した生活が出来、ご兄弟も安心したと思います。
	親亡き後、適応している子	8	0.9	自宅で一人で生活は困難なため、生活寮へ入所することになった方がいた。寮に入ったことで寂しさもあったが、健康的に過ごせている姿を見た時。
	施設移行後の良好な親子関係	7	0.8	親が元気で子に対し、充分関われるうちにGHへ入所し、本人自身の生活スタイルを確立したこと。
該当経験なし		108	12.4	
未記入・分類不可		340	39	
総回答数		879		

その結果，＜子を思う親の思い＞，＜誰の思いも決定に反映されない＞，＜職員が見た，親がケアを担えなくなる「その後」＞，＜現実の厳しさ＞，＜周囲が子どもの最善を考えて行動した＞，＜子どもの意思が叶わなかった＞，＜親の思いが子どもに合った＞の7つのカテゴリーが得られた。

＜子を思う親の思い＞には，【子どもと離れたくない】，【将来の準備をしながら在宅ケアを続ける】，【子の将来を思って親元から離す】の3つのカテゴリーが得られた。

・私が死ぬ時に一緒に連れていきます，と言われた。（［子どもと離れたくない］より）
・親から，「子供には1日でも長く生きてほしいと願う。今，自分が動けるうちにSS等，親が一緒じゃなくても生活できるよう訓練しなければと思って，色々と経験をさせているのよ」と涙ながらに話をしてくれた。（［将来の準備をしながら在宅ケアを続ける］より）

など，直接的に親の言葉を受けてその強い思いを感じる場合もあれば，

・今後の事が心配でSSを利用するにあたり，現在の様子としては主たる介助者（両親）の体調が思わしくないにも関わらず，本人を離したくない，どうにかなるという気持ちが強い様子で，SSの利用が止まってしまう。いざとなった時に受け入れられなかった時のことを思うと心配であった。（［子どもと離れたくない気持ち］より）
・入所されているある利用者さんのお母様は，毎週面会はするけれど，ご本人を自宅に泊めることはない。それはお母様の考えによるものとのこと（親亡きあとのことを考えて）。（［子の将来を思って親元から離す］より）

このように，職員が親の行動から子どもへの思いを感じる場合などがあった。

上位カテゴリー＜誰の思いも決定に反映されない＞は，親が急死した場合や体調不良などの緊急事態が生じ，空いている家庭外施設を利用せざるを得なくなった事例が該当した。「亡くなった後だと選択がほとんどできず，空いている所に入ることになる。選択とはどういうことかと思う。」という回答例にあるように，福祉政策の理想である自己選択・決定が叶わない現実へ

の無念さを記すような回答例が見られた。また，緊急事態の中には，

> 母親が知的障がいの息子と離れるのが寂しくて，周りがCHや入所を勧めても言うことを聞いてくれなかった。そのうち母親に認知症の症状が出てきて，息子の介護ができなくなり，結局息子の将来の生活場所を考えることができなくなってしまった。

というように，高齢化が進む日本で，知的障がい者家族にも認知症の問題が迫っていることも示されていた。

 ＜職員が見た，親がケアを担えなくなる「その後」＞には【子どもが不適応を起こす】，【家族も戸惑う】，【きょうだいもケアを担うのは難しい】の3つのカテゴリーが得られた。【子どもが不適応を起こす】には，親がケアを担えなくなることで，主たるケアテイカーが変わること，そして生活場所の変化などで知的障がいのある子どもが不安定になる事例が報告された。また，家族の緊急事態は，知的障がいのある子どもだけでなく親自身，そして健常のきょうだいにも戸惑いを与えるというのが【家族も戸惑う】である。また，主たるケアの親からきょうだいへの引き継ぎが生じた後を見た通所施設職員からは，

> 親が亡くなって，生活する場所は入所施設のため確保されていたが，利用者のきょうだいが，親の保険金を全て取り，分配が全くされなかったこと。わからないからといってこのような対応に腹立たしかった。しかし，施設側から分配しろということも言えずどうすることもできなかったが…。

このように，家族内の経済的虐待とも言える事態を目にした者や，きょうだいがケアを担おうとしてもきょうだいにも家庭があるなどの事情により難しいといった状況が報告された。また，

> 2世帯住宅に住んでいる60代（知的障害）と母，別宅に兄と兄嫁，その子どもが住んでいた。母が急死し，始めは母と住んでいた所に暮らしながら兄嫁のサポートを受け暮らしていたが，本人がアルツハイマー型認知症を発症。同じく高齢である兄嫁には介護できないと判断。高齢者デイへつなぐため，地域包括センターとの連携をはかる。

このように本人ときょうだい家族も共に高齢になることで，老老介護の限界という事例もあった。

　＜現実の厳しさ＞には，【家庭外施設が見つからない】，【高齢になると入所施設しかない】，【経済面から離れられない】，【住民の地域移行への反対】，【GH・CHの運営の難しさ】の5つのカテゴリーが得られた。【家庭外施設が見つからない】は，親が事前に子どもに施設利用をさせようとしても親の希望に叶うような施設が見つからない状態や，親がケアを担えなくなったが利用できる家庭外施設が見つからずに，緊急一時入所やショートステイを転々としながら生活せざるを得ないという生活場所の不足を示す事例をまとめた。この生活場所の不足には，【住民の地域移行への反対】があり，新しい家庭外施設の建設が困難だったり，社会資源を利用しながら地域で生活しようとする知的障がい者に対する無理解などがあったりする。

　＜周囲が子どもの最善を考えて行動した＞のカテゴリーには，【職員が働きかける】，【子どもの意思を叶えた】，【援助者が親亡き後の地域生活を叶える】があった。【職員が働きかける】には，

> 両親ともに身体的にも厳しく，認知症も始まっていたが，自分達でみたいという気持ちが強かったが，入居を勧め，実際に離れたところ，利用者も今までより落ち着いた生活が送れており，大きな問題なく入居に移れたこと。今までしなかったことも施設ではできるようになっていた。

このように，働きかけの対象が家族のものと，

> 親が急逝され，当施設で生活している間に親戚の方とご本人が利用されていた他事業所の方と，ご本人とで話し合いを繰り返し，今後の生活について相談しました。1年の間に10回以上やり取りをしました。

という回答例のように，知的障がいのある子ども本人が対象となっている事例があった。これらの例は，職員の考えた方向性が，結果的に子どもにとって良かったと思われる展開に繋がった事例である。しかし，回答の中には，

> いきなり入所施設に入れるのではなく，SSから徐々に施設に慣れていけるよう支援したが，一度SSを利用すると，保護者の気持ちが切れてしまい，一緒に生活するこ

とができなくなってしまった。

このように，良かれと思ったことを【職員が働きかける】結果，予想が外れて職員の後悔に結びついているものもあった。

　【子どもの意思を叶えた】は，知的障がいのある子どもの意思や希望を周囲が実現したというテーマの事例をまとめたカテゴリーである。これは，「入所先から本人のわずかな意思を読み取り，区内へ一人暮らしの支援サービスを提供した事例」という回答例に見られるように，必ずしも意思表出の豊かな子どもだけに限られる内容ではないようである。これまでの事例で示されているように，我が国では親の緊急事態後に施設の受け入れの可否が最優先事項となり，子どもが知らない土地に移行することになる事態が多い。【援助者が親亡き後の地域生活を叶える】は，知的障がいのある子どもにとって通い慣れた日中の生活場所（通所施設等）は変更しないで済むように，住み慣れた地域で過ごせるように協力した（している）という事例をまとめたカテゴリーである。

　＜子どもの意思が叶わなかった＞は【親の意思が優先される】，【将来を考えた親の行動に，子どもの気持ちが伴わなかった】のカテゴリーからなる。【親の意思が優先される】は，知的障がいのある子どもが自身の希望を表出していない場合だけでなく，表出していたとしても親の意思と差がある場合に，親の思う方向性になってしまうという事例をまとめた。また，親が子どものために社会資源を利用するなどの準備をしたり，早めにグループホームなどの家庭外施設移行をさせたりしたものの，子どもの気持ちが伴っていなかったために結果的に不適応を起こしてしまったという事例が【将来を考えた親の行動に，子どもの気持ちが伴わなかった】である。親が子どものために計画的に行動をしたとしても，必ずしも思った通りにいかないことがあることを示している。

　＜親の思いが子どもに合った＞の上位カテゴリーには，【緊急事態を契機に親が動き，結果的に安定した】，【親亡き後，適応している子】，【施設移行

後の良好な親子関係】がある。

> 高齢の親に代わる兄弟が体調不良になり入院治療が必要となりやむを得ず入所へ移行したが，半年後母が亡くなり，父も亡くなった。突然の入所ではなく見学など準備しての入所で結果的にタイミングの良い対応であった。

この回答例のように，子どもと離れたくないという思いを持つ親がケアを担い続けられなくなったことを契機に事態が動いたが，通所施設職員の目からは子どもがその後の生活に適応しているように見えるという事例が【緊急事態を契機に親が動き，結果的に安定した】である。家庭外施設移行が親の緊急事態や不本意なかたちでスタートするという点は＜誰の思いも決定に反映されない＞と同じである。しかし，結果的に子どもが適応しているという状況を通所施設職員が目の当りにすることによって，"この家族にはこのタイミングが適切だった"という意味づけが付与されていることが読み取れた点で，＜誰の思いも決定に反映されない＞とは性質が異なる。緊急事態が契機だったとは言え，現在の子どもが安定しているのであれば「限界まで子どもと一緒に居たい」という親の思いがその後の展開から読み取れる子どもの状態と照らして悪くはなかったとも見なせる事例である。

同様に，【親亡き後，適応している子】のカテゴリーには，親亡き後やそれに伴う生活移行に子どもが適応している様子が通所施設職員には感じられたことが記されているものである。また，

> 父親が亡くなっても，全く変化の無かった方がいらっしゃいました。興味がない様子でした。

というように，親の死を前にしても関心を寄せなかったという，通所施設職員の目から何とも言えない切なさを感じたような記述もあった。【施設移行後の良好な親子関係】は，親が健在なうちに子どもの将来を思って親元から離し，その結果，別々に暮らしながらも帰省や面会を通して親子共に上手く生活が出来ている様子を通所施設職員が目にしたというカテゴリーである。

これらが，通所施設職員が体験してきた「親亡き後に関連して子どもの将

来の生活場所」に関する印象的な事例である。これにより，日中支援の中で通所施設職員が経験している現実を描き出すことが出来たと言える。具体的には，通所施設職員にとって，子どもと一緒に死にたいという親の率直な願いや，在宅ケアを続けたい気持ちを抑えて子どもの将来のために行動する親の様子などから，「子どもを思う親の強い思い」に印象的に感じていることがわかった。また，得られた回答の多くは日本の支援の不足から生じた悲しい事例や切ない結果の事例が多かった。これは，通所施設職員は，親が知ることのできない親亡き後の残された家族メンバーや知的障がいのある子どもの様子を目にする機会もある分，決して我が国の親亡き後の支援は十分に恵まれていないという思いを強めているのかもしれない。さらに，知的障がいのある子どもの生活場所に関して，子ども本人の意思や希望を叶えたいという気持ちを持つのは勿論だが，知的障がいという障がい特性上，子どもの自己選択・決定が困難な場合も少なくない。その場合，通所施設職員は，親の意思や希望に対して「子どものためを思っている親の行動」として捉え，肯定的な反応を示していた。つまり，援助の基本原則である本人の自己選択・自己決定には，広義に「本人を含む家族による自己選択・自己決定」として意味する場合もあることを通所施設職員は現実場面から見出しているようであった。そのため，親の急死や緊急事態によって，子どもの思いも親の思いも尊重されない展開になることについて，本人による自己決定及び本人のためを思う人の自己決定も叶わない厳しい現実として捉えられていたのではないかと思われる。

　次項では，このような現状を元に，通所施設職員が親と関わる上での困難と今後の日本に必要な支援についての意見をまとめる。

第3項　通所施設職員が考える，知的障がいのある子どもの将来の生活場所に関する困難とニーズ

　第2項で見出された現状を元に，本項では通所施設職員が体験している困

表 3-7. 項目 3-C 家族と「障がいのある子どもの将来の生活場所」について関わる上での困難（N = 872）

上位カテゴリー	カテゴリー	n	%	記述例
親からの拒否	親の「限界までケアを担う」意思	112	21	親の子離れができずに、なんとしても親（特に母）がみていくという強い信念が根強くある事
	「まだ大丈夫」と危機感が無い	105	12	今が元気で将来のことはまだ考えないで大丈夫などと言われてしまう。
	社会資源利用・他者に頼ることへの抵抗	44	5	「自分でみたい」「他の人の手を借りたくない」といった気持ちの親が多く、ヘルパー利用ですら嫌がる家族もいる。
	切迫するまで動けない	37	4.2	保護者の方も「『考えなければ…』と思っているのですが…」となかなか踏み出せない
社会資源の不足	支援・生活場所の不足	121	13.8	都内にある入所施設は何百人待ちという状況。入所できることがキセキのような状態。その現状がわかっているのに将来の話をしていかなければならないのが辛い…。
	情報不足	9	1	福祉サービスを上手に使っていくことができる資源や体制の情報が当事者にしっかりと伝わってない事
	制度がわかりにくい	7	0.8	めまぐるしい制度の変化に保護者が対応していけないこと。
踏み込みづらさ	「家庭」の壁	55	6.3	家庭でのことなのであまり突っ込んだ話ができない。
	信頼関係が必要な話題	43	4.9	まだ信頼関係ができていないのでそこまで話ができていません。
	支援側の知識不足	10	1.1	自分自身が制度についてよく把握していない。
対応が難しく感じる親	子離れ出来ていない親	72	8.3	家族が子どもを離さない（様々な理由をつけて）
	子どもに支えられている親	34	3	生活保護との兼ね合い…家族で受給されている場合、受給額が減少することを恐れている
	子どもに関心が薄い家族	5	0.5	親が早くに亡くなり、後見人がきょうだいの場合、親より関心が無く相談というよりどうしたら良いか施設側に決定させようとすることがあった。
	日々のケアに精一杯な親	3	0.3	現実には将来より今の支援で手いっぱいの方もいます。そういう方についての将来は不安です。（慣れた人がいない中で生活できるのか）
方向性を統一する難しさ	家族と子どもの希望の差	48	5.5	本人の希望＝親の希望ではないこと。その一方で、本人の今の生活を一番近くで作り上げてきた人が親であり、ご家族であること。本人と親、ご家族の希望に違いが見える時に悩むことがよくあります。
	家族と支援側の考えの差	28	3.2	GHがふさわしい生活環境であると事業所が判断しても入所施設を家族が強く希望して、ご本人の不利益（地域社会で暮らせることが出来ないなど）があっても、どうしようもなくなってしまうことが大変悲しい。
	親以外の家族の意向	9	1	家庭事情や親の考えがまちまちなケースもあり、なかなか決定することが難しい場面もあります。兄弟姉妹といった身内の考え方もあると思います
やり取りが難しい	関わる機会を持ちにくい／関わりが無いのでわからない	46	5.2	個別にじっくり話す機会が少なく、職員からのアクションを起こしにくい。家族側にキッカケがないと難しい。
	親が高齢・認知症	16	1.8	親や保護者が認知症や精神疾患で意思疎通が難しい場合。
困難は無い		5	0.6	特に困難と感じることはありません。
未記入・分類不可		248	28.4	
総回答		1058		

難や，今後の日本に必要な支援の意見などの結果を示す。

まず質問項目3-cでは，通所施設職員が子どもの将来について親と関わる上で，体験している困難について回答を求めた。その結果が表3-7である。

上位カテゴリーには，＜親からの拒否＞，＜社会資源の不足＞，＜踏み込みづらさ＞，＜対応が難しく感じる親＞，＜方向性を統一する難しさ＞，＜やり取りが難しい＞の6つが得られた。

＜親からの拒否＞には【親の「限界までケアを担う」意思】，【「まだ大丈夫」と危機感が無い】，【社会資源利用・他者に頼ることへの抵抗】，【切迫するまで動けない】のカテゴリーが見出された。【親の「限界までケアを担う」意思】の中には，親を"子離れ出来ていない"と評価している職員の回答が多数見られた。【社会資源利用・他者に頼ることへの抵抗】には，「周囲に迷惑を掛けたくないという思いの保護者もおり，SSや入所施設の利用が進まないケースもある。」という回答例のように，自分でケアを担いたいという積極的な思いだけでなく，罪悪感のようにも見受けられる思いからケアを引き受け続けようとする親の存在も語られていた。全体の42.2％の回答数を占めた＜親からの拒否＞の上位カテゴリーには，はっきりと親から職員に対して示された拒否感以外にも，【切迫するまで動けない】といったように，通所施設職員の関わりに対して親が消極的な言動や様子を示すことも拒否と認識されていた。

＜社会資源の不足＞は，【支援・生活場所の不足】，【情報不足】，【制度がわかりにくい】の3つのカテゴリーからなる。【支援・生活場所の不足】は，単純に生活場所が不足しているというこれまでの質問項目でも指摘されていた日本の現実を示している内容と，「保護者が入所を望んでいても遠方は避け，都内や関東圏内でという思いがあり，なかなか入所が決まらない」という回答例に見られるように，親の希望と提供されている支援が合わない現実が含まれていた。

＜踏み込みづらさ＞には，【「家庭」の壁】，【信頼関係が必要な話題】，【支

援側の知識不足】のカテゴリーがある。

> ご家族に対して，ご家族が亡くなる前提での話をするということは様々な配慮が必要。ご家族の心情や意向をしっかりと受け止めつつ，客観的に現状を分析して話をしていかなければならないが，そのバランスは難しいと思う。

この回答例からは，子どもの将来の生活場所というテーマ自体がデリケートな話題であることを示している。そのため，気軽に話せることではなく，親との間に【信頼関係が必要な話題】だと認識していることもわかった。さらに，本来の支援内容ではないために【支援側の知識不足】により関わりを持てないという回答が見られた。

＜対応が難しく感じる親＞は，【子離れ出来ていない親】，【子どもに支えられている親】，【子どもに関心が薄い家族】，【日々のケアに精一杯な親】のカテゴリーが得られた。【子どもに支えられている親】は，経済的な面と子どもが老親のケアをするといった物理的にサポートされている場合の２つが指摘されていた。また，【日々のケアに精一杯な親】には，現在のことだけで大変そうなのに将来について考えたり行動したりするようには言えないという職員の配慮も見られた。

＜方向性を統一する難しさ＞は，家族が実際に子どもの将来について具体的に考えたり行動に向かおうとしたりする際に生じるという，他の上位カテゴリーとは段階の異なる困難である。【家族と子どもの希望の差】，【家族と支援側の考えの差】，【親以外の家族の意向】の３つのカテゴリーがあった。【家族と子どもの希望の差】からは，家族と子どもとの間で板挟みに合うような体験をしている通所施設職員の思いが表れていた。その中でも，

> 本人と保護者の意向が違うときに，お互いの意見を取り入れ相互が安心して生活していくためにどうするべきか中立的な方向に進めていくこと。

このように，どちらの思いも尊重しようと努力する通所施設職員の姿が見られた。【家族と支援側の考えの差】には，「親，保護者の理想・希望と支援側が見立てる利用者にとってのベストな選択がそぐわなかった時」という回答

例に示されるように,"何が子どもにとって最善な選択か"に関する意見の差が挙げられた。また,「親が考えている区分,その程度。実際の程度・区分の認識のズレが少なからず生じている。」という回答例からは,知的障がいのある子どもに関する認識の差が親と支援側で生じることがあることがわかる。職員の目からはヘルパーなどを利用しての一人暮らしは難しいと見えていても,親がそのような暮らしを理想とし,このことが「いざとなっても大丈夫」と将来のための準備をしないケースに繋がっていることも示されていた。さらに,【親以外の家族の意向】には,

> 親は自分が生きているうちは自分が良いという気持ちが強く,障がいのある方から見てきょうだいの方々にお願い(引き継ぐ?)ことが出来ない方が多く,きょうだいの方も親に任せ準備されていない方が多いようです。それとなくこちらからきょうだいの方について触れてもなかなか難しいようです。親亡き後を心配してはいますが,次の行動には移せないようです。

という声があった。ここからは,家族内で話し合うことやお互いの意思を明確に確認し合う様子が無いことを職員が捉えていることがわかる。親の思い,子ども本人の思い,きょうだいの思いが交錯し,それぞれの家族メンバーが動けないあるいは動かない状態になっているという家族の様子が伝わってくる。知的障がいのある子どもが成人を迎えているということは,きょうだいのライフサイクルからすると,きょうだいの独立や家庭を持つ頃と重なる。子どもの生活場所への考えについて,親と子どもだけでなくきょうだいや身内といったように家族システム全体の動きや,家族を囲む上位システムからの影響によって方向性が統一出来ない事態が生じることが示されていた。

＜やり取りが難しい＞には,そもそもやり取りをすることの機会に恵まれないという【関わる機会を持ちにくい／関わりが無いのでわからない】と,機会があってもコミュニケーションが難しいという【親が高齢・認知症】という2つのカテゴリーがあった。

表 3-8. 項目 3-d ②親亡き後に関連する将来の生活場所に関して
知的障がいのある子どもとの関わる困難（N＝872）

上位カテゴリー	カテゴリー	n	%	記述例
子どもの障がい特性による限界	親亡き後や将来をイメージしづらい	66	7.4	将来をイメージする難しさ。今のままがいいという返答が多いため、それ以外の世界を伝える難しさ。
	意思の表出が難しい	33	3.7	ご本人の意志がなかなかくみとることが難しいです。
	自己決定が難しい	27	3	・重度の施設なのでご本人がその事を考え、決定する事は難しい。
関われない・関わりがない		61	6.8	話をする機会がないのと、そこまでふみこんだ話まではしていない。
親の意向の影響	家族の思いが優先されている現実	24	2.7	本人の障害程度に寄り自己決定が困難な場合が多いため、「ニーズ＝家族の意向」になりやすい点。
	親の協力がないと話が進まない	14	1.6	本人の意思もききたいが、こういった事例の場合、親がコントロールし、本人への話しはさけてくれという事が多い。
	家庭内の情報がないと介入は難しい	1	0.1	家庭内の問題や様々な事情まで知らなければ職員として介入できないと思う。→関わることも必要だとは思うが中途半端なサポートになりかねない。
子どもからの拒否	親亡き後を話すと不安定になる	24	2.7	親なき後については、あまり触れすぎると不安定になるため、それ程は話していない。
	親離れに拒否的	10	1.1	・面談時にご本人に将来の生活場について希望を聞くようにしているが、親が亡くなる、親と離れるという所で拒否される方もいる。
施設が無い		9	1	本人の希望に合った場所の選択肢はまだない！空き施設で左右されてしまう。
未記入・分類不可（項目 3-d ①と合わせて）		279	31.1	
総回答（項目 3-d ①と合わせて）		897		

　以上が、質問項目 3-c で挙げられていた通所施設職員が親との関係で感じる困難である。項目 3-d では、通所施設職員が知的障がいのある子どもと将来について関わる際に感じる困難について尋ねている（表3-8）。

　その結果、＜子どもの障がい特性による限界＞、＜関われない・関わりが

ない＞，＜親の意向の影響＞，＜子どもからの拒否＞，＜施設が無い＞の５つの上位カテゴリーが見出せた。

　＜子どもの障がい特性による限界＞は，【親亡き後や将来をイメージしづらい】，【意思の表出が難しい】，【自己決定が難しい】という３つのカテゴリーからなる。知的障がいという特性とその程度によって，通所施設職員からの関わりのインプットが難しい場合や，子どもからの意思のアウトプットが難しい場合の両方が示されていた。

　＜関われない・関わりがない＞は，日中支援という役割外のことについて機会がないという回答や，関わっていないという現状の回答を分類した上位カテゴリーである。しかしながら，

> ・重度の方が多く，自らの意思の発露が難しいため，十分に行えていないのが現状
> ・ご本人にまだ未定のことをお話したり，難しいお話をしても，なかなかご理解が得られなかったり不安な気持ちにさせてしまう可能性もあるので，ご本人にはあまり関わっていません。

この記述からは，知的障がいのある子どもの心理面に配慮した結果，「関わらない」という選択をしている通所施設職員の存在もうかがえる。

　＜親の意向の影響＞は，【家族の思いが優先されている現実】，【親の協力がないと話が進まない】，【家庭内の情報がないと介入は難しい】の３つのカテゴリーがあった。【家族の思いが優先されている現実】は，＜子どもの障がい特性による限界＞と関連が高く，子どもの自己決定が難しかったり意思表出に困難があったりすると，結果的に家族の思いを優先しなければいけなくなることが回答されていた。その他のカテゴリーも，親の意向を抜きにして関わることが難しいという通所施設職員の思いを反映している。

　＜子どもからの拒否＞は，【親亡き後を話すと不安定になる】，【親離れに拒否的】の２つのカテゴリーから示されているように，質問項目3-bにあった親と関わる上での困難の＜親からの拒否＞と同様の性質があると言える。

　ここで，質問項目3-c, 3-d②の結果から，通所施設職員が感じている困難

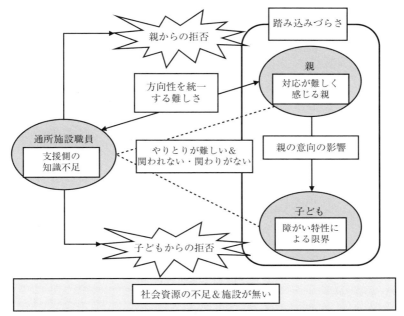

図 3-4. 通所施設職員における，知的障がいのある子どもの将来の生活場所について家族と関わる際の困難

についてカテゴリー関連図を作成した（図 3-4）。

　このように，通所施設職員の立場から知覚されている困難をまとめると，そもそも知的障がいのある子どもの将来の生活場所に関することは，"家庭の問題である"という【踏み込みづらさ】を感じるという壁がある。さらに，通所施設職員の勤務及び支援内容は日中の支援であり，将来に関する内容にはついては親と子の双方に対して【やりとりが難しい】且つ【関われない・関わりがない】という物理的な問題を職員は感じている。そして通所施設職員から働きかける機会があったとしても，【親からの拒否】，【子どもからの拒否】を受けてしまう。そして親に対し，やり取りをすることが可能になったとしても，親の思い，支援側の思いなどの相違によって，【方向性を統一する

難しさ】が困難として存在する。さらに，【社会資源の不足】特に【施設が無い】という我が国の福祉現場の現状が土台に存在することにより，通所施設職員にとって上記の困難をより深刻にしているようである。

さらに質問項目6では，「知的障がいのある子どもの将来の生活場所の選択・決定」に関して，我が国の制度面及び経済面などの外的要因がどのように影響を与えているか，職員の目が捉えている現実について回答を求めた（表3-9）。

その結果，＜社会資源の不足＞，＜家庭の経済面＞，＜現行の制度上の問題＞，＜福祉現場の現実＞，＜社会意識の醸成の必要性＞，＜影響ない＞の6つのカテゴリーが得られた。

＜社会資源の不足＞には，【生活場所】，【社会資源全般】，【医療ケア・重度に対する支援】，【意思決定支援】，【居宅支援】，【将来について考える支援】，【相談支援】，【親亡き後の子どもを支える制度】など8つのカテゴリーが見出せた。【社会資源全般】には，現状の社会資源の不足を指摘するものと，知的障がいのある子どもの生活場所として入所施設，グループホームなどだけでなく新たな居住環境の選択肢が増えるべきであるいう指摘があった。また，現在ある支援の供給が不足しているという視点と，新たな支援が必要であることを示唆する回答もあった。

＜家庭の経済面＞は，【子どもの収入だけでは生活出来ない】，【子どもの年金が家庭を支えている】，【親の経済力が影響する】のカテゴリーが含まれる。【子どもの年金が家庭を支えている】は質問項目3-cでも得られていたカテゴリーであったが，外的要因に焦点を当てた本質問項目ではさらに回答数が増えていた。このように＜家庭の経済面＞は，子どもの将来の生活場所の選択・決定に深く影響する要因であることが見出された。

＜現行の制度上の問題＞には，【家族にわかりにくい】，【成年後見制度の改善の必要性】，【障がい者福祉と高齢福祉の連携不足】，【地域のサービス格差】，【制度の不備により理想が現実的でない】のカテゴリーがある。【家族に

表 3-9. 項目 6. 外部的な要因（制度面・経済面）の影響およびその内容（N = 872）

上位カテゴリー	カテゴリー	n	%	記述例
社会資源の不足	生活場所	230	21.4	CH, GH, 入所施設の整備が間に合っていない
	社会資源全般	54	5	必要だと考えられるだけの障害福祉サービスの支給量が少ない。
	医療ケア・重度に対する支援	32	3	地域生活する上では重い障害のある方には対応できる GH の数が少ない。医療的ケアに対応できる GH（レスパイト・SS 先）が少ない。
	意思決定支援	10	0.9	意思決定支援が不充分。代弁者が充実し機能する制度をつくるべきである。
	居宅支援	10	0.9	制度が整っていないため、在宅での生活を選択することは難しい。
	将来について考える支援	6	0.6	親の方が先に老いるのだから、そのことを踏まえて将来設計を早いうちに立てられるような支援の制度があると良いと思う。
	相談支援	5	0.5	制度面では相談窓口の設置など機関の設置。
	親亡き後の子どもを支える制度	2	0.2	親が亡くなってから本人を支える制度がない
家庭の経済面	子どもの収入だけでは生活出来ない	73	6.8	年金と工賃だけでは自立した生活が難しいことがある。
	子どもの年金が家庭を支えている	42	3.9	本人の年金を生活費の足しにしている為に、本人を手離せずにいるご家族は多くいると思う。
	親の経済力が影響する	30	2.8	（親の）経済格差により、住める場所、うけられる支援の選択肢も変わってくるように思う
現行の制度上の問題	家族にわかりにくい	34	3.2	制度自体をあまり把握できていない、ついていけてない父母が多い。
	成年後見制度の改善の必要性	16	1.5	きちんと個人を見ている後見人とそうでない後見人の見分けがつかない状況にあり、第三者が後見人を持って本人を思ったのか、何を見て物事を決定したのか？逆になぜ放置しているのかを説明する責任がないのは大きな影響と思います。
	障がい者福祉と高齢福祉の連携不足	9	0.8	老人、障がい者の両分野の福祉の連携があれば、よりニードをつかめると思います。
	地域のサービス格差	8	0.7	区や市をまたいでの制度面の違い。
	制度の不備により理想が現実的でない	5	0.5	国連の国際障がい者権利条約によれば、全ての障がい者地域生活に移行するとあるが実際には難しいのではないかと思う。
福祉現場の現実	勤務待遇が悪い	19	1.8	支援者側の問題としては、働く環境が整っていない。
	家庭外施設の運営が厳しい	11	1	GH は必要ですが、制度的に運営をするには収入が少なく、運営が楽ではありません。その点の見直しも必要だと考えています。
	支援側の連携不足	4	0.4	本人にふさわしい環境を複数の支援機関で決定していくことが必要だが、横のつながりがなかなかうまく機能しない。
	支援者の在り方	4	0.4	本当に利用者さんや、障がい者さんの言葉に耳を傾けている人がどれだけいるかによると思います。仕事だから仕方ないと考える人も中にはたくさんいると思います。
社会意識の醸成の必要性	社会の理解が足りない	28	2.6	障がい者を地域で支えていくシステムが多くの方に理解されていくことが必要かと思います。
	国の支援が必要	14	1.3	行政面での決定、経済面での支援など強力な外部からの支援が必要ではないでしょうか。お金も掛かり、国、地方自治体の強力な経済面での支援が必要かと思います。当事者だけでは難しいのでは…
影響ない		13	1.2	最終的には単身で生保を利用すれば生活できています。
理由未記入の影響あり		52	4.8	経済面（41）、制度面（11）
未記入（わからない（40）含む）		366	34	
総回答		1077		

わかりにくい】は，制度がそもそもややこしかったり，頻繁に変更されるために知識が追い付かなかったりする課題を示していた。また，日本は2010年の段階で超高齢社会に入り，知的障がい者の間でも長命化も進んでいる（井川，2011）。そのため，通所施設職員からも，高齢になった知的障がい者を支えるために高齢者福祉との連携が求められるという声が挙がっていた。また，【制度の不備により理想が現実的でない】といったように，現在の福祉の理想と現実の乖離があることを指摘する声もあった。

　＜福祉現場の現実＞には，【勤務待遇が悪い】，【家庭外施設の運営が厳しい】，【支援側の連携不足】，【支援者の在り方】など，課題を多く残している福祉現場について当事者としての言及が為されていた。【勤務待遇が悪い】ことで，サービスを提供しようにもマンパワーが足りなかったり，継続的な勤務に繋がらず家族との安定した信頼関係の構築が難しくなったりするなど，その他の困難と結びついていることが示唆された。

　＜社会意識の醸成の必要性＞には【社会の理解が足りない】，【国の支援が必要】の2つのカテゴリーからなる。福祉の発展には費用がかり，不況と言われる現在の日本において福祉の支援を豊かにするためには，多数を占める健常者の理解が必要不可欠であるという職員の意識がうかがえた。

障害者や家族からの発信がないと，制度を見直すきっかけになりづらい。

このように，当事者からの声が無いと，社会的にマイノリティである障がい者支援を充実させることが難しいという社会の理解不足を示す回答もあった。以上，通所施設職員が家族と将来のことについて関わる際の困難を，心理的側面と制度面や経済面などの外的側面から見出した。

　これまでの分類結果から明らかになった様々な困難のある現状を受け，質問項目4-bにて通所施設職員が将来の子どもの生活場所を選択・決定するために必要だと思う家族支援についての回答を求めた。その結果，＜親に情報提供を行う＞，＜親が持つ意識を変える＞，＜親を支援に繋げる＞，＜生活場所の選択肢を増やす＞，＜現場のサポート体制を整える＞，＜子どもの将

表 3-10. 項目 4-b. 知的障がいのある子どもの将来の生活場所の選択・決定について必要だと思う支援（N = 872）

上位カテゴリー	カテゴリー	n	%	記述例
親に情報提供を行う	制度・社会資源・生活場所	266	30.5	現在利用できる社会資源の説明，相談できる場所の情報提供
	家庭外施設の見学	37	4.2	入所施設や GH などについて理解してもらうための説明や見学会。
	経験者の体験談	23	2.6	実際の体験談などを聞く機会を設けるなど保護者の意識を変えて安心してもらえるようにするなど。
親が持つ意識を変える	家族で将来のヴィジョンを持って準備する	148	17	親亡き後，ひとりでも困らずに楽しく生活していけるよう，将来像を早くから考え，行動していくことが大事なのではないかと考える。
	社会資源を利用して他者を頼る	88	10.1	他の人へ預ける事に対する意識改善
	親離れ子離れする必要性	32	3.7	子どもはいつまでも子どもではなく，成人したし大人になって行くということを理解することがベースとして大切だと思う。
	子どもの能力を捉える	10	1.1	・ご本人の能力をご家族は低くみられている場合があるので，どこまで可能かを説明する必要がある。
	親以外の関係を構築することの大切さ	8	0.9	親という柱を失った利用者が，支えをすべて失う…といった状況にならないよう，関わりを広げて支えを外に外に作ることは非常に重要だと思います。
	内容未記入	6	0.7	親の意識を変えていく。
親を支援に繋げる	悩み・思いを受け止める	153	17.5	家族の気持ちに寄り添えるような支援，不安，不満へのフォロー。(本人，家族共とも。)
	サービス利用手続き支援	35	4	行政手続きのやり方や具体的な連絡先を伝える
	親や家族と信頼関係構築	26	3	親の思いを聞きつつも，「今」だけでなく，親の亡くなった後について考えてもらう。その為には，職員は親から信頼を得ないと，そこまでの話は難しい。
	高齢の親自身のケア	5	0.6	親や保護者が高齢な場合が多い。そのため，保護者への介護も視野にいれないと共倒れになることがあった。
生活場所の選択肢を増やす	ハード面の充実	81	9.3	・地域への受け皿（GH）等がニーズに対し圧倒的に少ない。・入所施設は必要と考えています。
	経済的支援	17	1.9	生活移行するにあたっての費用の問題
	親亡き後も地域生活が出来る支援	13	1.5	ご家族が亡くなられた際に，利用者が地域社会において生活していけるようにできる支援をする。居住，生活，地域での生活（他者との関わり）が出来るようにバックアップしていく。
	事前に生活場所を決められる新たな制度作り	4	0.5	親亡き後になる前に，生前入居手続きのような制度があれば親も安心して亡くなるまで生活を出来ると思う。
現場のサポート体制を整える	関係機関との連携	90	10.3	施設の役割，福祉事務所の役割があると思います。連携が必要です。
	社会の理解	17	1.9	「親の責任」から「社会の責任」という意識に支えていくことによって，障がい者は生き易い世の中になっていくと思う（保護者も生き易い）
	福祉現場の改善	6	0.7	ワーカーさんの増員。手厚く見て欲しい
子どもの将来のための支援	身辺自立・社会性を育てる	39	4.5	本人の社会性を育てる。
	一人一人に合わせたケア	30	3.4	千差万別であり，パーソナルケアでなければ成り立たない。
	意思決定支援	20	2.3	本人が自己決定できるような支援体制。
	成年後見制度の改善	18	2.1	成年後見人制度も，安全性，金額などもっと保護者にわかりやすい形で理解できるとよいと思う。
未記入・分類不可		161	18.5	
総回答		1333		

来のための支援＞が得られた（表3-10）。

＜親に情報提供を行う＞は，一般的な情報提供にあたる【制度・社会資源・生活場所】，実際に親の目で【家庭外施設の見学】をする機会，そして【経験者の体験談】の3つのカテゴリーがあった。多数の回答が得られた＜親に情報提供を行う＞という上位カテゴリーは，需要のある親に対して情報を届けるだけを想定して回答されているのではなかった。

> ・見学をしてイメージしておかないと突然亡くなったりした際は身動きとれず，本人が一番困ってしまうと思います。（【家庭外施設の見学】より）
> ・実際の体験談などを聞く機会を設けるなど保護者の意識を変えて安心してもらえるようにするなど。（【経験者の体験談】より）

このように，情報提供を行うことを通して，親が家庭外施設生活をイメージすることや親の意識を変えることを狙いにしていることが示されていた。

＜親が持つ意識を変える＞は，本質問項目の中で一番カテゴリーが豊かに得られた上位カテゴリーである。【家族で将来のヴィジョンを持って準備する】，【社会資源を利用して他者を頼る】，【親離れ子離れする必要性】，【子どもの能力を捉える】，【親以外の関係を構築することの大切さ】などのカテゴリーが得られた。

> ・障がいのある子どもを持った親は自分で抱え込む（全て面倒見ようとする）ことが多いので，亡くなった後を考えて様々な機関を頼ることは悪いことではないことを伝えていくのが良いと思う。（【社会資源を利用して他者を頼る】より）
> ・事前の準備を何もしないことにより，（親が）急逝されて困るのはご本人だということを御理解いただくこと。（【家族で将来のヴィジョンを持って準備する】より）
> ・親という柱を失った利用者が，支えをすべて失う…といった状況にならないよう，関わりを広げて支えを外に，外に作ることは非常に重要だと思います。（【親以外の関係を構築することの大切さ】より）
> ・子離れ。自分の子供が自分に依存していると思っている母親が多いが，実際に母親の方が依存していると思われます。（【親離れ子離れする必要性】より）

このように，多岐に渡る内容が得られたが，共通している思いは"親が限界を迎えるまで他者の手を借りずにケアを担い続ける"という日本の知的障

い児者の親の傾向に対する警鐘であることがうかがえた。

＜親を支援に繋げる＞には，【悩み・思いを受け止める】，【サービス利用手続き支援】，【親や家族と信頼関係構築】，【高齢の親自身のケア】のカテゴリーが得られた。【悩み・思いを受け止める】は，親に対する心理的ケアの必要性を示している。

> 入所移行に当たって，気持ちに配慮したり，アフターフォローも含めてメンタルサポートも必要ではないか。

心理面のケアには，現在親が抱いている不安や悩みなどに対してと，上記の回答例にあるように，子どもの家庭外施設移行という出来事が生じたアフターフォローの視点も示唆されていた。

> きっと大半の親が考えていらっしゃると思いますので，相談を聞く，同じ思いを持つ人が集まり，将来の生活場所となる機関と交流・情報交換の場をもつこと。

さらに，この回答例のように，自助グループの必要性を挙げている通所施設職員もいた。さらに，これらの心理面のケアだけでなく「ご本人の養育をされている方が共に老いるのでその支援も必要。」という親の高齢化に焦点を当てた【高齢の親自身のケア】の必要性を指摘する声があった。

＜生活場所の選択肢を増やす＞のカテゴリーには，これまで指摘されてきたような【ハード面の充実】や【経済的支援】だけでなく，【親亡き後も地域生活が出来る支援】や【事前に生活場所を決められる新たな制度作り】と言ったように現行の制度にはない新たな方法で子どもの生活場所の選択肢を増やすことを目指した回答が得られた。

＜現場のサポート体制を整える＞には，【関係機関との連携】，【社会の理解】，【福祉現場の改善】のカテゴリーが得られた。

＜子どもの将来のための支援＞には，【身辺自立・社会性を育てる】，【一人一人に合わせたケア】，【意思決定支援】，【成年後見制度の改善】の4つのカテゴリーがあった。【一人一人に合わせたケア】は現行のケア制度よりも，もっとサービス種別を増やすことなどより子どもそれぞれにフィットした支

援の展開を期待した声をまとめている。以上，通所施設職員が感じている，将来の生活場所の選択・決定のために必要な家族支援の分類結果を整理した。

第4節 考察

今回の質問紙調査から見出された，通所施設職員が考える，成人した知的障がいのある子どもの将来の生活場所の選択・決定をめぐる現状と，困難の認識，支援の必要性について考察を行う。

第1項 通所施設職員が，緊急事態には相談業務も兼ねている現実

日々の勤務の現状調査からは，将来について家族支援が必要だと感じながらも，通所施設職員から親へはなかなか支援を行えていないという結果が得られた。また，「知的障がいのある利用者の将来の生活場所に関することは，日中の支援を行う通所施設の役割ではない」という回答内容も見られた。しかし，日々の勤務の中で双方が困っていることについてやり取りがなされていることや，実際に通所施設職員が知的障がいのある子どもの施設移行のプロセスに関わったり緊急対応を行っていたりすることなど，必要に迫られてとはいえ"家族の危機"が訪れた際の援助をしていることが見出された。また，質問項目4-bの必要だと思う支援について，以下の回答があった。

> 相談窓口（相談支援事業）の充実。ただし，公的な機関が立ち上がっても若い世代の家族や積極的に動き出しがある家族以外への普及はなかなか難しいと思う。その点ではやはり一番身近な利用施設が相談事業を委託するのが良いと思う。

これは，"積極的に行動している家族以外とは繋がりにくい"という現行の相談支援事業の課題を示している。この回答にあるように，通所施設が相談支援事業の業務を委託されることで，家族にとっても通所施設職員にとっても有益な点があると思われる。既に利用している通所施設にて相談支援を受け

られるということは，家族が抱きやすいと思われる「相談をしに行く」という抵抗感を軽くすることが出来る。さらに，今回の質問紙調査の全体を通して「日中支援を担う通所施設職員は，役割が異なるの関われない」という回答がなされていた。このように，将来について関わるのは役割が異なる，責任が取れないという現状から親への関わりを躊躇している通所施設職員がいた場合，業務委託をされることで，親に対してちょっとした声掛けなどの関わりがこれまでよりも積極的にしやすくなる可能性がある。相談支援事業が展開されるようになったことは，家族支援の充実として大きな一歩であることは間違いないが，自ら支援を得ようとしない又は得ることができない家族に対しては援助者の方からアウトリーチをすることが求められるのではないだろうか。また，親の心理面のケアを望む声も多かった。福祉の専門家である通所施設職員だけでなく，心理の専門家も関わるなど，福祉と分野が連携して相談支援事業を展開することなども今後に期待される点だと思われる。

第2項　通所施設職員が捉えている家族システム

　本調査の結果から，通所施設職員が捉えている家族システムの動きが垣間見えた。まず，知的障がいのある子どもの将来の方向性の決定は，子ども本人や親の意思だけでなくきょうだいも関係してくるため，統一が困難であることが挙げられていた。その背景には，家族メンバーそれぞれの意思が異なるという状況だけでなく，家族の中で話し合いがなされていないことでお互いの意思がわからずに動けないという状況も推測されていた。「きょうだいが親に任せきり」，「親がきょうだいに期待する」，などの言葉が多く見受けられていた。そして実際に親亡き後や親の体調不良などにより，ケアテイカーの喪失という出来事は家族システム内を揺るがし，家族も戸惑うという。ケアテイカーが変わることによって家族だけでなく，子ども本人も適応が必要になることを指摘していた。

　そして，通所施設職員が体験した事例の中では，きょうだいが障がいのあ

る同胞と同居をする場合から間接的なサポートをする場合といったように，関わり方は異なるが，次世代のケアテイカーとして機能する事例と，家庭や仕事の都合などから同胞のケアを担うことが難しい事例が報告されていた。これは通所施設職員が捉えて推測した家族システムの動きに過ぎないため，家族の現実が実際にどのようなものであったかは分からない。しかし，親亡き後の展開を間近で見ていた職員からは，親亡き後など親の限界が生じると，親が暗黙のうちにきょうだいに対して期待していたことが叶わない現実も多くあったと捉えられていることが分かった。この点は，子ども本人やきょうだいなど実際の家族にアプローチして知見を深める必要性がある。

第3項　通所施設職員が思う，親の意識を変える必要性

　質問項目 4-b の知的障がいのある子どもの将来の生活場所の選択・決定のために必要だと思う支援についての回答結果（表3-10）からは，6つの上位カテゴリーが見出されている。＜生活場所の選択肢を増やす＞などのように，我が国の支援の課題から見出されたカテゴリーが多い中で唯一，援助の受け手である親が変化することの必要性を示唆しているのが＜親が持つ意識を変える＞というカテゴリーである。通所施設職員が必要だと思う家族支援のカテゴリーから，望ましい家族支援のモデル図を作成した（図3-5）。

　＜親に情報提供を行う＞，＜親を支援に繋げる＞，＜現場のサポート体制を整える＞，＜生活場所の選択肢を増やす＞，＜子どもの将来のための支援＞は，例えば＜現場のサポート体制を整える＞支援が充実することで＜親を支援に繋げる＞支援の可能性も広がるといったように，それぞれがお互いに関連し合うような関係になっている。その支援の輪とも言える関係性の中央に位置するのが"親が持つ意識"である。これは，親が親亡き後や将来の子どもの生活場所について向き合う意識の高低を示している。"親が持つ意識"が低い場合，周囲の支援を充実させても，"親が向き合えない，あるいは向き合わない"といった壁のもと，援助に繋がらない。中根（2006）は知的障

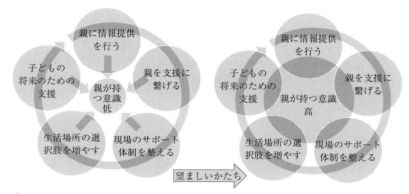

図3-5. 通所施設職員が必要とする「子どもの将来の生活場所の選択・決定」の家族支援のモデル図

がい者家族において外部資源利用率が低い現状は，社会資源の不足という理由によってのみ生じているのではなく，親が知的障がいのある子どものケアを社会に委ねることに抵抗感を持つことも影響しているという。つまり，図3-5の左のように＜生活場所の選択肢を増やす＞というサービスの受け皿を増加させても，"親が持つ意識"が低い場合はサービスに繋がらず，親による知的障がいのある子どもの抱え込みという日本の現状を解決する手立てではないということになる。また同様に，＜親に情報提供を行う＞段階で親からの拒否を受けることも想定でき，＜親を支援に繋げる＞ことにも続かない。また，通所施設職員が＜子どもの将来のための支援＞を行うことに対して親が理解を示してくれないケースも考えられる。しかし，支援の輪の中央に位置する"親が持つ意識"が高い場合，図3-5の右のように，周囲の支援と接する部分が増え，親が支援に繋がりやすくなる。また，親と支援が繋がることによって相互作用が生まれ，当事者である家族の声を活かした家族支援の発展が期待される。これが，望ましい家族支援の図である。

　＜親の持つ意識を変える＞支援を願う通所施設職員の声の多さは，職員が感じる困難として挙げられていた＜親からの拒否＞と深く関連すると思われ

る。現状では通所施設職員の関わりを拒否する親が多いように感じられるため，親が持つ意識を変えることで足並みを揃えたいという通所施設職員の思いが浮き彫りになっている。また，質問項目4-bの結果からは，親には自助グループが必要だということを示唆する回答が得られた。これは，ピアカウンセリングによって情緒的にサポートされることが親には必要だという先行研究の指摘（武田，2004）と合致する。しかし，本研究でこの回答が得られた背景には，

> ・基本，事業所の支援員らの働きかけは意にそわないものは無視，攻撃。
> ・他のサービス利用という形でお勧めした時にも「職員からここ（当所）を辞めろと言うのか？」と立腹されたケースもある。

という職員と家族の立場の違いから受けた＜親からの拒否＞の影響があり，同じ立場の家族で支え合うことの必要性を感じたのかもしれない。同様の理由により，質問項目4-bで【経験者の体験談】が支援として必要という回答が挙げられた可能性もある。

　質問紙調査の全体を通して通所施設職員の回答からは，"自身が子どものケアを担うことに頑なな親"，そして"自身が老いることや子どもの将来について楽観的な親"の印象が強く持たれているように感じられた。この点については，親が通所施設職員の前で表出している心理と表出できない心理の影響も考えられるため，注意が必要である。しかし，通所施設職員の主観的体験という軸から考えると，家族に関わる際のモチベーションに影響すると思われ，援助者を支える視点としては重要な知見が得られたと言える。

　また，家族に緊急事態が生じて知的障がいのある子どものケアを担えなくなった場合，質問項目5の印象的な事例として挙げられていたように，すぐには利用できる家庭外施設が見つからないといった展開になることが多い。そこで，必要な支援として緊急一時保護施設の充足を求める声もあった。確かに現実問題への対処として必要な支援であることは理解できる。しかし，家族の介護負担を軽減する支援の増加が，家族のケア役割を強化するという指

摘（中根，2006 や鶴野，2002 など）と同様，家族の緊急事態に対する支援を拡大することで，家族が将来の準備をしなくてもいい状況を作り出してしまう危険性がある。このように考えた場合，今後の家族支援には，今まさに家族が直面する恐れがある緊急事態が生じた際の支援と，予防的見地を含んだ＜親が持つ意識を変える＞支援という長期的なアプローチの二側面が求められていると言える。

第4項　本研究の限界と今後の展望

　本研究の意義として，以下の点が挙げられる。まず，東京都にある通所施設を対象に幅広く質問紙調査を行ったことにより，通所施設職員の共通の心理的体験を見出すことが出来た点である。2点目としては，福祉現場の立場から今後我が国に必要と思われる家族支援の知見の深化を行ったことである。また，質的研究を採用したことにより，多数派の声だけでなく回答数が少なかった内容に対しても，重要と思われるエッセンスを抽出して結果に描き出せたと言える。そして，近年注目されている自己選択・自己決定の概念について，現場の通所施設職員は「家族全体としての自己選択・自己決定」とも言える広義の概念で捉えている可能性が見出されたことである。

　本研究の限界は，都内にある通所施設を対象としたことで，「都内」という立地条件によるサービス状況が回答に影響した可能性がある。具体的には，入所施設の不足を感じていたり，入所施設は地方にあるという回答が多く得られたりしたことなど，サンプリングの偏りが生じていると見なせる。また，自由記述での回答方法の課題も挙げられる。通所施設職員が感じていること，体験を広く取り上げるために自由記述での回答を多く求めたが，それにより調査協力者にとって回答の負担を多く掛けてしまった。そのため，本質問紙調査全体を通して未記入の回答数は多かったように感じられる。さらに，自由記述であるために内容の読み取りについての課題が残る。得られたデータの分類には慎重を期したが，言葉が足りない回答や意味内容が不明瞭

な回答については取りこぼす結果になってしまった。また，質問項目同士の関連性について十分に言及できなかったという点も課題である。さらに，今回の研究で見出された結果は，あくまで「通所施設職員の立場から」感じたこと及び受け取ったことであり，親の心理面などに関する見方が当事者たちに当てはまるかどうかはわからない。この点は，家族の視点と合わせて理解する必要がある。

　今後は，相談支援事業の職員を新たな対象にするなど，福祉現場で働く声を広く集約することで，家族支援の今後について活かせる知見を集めることなどが考えられる。また，インタビュー調査を行うなど，通所施設職員の体験をよりビビッドに描き出すことが求められるだろう。

第Ⅲ部　成人知的障がい者家族の声

第4章 研究2：在宅ケア両親における「子どもを親元から離す意識」及び「子どもと一緒に暮らす」体験

　第Ⅲ部は，当事者である家族の視点から，知的障がいのある子どもの将来の生活場所の選択・決定に関して求められている家族支援の知見を得ることを目的している。本章では，現在成人した知的障がいのある子どもと一緒に暮らしている（在宅ケアをしている）両親を対象に調査を行った。そして在宅ケアをしている両親における，成人した子どもと一緒に生活する中で抱いている将来に関する思いと，「子どもを親元から離す」ことの意識についてアプローチした。

第1節　目的

　第Ⅱ部では，知的障がいのある本人及び家族を支援している通所施設職員を対象とした質問紙調査により，我が国における通所施設での家族支援の現状について検討した。その結果，知的障がいのある子どもの将来の生活場所について親と関わる際，多くの通所施設職員が親からの拒否を多く体験していることが見出された。また職員からは，在宅ケアをしている親が親離れ子離れの必要性を感じていなかったり，将来について危機感を抱いていなかったりするように見えるという。しかしこれはあくまで通所施設職員が捉えた親の姿であり，親が職員に見せた言動から職員がそのように感じたとするならば，親の真意とは異なる可能性も想定できる。そこで第Ⅲ部では，家族の立場から問題にアプローチを行う。まず第4章では，現在，知的障がいのある子どもの在宅ケアをしている親を対象に，家族の心理面への理解を試みることにした。

海外では「自身の生涯を通して障がいのある子どものケア役割を担おうとする親」の存在は早くから報告されていた (Jennings, 1987)。そして親が知的障がいのある子どものケアを担い続けることで，自身の健康管理が疎かになることや，親の社会的活動の妨げになることなども問題視されていた。また，一人親家庭の母親は子どもをケアするプロセスで，知的障がいのある子どもへの依存を高めることが指摘された (Rimmerman & Muraver, 2001)。このように海外では，成人を迎えてもなお，知的障がいのある子どもを家庭でケアすることは，親子の相互依存としてネガティブな意味合いで捉えていたようである。

　一方，Seltzer ら (2001) は，家族の援助があることによって，知的障がいのある本人の社会的活動や余暇時間の充実が保たれていることなど，知的障がいのある子どもと親が共に暮らす利点を示した。同様に，得津 (2009) も，知的障がいのある子どもをケアする日常は親にとって困難と安定の繰り返しであるが，その中で家族が大変さを肯定的なものに捉え直して乗り越えていることなどを明らかにし，これを「家族の力」として述べている。

　また，日本における知的障がい者の大多数が家族と共に生活をしている現状や家族がケアを担い続けようとする状況は，公的サービスの欠如と，親が子どものケアを他者に委ねることや親役割を手離すことの難しさが循環して維持されているという指摘がある (中根, 2006)。さらに，専門家による"子どもを施設に預けることの提案"を拒否する家族の存在も報告されている (Rimmerman, 1995)。このことから，知的障がい者家族に対して一概に"施設利用をして分離することが良い"という支援ではなく，家族の視点から，"障がいのある子どもと一緒に暮らすこと"と"子どもを家庭外施設に預けて別々に暮らすこと"について理解をした上でサポートを展開していくことが必要だと考える。そして家族ごとにどのような居住形態が求められているかを明らかにし，家族のニーズに添った支援を提供していくことが重要である。

そこで第4章では，現在在宅ケアをしている両親が「子どもを親元から離すこと」にどのような意識を持っているのか，および親の視点から「成人した知的障がいのある子どもと一緒に暮らすこと」がどのような体験なのかを検討することを目的とする。なお，本研究では両親の立場に配慮し，"子どもを家庭外施設に入所させること"に対して"子どもを親元から離す"というフレーズを使用している。

第2節　方法

第1項　質的研究方法の採用

本研究の目的は，"子どもを親元から離す"及び"子どもと一緒に暮らす"ということがどのようなことなのか，現在親子一緒に暮らしている両親の視点から探索的に理解することである。よって，少数事例を丹念に調査出来る方法である質的研究法を採用した。

第2項　予備的インタビュー

成人知的障がい者の両親1組を対象に半構造化の模擬インタビューを行い，インタビューガイドラインの作成及び本調査インタビューにおける質問項目の精緻化を行った。

第3項　本調査：データ収集方法

(1) 調査協力者

現在在宅ケアをしている成人知的障がい者の両親8組16名の協力を得た。平均年齢は，父親66歳 (50-70歳)，母親62歳 (48-72歳)，子ども30歳 (20-38歳) であった。16名の概要については表4-1の通りである。

表 4-1. 調査協力者の概要

名前	障がいのある子	障がいの種類／程度	家族構成	居住地域
A 父（60代） A 母（60代）	次男 （30代）	知的障がい／中度	父，母，兄（40代：別居），本人	都市部
B 父（60代） B 母（60代）	次男 （30代）	知的障がい／軽度	父，母，兄（30代：別居），本人	都市部
C 父（60代） C 母（60代）	長女 （30代）	知的障がい・ダウン症候群／軽度	父，母，本人	都市部
D 父（60代） D 母（60代）	長男 （20代）	知的障がい・ダウン症候群／重度	父，母，姉（30代：別居），本人	都市部
E 父（70代） E 母（70代）	次女 （30代）	知的障がい・ダウン症候群／中度	父，母，兄（40代：敷地内別居），姉（40代：別居），本人	都市部
F 父（60代） F 母（60代）	長男 （30代）	知的障がい／中度	父，母，姉（30代），本人	都市部
G 父（60代） G 母（60代）	男性 （30代）	知的障がい・ダウン症候群／中度	祖母（80代），父，母，兄，（30代：別居），本人	都市部
H 父（50代） H 母（40代）	女性 （20代）	知的障がい・ダウン症候群／中度	父，母，本人，弟（10代）	都市部

(2) 両親合同面接の採用

　集団面接の利点には，①対象者同士が知り合い同士である場合，面接場面に生じる緊張が緩和される，②個人では思い出せない出来事も他の対象者の話をきっかけにして思い出すことが可能である，③対象者同士で事実関係の確認が出来る，④面接場面における対象者同士のやり取りが資料となる，などがある（澤田・南，2004）。これらの特徴は本研究の狙いに対して効果的であると考え，インタビュー構造として両親合同面接を採用することにした。しかしながらこの方向性が両親の関係性の現実を無視しないよう，個人面接か両親合同面接かの決定は各協力者に委ねた。その結果，全ての両親で合同面接を行うに至った。またインタビューでは質問を両親のどちらかに向けて行わないことで，どちらが先に回答しても構わない雰囲気作りを心がけた。しかし片方の意見が極端に聞けない事態になるような場合は，追加で指名して尋ねることもあった。

(3) 手続き

　データ収集の方法はインタビュー法を採用した。調査協力者にはインタビュー実施前に，研究目的の説明，インタビューにおける協力者の権利について（インタビュー中止の自由，回答拒否の自由など），インタビューをICレコーダーにて録音すること，プライバシーの保護についてなどを説明し，インタビュー承諾書に署名を頂いた。その後基本情報として①家族構成，②同居している家族の確認，可能な限り障がい者手帳を拝見しながら③本人の障がい名，④障がいの程度，の4点を確認した。インタビュー過程を録音し，後日筆者が逐語録を作成した。インタビュー時期は2009年6月〜9月，インタビュー所要時間は70分〜170分であった。インタビュー形態は半構造化であり，インタビューは全て筆者が行った。

(4) 調査内容

　まず，「子どもを親元から離す」ということについてどのように思うかについて自由に語って貰った。その後，現在の生活について思うこと，今後の親子の生活について思うことについてインタビューの流れに応じて質問した。

第4項　データ分析方法

　半構造化インタビューにて収集したデータを，グラウンデッド・セオリー・アプローチ（Strauss & Corbin；1998/2004，以下GTA）を援用し，以下の3段階を経て分析した。①オープン・コーディング：得られたデータを読み込み，意味のある単位で切片化した。データの読み込みには，各調査協力者が使用する「施設」の言葉が，入所施設・GHのどの種類を意味しているかに留意した。切片化の単位は，基本的には一文ごととしながら内容を基準に切り取った。その後，切り取ったデータの内容を示すコード名を付けた（コード化）。分析初期のコード化の際には，解釈を出来る限り抑えた名前を付けることを心がけ，分析が進むにつれて抽象度を高くしていった。その後，意味

元データ
意外とみんなね，こういうこと言ってるんだけど，いざとなると，ヘシテイトしちゃうんだよ。まだ自分がなんとか見られるとかね。でも一人になったら，あのね，どっちかが逝ったら，そらやもうあれだと思う。どっちかがそういう状態になったら，その認知症になっちゃうとか，もう，ね。介護の問題になっちゃったら，もう，あと片方だけになっちゃうから，どうにもなんないよ。

①オープンコーディング	②コード名
意外とみんなね，こういうこと（家庭外施設が欲しいと）言ってるんだけど，いざとなると，ヘシテイトしちゃうんだよ。まだ自分がなんとか見られるとかね。	親は家庭外施設を欲しいと言うが，いざ出来ると利用しない
でも一人になったら，あのね，どっちかが逝ったら，そりゃもうあれ（家庭外施設利用）だと思う。	両親の片方が死去したら家庭外施設利用をすると推測する
どっちかがそういう状態になったら，その認知症になっちゃうとか，もう，ね。介護の問題になっちゃったら，もう，あと片方だけになっちゃうから，どうにもなんないよ。	両親の片方が認知症や介護が必要になったら，どうにもならない

③コード名をまとめてカテゴリー化	カテゴリー
両親のどちらかが死去したら家庭外施設利用をすると推測する	一人親になったら家庭外施設利用をすると推測する
両親のどちらかが認知症や介護が必要になったら，どうにもならない	

図 4-1. 分析の手順例

内容の似ているコード名をまとめてグループにし，それぞれに対して名前を付け，カテゴリー化を行った。（図4-1）②軸足コーディング：オープン・コーディング段階にて作成された，いくつかのカテゴリーを軸とし，各カテゴリーの精緻化と関連付けを行った。③選択コーディング：中心となるカテゴリーを選択し，そのカテゴリーを中心にデータ全体の再構成を行った。

　また，本研究における研究協力者の個別性やその特徴を捉えた上で，全事例に対して包括的な結果を提示するため，事例ごとに分析を行っていく方法（能智，2004）を採用した。その際，調査協力者の分析の順番を考慮することで，理論的サンプリングを行うこととした。具体的には，最初に包括的なカテゴリーの生成を目的として在宅ケアの年数が一番長い両親から分析を行っ

た。また，両親であっても在宅ケアをしている現状に対する思いに差異があることも推測されたので，父親，母親の語りはそれぞれ独立して分析を行った。分析の視点は以下の通りである。

(1) 分析1

「成人した知的障がいのある子どもと暮らしている」という状態像が同じであっても，「子どもを親元から離すこと」に関してどのような意識を持っているかは両親によって異なる可能性がある。よって分析1では，まず大枠として両親が「子どもを親元から離すこと」をどのように捉え，現在の在宅ケアに至っているのかに焦点を当てた。

(2) 分析2

分析1を元に，「成人した知的障がいのある子どもと一緒に生活をする両親の体験」を理解するため，両親の心理的体験に着目をした。

第3節　結果

第1項　分析1：在宅ケアをしている両親の「子どもを親元から離すこと」の意識

現在知的障がいのある子どもの在宅ケアをしている両親に「子どもを親元から離すこと」についてどのように思っているかを尋ねると，両親は現在の思いだけでなく，少し先の未来や親亡き後といった時間軸における自身の希望を語った。抽出されたカテゴリーを表4-2にて示す。以下，時間軸を≪　≫，カテゴリーを【　】，下位カテゴリーを［　］で示している。

≪現在≫の時間軸には，【在宅ケアが最善】，【今は考えていない】，【離したいが今は離さない】の3つのカテゴリーがあった。E両親は自宅にて障がい

表 4-2. 在宅ケアをしている親の「子どもを親元から離す」意識のカテゴリー及び発言例

時間軸	カテゴリー	下位カテゴリー	発言例
現在	在宅ケアが最善		だからまぁ,我々としては今の本人の状況を見てね,まあこれ(在宅ケア)が一番いいんじゃないかっていう風に考えてやってきたんですけどね(B夫)
	今は考えていない		まだいいやって感じだよね(C夫)
	離したいが今は離さない	まだ一緒に居たい	まあ,あのね,気持ちとしては両方が,あの,2人が何とかやっていく間は一緒に住みたい(A夫)
		子どもの親離れを待っている	本人が行きたいって思った時が入れ時って思ってますから。それが一番です。自立自立以前に。まず本人がどうしても行きたいって思ったらじゃあ行ってごらんっていう。その時は逃さないようにしてる。(D妻)
		利用できるGHを探している	うちはもう,どんどん離したいんですよ,本当は。ただ離すには,私達のちゃんと描いている夢通りの所(家庭外施設)に行かせたいんですよね。どこでもいい訳じゃないので。(F妻)
親がいる近い未来	将来について考え始めようと思っている		90歳?出来るだけ延ばして,90歳ぐらいになったら考えるかな,どっか預けて,考えるかって(E妻)
	親が居る間にGHを利用したい	消極的な希望	3年後の頃には「CHに入ってるかも」って書いてあるんですけどね,うん。(A妻)
		積極的な希望	元気なうちに,あの子がそこに慣れて貰うっていうことを見届けたいんですよね。(G妻)
親亡き後	福祉のサービスやきょうだいの助けを借りながら生活して欲しい		我々がいなくなったら,丁度ほら,介護保険だなんだ…出来てきましたよね。隣(きょうだい)もいることだし,なんとかやっていけるんじゃないかなって希望を持ってる訳なんですよね。(E妻)
	GHを利用させたい		GH,彼らもそういう所で,お友達と過ごせたらいいな(B妻)
	入所施設を利用させたい		だからやっぱり親亡き後は,両方の親亡き後はやっぱり施設だと思うんだ(A夫)

のある子どもと3人で暮らしており,同敷地内にはきょうだいである長男一家が生活している。数年前に,両親の高齢を理由に行政からグループホーム

(GH)を紹介された時，E 両親は知的障がいのある子どもを親元から離そうか迷ったと言う。しかし，長男夫婦が妹の家庭外施設利用に反対し，将来はケアを担う意思があることを告げてくれたことで E 両親は行政の紹介を断り，【在宅ケアが最善】という思いで現在を過ごしている。また，C 両親のように「まあ，何かの形で直面しなきゃ，考えないかもしれないね。」と【今は考えていない】という親もいた。そして【離したいが今は離さない】のカテゴリーには，いつかは親元から離すことを考えているものの現在は子どもとの生活を希望する思いを強く語った［まだ一緒に居たい］や，親は子離れの覚悟があるが子どもの様子から［子どもの親離れを待っている］，施設不足という日本の現状が示されている［利用できる GH を探している］という3つの下位カテゴリーがあった。

さらに，8組中6組が「子どもを親元から離すということ」の意識及び将来の希望について両親共に同じ思いを抱いているとの回答をした。しかし，

※筆者の「お子さんを親元から離すということに関してどのようにお考えですか？」の質問を受けて

D 父：俺の目の黒いうちは俺の元にいさせようかなと。目の黒いうちだぞ？白くなっちゃったらどうなるかわかんねぇな，そりゃあな。＜省略＞

D 母：主人と姉は，何しろ自分たちが（知的障がいのある本人のケアを）見たいっていう考え方なんです。まだ施設に入れたりとか，そういうのはすごく反応が拒否ですね。主人も。でも私は，やはりそういうこと言ってられないじゃないですか。

このように，【在宅ケアが最善】という父親と【離したいが今は離さない】という母親といったように，家族メンバーによって「子どもを親元から離すこと」の意識が異なるケースもあった。

次に，《親がいる近い未来》の時間軸には，【将来について考え始めようと思っている】と【親がいる間に GH を利用したい】の2つのカテゴリーが見出せた。【親がいる間に GH を利用したい】という思いを語る親の中には，"利用できるグループホームが見つかればすぐにでも利用したい"というよ

うにより強くその思いを訴える親と,「3年後の頃には"ケアホームに入ってるかも"って書いてあるんですけどね,うん。(A妻)」というように可能性を示唆するに留める親がいた。前者を［積極的な希望］,後者を［消極的な希望］として下位カテゴリーに定めた。なお,≪親がいる近い未来≫が具体的に何年後を意味するかについては,3年後を示す親もいれば,10年近く先を指す親もおり,年数に幅があった。しかしどの親も"親がいる間"という条件は共通であったため,ここでは何年先かが重要なのではなく,親が健在な状態で今ではない少し先の時間軸という意味で≪親がいる近い未来≫と命名した。

そして,≪親亡き後≫の時間軸には,【福祉のサービスやきょうだいの助けを借りながら生活して欲しい】,【GHを利用させたい】,【入所施設を利用させたい】の3つのカテゴリーが得られた。

≪現在≫と≪親がいる近い未来≫の時間軸で抽出されたカテゴリーには,それらが"在宅ケアをしていたい"という思いから"親元から離したい"という思いを軸にしたスペクトラム上に配置して理解することが可能であった。≪親亡き後≫は,親がいなくなった将来のことなので"生まれ育った地域で生活させたい"から"施設生活をさせたい"の軸へと変化していた。その軸を元に,得られたカテゴリーを図示したのが図4-2である。

また,≪現在≫及び≪親がいる近い未来≫において,親元から離す先として親が候補に語ったのはグループホーム(またはケアホーム)のみであったが,≪親亡き後≫に時間軸が移ると入所施設という新たな選択肢の声が出てきた。≪親がいる近い未来≫におけるA両親の語りは以下である。

> A母:やっぱり家に帰って来れるという状態を作っておいて,あげたいと思う。
> A父:ホームだったら,区内だったらそういうことが出来るでしょ。遠い施設行くわけじゃないからさ。

そして≪親亡き後≫に時間軸が移ると,以下のように語った。

> A母:私はね,まだね,あの,作業所(※現在日中に利用している通所施設のこと),

第4章　81

> 　地域に居るなら作業所に通いながらホームと行ったり来たり、たまには家に帰ってきて。でも私たちがいないなら、もう帰ってくるのも、ね、必要ないかもしれないからずっと施設の中でもって構わないかなって。
> A父：そういうことだよね。例えばもうそうなってくるときょうだい、せいぜい見られるのはお兄ちゃんとかになるでしょ。そういう時に、そういう話になるよね。
> A母：（きょうだいには）年に一回くらい迎えに来て遊んでやってねってくらいのお願いの仕方くらいしか出来ないかな。
> A父：出来ないね。頼れないからね。

　この語りからは、《現在》や《親がいる近い未来》の時間軸では、親は"子どもに会いに行けることができる"という条件をより満たしやすいグループホームなどを候補にするが、親亡き後は"きょうだいに負担にならないこと"などが親にとって重要な理由となっていることがわかった。これには我が国の入所施設が郊外に多いなどの立地条件も影響していると思われる。

　どの親からも現在だけではなく未来展望における「子どもを親元から離すということ」への思いが出て来たということは、知的障がい者の両親は将来について全く考えずに現在の生活を送っているのではないという特徴が浮か

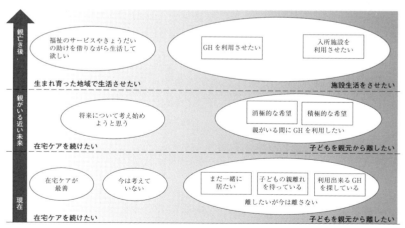

図4-2．在宅ケアをしている両親における「子どもを親元から離す」意識

第2項　分析2：両親から見た「成人した知的障がいのある子どもと一緒に生活する」という体験

(1) 知的障がいのある子どもの在宅ケアをしている両親の葛藤

　分析2では，両親が成人した知的障がいのある子どもの在宅ケアをしている生活の中で，将来に関してどのような心理的体験をしているのかを検討した。その結果，上位カテゴリーとして＜在宅ケアを続けたい＞，＜親元から離したい＞，＜子どもの気持ちを大事にしたい＞の3つが見出せた。それぞれのカテゴリーと発言例を表4-3，4-4，4-5にまとめた。なお，上位カテゴリーを＜　＞，カテゴリーを【　】，下位カテゴリーを［　］で示す。

　まず，【子どもと一緒に居たい】，【今すぐ子どもを親元から離す必要性を感じない】，【在宅ケアのメリットを感じる】，【親元から離す不安】，【家庭外施設に対する抵抗感】，【在宅ケアに積極的な周囲の動きの影響】，【在宅ケアを維持する動き】の7つのカテゴリーは，子どものケアを家庭で続けたい両親の思いを表していることから，これらをまとめて上位カテゴリー＜在宅ケアを続けたい＞とした。

　次に，【障がいがあっても子どもは親元から巣立つもの】，【親が親亡き後を考えるべきだと思う】，【高齢化への焦り】，【在宅ケアのデメリットを感じる】，【親がいる間に親元から離すメリットを感じる】，【きょうだいへの思い】，【親元から離すことに積極的な周囲の動きの影響】，【家族に可能な「親元から離す」に繋がる動き】の8つのカテゴリーをまとめて，＜在宅ケアを続けたい＞とは対の性質がある＜親元から離したい＞という上位カテゴリーにした。

　そして【子どもの様子を気に掛ける】，【親離れは子どものペースで行いたい】は上記の2つの上位カテゴリーとは異なり，今後の生活の仕方について親が子どもを中心に考えているという共通の性質があるため，上位カテゴ

第4章　83

表 4-3. ＜在宅ケアを続けたい＞カテゴリー一覧及び発言例

上位カテゴリー	カテゴリー	下位カテゴリー	発言例
在宅ケアを続けたい	今すぐ子どもを親元から離す必要性を感じない	子どもと一緒に居たい	だって生活がやっぱり子ども中心なんだもん（A父）
		親と暮らすことは普通	普通の娘・息子と同じように、娘だって28ぐらいまで家に居て、30くらいで私は表で暮らしたいわって言い出したから。やっぱり皆さんそのぐらいまでお家にいるじゃないですか。結婚するまでは。どこのお子さんでもね。（D母）
		現状子どものケアができている	まだ自分がなんとか見られるとかね（A父）
	在宅ケアのメリットを感じる		まあ普通に、自宅に居れば、親戚の所に行ったりとか、旅行も自由に行けたりとか、ありますよね。色々楽しみありますよね。（E母）
	親元から離す不安	子どもの生活が見えなくなる	連絡帳も向こう行っちゃう訳じゃない、ホームに行っちゃう訳、そしたら全然分からないもんね（A母）
		子どもの身辺自立の不安	まだ躾が出来てない…躾出来てない…恥ずかしい。（A母）
		施設利用の失敗談	○会の方で、作ったね、私の頼んだ時、いっぱいってなった時は寮母さんのあれで5人いっぺんに辞めちゃったのね（A母）
		他人に託す不安	だってないがしろにされたりしちゃうじゃねえか、他人じゃ。それじゃ可哀想じゃねえか。（D父）
		子どもの居ない生活に慣れてしまう	ずっといないとなると、その子が帰ってきた時の部屋も段々無くなっちゃうとか。受け止める存在というか位置というか、（G母）
	家庭外施設に対する抵抗感	家庭外施設の悪いイメージ	例えば私たちには分からない、まあ俗に言えば、例えば色んな新聞沙汰で、悪い部分が載ってたり。例えば暴力があったり、女性ですから性的嫌がらせとか。そういった部分があり、多くは無くてもやはりどっかでそういった記事が出るとやはり日常的にはそういうこともまだまだ残っているんだろうなっていうことがあるんで（H父）
		入所施設の特徴への抵抗感	遠くに行った人達は帰って来ない訳。そしたら親が会いに行くの大変。80・90の…何回行けると思う？年に。大変。（A父）
		GHの特徴への抵抗感	一見GHって言って恰好良いようだけど、GH運営そのものが非常に問題点が色々ある訳ですよ。（A父）
	在宅ケアに積極的な周囲の動きの影響	将来の話を拒否する保護者仲間	多分ね、そういうお母さんがいるのよ。私たちがそういう＜将来＞話するでしょ、そうすると、なんでそこまでってやっぱり言う人いるの。＜略＞「私は考えたくない」って言われたの。「まあいいじゃない、まだ」とかって。（C母）
		身内からの施設利用の反対	何でそんな所入れるのかとか、私たちが楽をしたいからでしょみたいにね。（G母）
	在宅ケアを維持する動き	いざとなれば親離れすると信じる	いざとなったらやると思います。それを期待してる（E母）
		情報を得ない	だから見学しなくちゃいけないわけよ、本当は。見学もあんまり…なんかね、しないし（C母）
		健康に気を付ける	生きなくちゃ、生きなくちゃって言ってるもんね。まだ私たちの友達同士でも言うけども、まだまだこの子のために頑張らなくちゃねって言うから。この子のために、もう少し頑張らなくちゃ（E母）
		高齢の保護者に遠慮する	ぼちぼち申し込もうかなって思うけれども、やっぱり年齢的には必要とする方はいっぱい…作業所にね、沢山いらっしゃるしね（G母）

表 4-4. ＜親元から離したい＞カテゴリー一覧と発言例

上位カテゴリー	カテゴリー	下位カテゴリー	発言例
親元から離したい	障がいがあっても子どもは親元から巣立つもの		やっぱりみんな子供たちって巣立って行くじゃないですか。障がい者でも同じですよ。障がい者でもそうしなきゃいけない。今までは障がい者だから，私達が面倒見ると思ってたのが，今の時代になって＜略＞，今はそういう機関があるから，やっぱり普通の子どもと同じように，ある程度になったら手放すっていう考え方に。(D母)
	親が親亡き後を考えるべきだと思う		実際自分体が動けるうち？元気なうち？にやはり先を考えてあげることが私たちが親としてやるべきだと思うんですね。(B母)
	高齢化への焦り	親の高齢化	前から思ってはいたんですね，でも実際に何となく今まで漠然として，でも，段々自分達も年取ってくると，本当に動かなきゃなってっていうのがありますね。(B母)
		子どもの高齢化	ダウン症の方って結構本当に退行されていく方，そういうの思うと怖いですけど (H母)
		きょうだいの高齢化	それから，親が…いなくなっちゃって，まぁ，息子に託した場合ね。＜略＞息子も娘もみんな年取ってる。60代・70代になっている。(E母)
	在宅ケアのデメリットを感じる	親元だと子どもの世界が狭まる	守ってると，本人だけで世界がそれだけで終わってしまうじゃないですか。(G父)
		つい親が手助けしてしまう	なんかね，やってあげなくちゃって感じで，それでついつい手を出してね，非常にあの自立心が無いわね…。あの，洋服これ着たら？って出せば，もうすっとこう，そのまま出してくれると思って自分で手を出してて，そうじゃなくて自分で，っていう感じなんですよ (A母)
		親が子離れできなくなる	まあ，ははは，この頃は親離れが，今度は子離れ，親離れじゃなくて子離れが出来なくなる方が危険かなって思い始めています (E母)
		「親元から離す動き」をしていない自責	…すごく今，充実しているので，でもその充実がやっぱり将来を考えれば，ずっと行ける所はどこまでかっていうことを考えれば今のうちから崩してでもやっていかなきゃいけないのに，現実そこまでやってあげてないっていうか。(H母)
	親がいる間に親元から離すメリットを感じる	施設移行後もフォローできる	こちらが元気で面倒見れる時だったらGHに入れながら，その状態を見ていけるし (F母)
		急にたくさんの変化を起こさないで済む	いきなり親もいないわ，新しい所に入る…というではないことにしたいと思っているんだよね (C父)
	きょうだいへの思い	罪悪感	(長男が将来ケアを担うと言ってくれたのを聞いた時)悪いなって思いましたね。やっぱり世話掛けるなって。思いましたね。(E母)
		負担を少なくしてあげたい	出来るだけ負担を少なくしてあげたいっていうね。やっぱり兄には兄の生活があるだろうからね (G父)
	親元から離すことに積極的な周囲の動きの影響		私は結構友達が，結構こう，いるでしょ，だからそういう話結構聞くわけ色々。そうするとどうしてもやっぱり，考え，入れなくちゃいけないのかなとか，やっぱり思いますよ確かに。(C母)
	家族に可能な「親元から離す」に繋がる動き	人に託す下準備をする	ちょっとこれからは少し，そういうことも自覚するようなことをしなきゃいけないなと思いますけどね。(E父)
		子どもの成長を促す	ずっと家にいたいっていうようじゃなく，少しずつ促して，背中を押すようにしますけど (D母)
		親元から離す練習をする	まずは第一段階として，作業所兼生活寮的な所に，は い。行かせました (H母)

表 4-5. ＜子どもの気持ちを大事にしたい＞カテゴリー一覧と発言例

上位カテゴリー	カテゴリー	下位カテゴリー	発言例
子どもの気持ちを大事にしたい	子どもの様子を気に掛ける	親離れしたくなさそう	親から離れる抵抗だね，まず一番はね（B父）
		親との生活に満足していそう	子どもの性格とか，普段の日常の生活を見てれば，そういう＜在宅ケアを続けたい＞気持ちに，2人＜両親＞ともなるのは当然じゃないでしょうかね（E母）
		親から離れた生活を楽しんでいる	そうですね，子どもが向こうで楽しい楽しいっていうことをね，様子で分かるし言うのでね，まあ，きっと不安も段々消えてきているのかなって（G母）
	親離れは子どものペースで行いたい	無理やり親元から離したくない	本人が嫌がる所には行かせたくないっていうのが希望なので，ただのGHも無理矢理には入れるつもりはないです。本人の了解のもとで，っていうのが私達の基本的（D母）
		段階的に進める	やっぱり，あの，無理しないで，一泊？ぐらいの何回か，もう本当に繰り返して本人が，あそこは行くと楽しいって言い出したら少し二回とか二泊とか三泊とかっていう風にね，やっぱり徐々にやっていかないと，いきなりなんかあの，二泊三泊って本人が希望もしないのにね，いきなり行かせると，ちょっと後で弊害があったらいけないなって思って。本人が楽しめる状況になるまでやっぱり時間をね，かける必要があるなって（E母）

リー＜子どもの気持ちを大事にしたい＞とした。これらの生成されたカテゴリー同士の関連を図示することで，在宅ケアをしている両親の体験の仮説的モデルとした（図4-2，図4-3）。

その結果，「いずれは（家庭外施設を利用したい）と思ってるんですけど，あの，踏ん切れないで，まだじたばたしている所です（A妻）。」という語りに見られるように，在宅ケアをしている親の心理的体験は，＜在宅ケアを続けたい＞と＜親元から離したい＞が対となった土台が，＜子どもの気持ちを大事にしたい＞を支点としたシーソーのように揺れていると理解することが出来

た。現状として在宅ケアをしている両親であるということから考えると，単純にカテゴリーの数がシーソーの揺れを決めるものではないということが分かる。ここから，在宅ケアの維持構造と，親が子どもを親元から離すことに繋がる動きに出る構造について述べる。

(2)両親が成人した知的障がいのある子どもの在宅ケアを維持する構造

調査協力者は「子どもを親元から離すということ」を全く考えずに在宅ケアに至っているのではなく，＜在宅ケアを続けたい＞と＜親元から離したい＞が揺れる思いを体験していた。そして，＜在宅ケアを続けたい＞の下位カテゴリーが意識されると，シーソーが傾き，【在宅ケアを維持する動き】を生んでいた（図4-3）。

数年前にA母が病に倒れた際は，A両親にとって子どもを親元から離すことを考えた時だったという。しかしながら，幸いにA母が回復した現在では，子どもを家庭外施設に預けると［子どもの生活が見えなくなる］，［子どもの身辺自立の不安］，［施設利用の失敗談］，［他人に託す不安］などの【親元から離す不安】が再び強くなったことを語り，そして何より両親共に【子どもと一緒に居たい】気持ちから，【在宅ケアを維持する動き】として［健康に気を付ける］ことを行っていた。一度は母親の病気により＜親元から離したい＞に傾いたシーソーが，再び＜在宅ケアを続けたい＞に傾いたことを示している。

この他にも，親が＜在宅ケアを続けたい＞と思うには，親と一緒にいることで子どもの余暇時間が充実するなどの【在宅ケアのメリットを感じる】体験や，【家庭外施設に対する抵抗感】などの影響が存在した。この【家庭外施設に対する抵抗感】には，漠然とした［家庭外施設の悪いイメージ］から，家庭外施設のそれぞれの特徴に対する抵抗を含んでいた。具体的には，郊外にあるために親が会いに行きづらいことや，日中と夜間の支援が全て施設内で行われるということなどの［入所施設の特徴への抵抗感］，そしてグループ

第 4 章　87

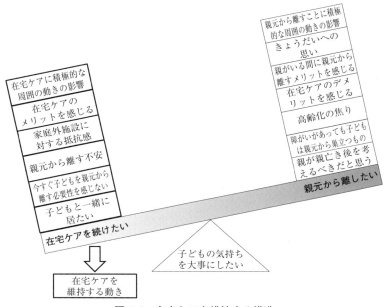

図 4-3．在宅ケアを維持する構造

ホームに対しては運営についての懸念や狭い環境で生活することなどの［GH の特徴への抵抗感］である。また，比較的子どもの年齢が若い親（D 両親，H 両親）は，［親と暮らすことは普通］と思っていた。さらに，「家に居て困る子じゃないんですよ（B 母）」のように［現状子どものケアができている］ことを合わせて【今すぐ子どもを親元から離す必要性を感じない】という親の体験も＜在宅ケアを続けたい＞の下位カテゴリーとして見出せた。なお，この［現状子どものケアができている］の語りの中には，"両親のうちどちらかが倒れる" などの危機が生じるまで在宅ケアをしている現状は変わらないのではないかと示唆する親もいた。

　なお，上記の［健康に気を付ける］以外の【在宅ケアを維持する動き】の下位カテゴリーには，「案外，サバサバとやれるんじゃないかと思っている

(A父)」に表されるような［いざとなれば親離れすると信じる］や，グループホームを利用したいと思うが他にもっと必要としている家族は居ると考えるなどの［高齢の保護者に遠慮する］などがあった。さらに，C母の「施設自体ね，わからないから何とも言えないね」及び「（情報を）知っている人は知ってるんだろうけどね」という語りや，E両親の「どのような支援があるのか分からないので，どのような支援が欲しいかと思う段階にまで至っていない」という発言からもうかがえるように，自身が家庭外施設や子どもを親元から離すことに関連した情報不足な状態であることを認識しながらも情報を得る動きを積極的に取らない，［情報を得ない］という【在宅ケアを維持する動き】もあった。

(3) 在宅ケアをしている親が，現在可能な「親元から離す」に繋がる動きに出るとき

　在宅ケアを維持する構造とは対をなすのが，【家族に可能な「親元から離す」に繋がる動き】が生じる構造である。現状親と離れることに不安を示す子どもの親離れを待っているというB母は以下のように語った。

> B母：私達が元気なうちに，やはりそれ（親元から離す動き）を，しとかなきゃいけないと思うんですね。たまたま，あの昨日○○（通所施設）の方から訃報のお便り戴いたんですね。それが主人と同じ年の。＜B父：ご主人がね＞あの，利用者のお父様。またもう1つ，高校の1つ彼らの下のお嬢さんのお父さんもまた同じ日曜日に告別式ということもあって，ま，なんとなく，毎日を過ごしてしまって，現実からなんか何となく，現実を逃避してしまうような所があるんですが，でも実際自分達が動けるうち？元気なうち？やはり先を考えてあげることが私達が親としてやるべきだと思うんですね。

これは，保護者仲間の訃報が重なったことを受け，【高齢化への焦り】の下位カテゴリーである［親の高齢化］が刺激され，同時に【親が親亡き後を考えるべきだと思う】という気持ちが高まっていることがわかる。また親が感じる【高齢化への焦り】は親だけを対象とするものではなかった。在宅ケアが

最善だと思っているE両親は，インタビュー直後に初めて将来のためにショートステイを利用することを語った。その背景には，馴染みのある事業所から利用の勧めを受けるという【親元から離すことに積極的な周囲の動きの影響】に加え，ケアを担う意思を示してくれているきょうだいに対する［罪悪感］などの【きょうだいへの思い】，そして親亡き後には［きょうだいの高齢化］があるという意識があり，在宅ケアを続ける中で「せめて」と決めたショートステイ利用は【家族に可能な「親元から離す」に繋がる動き】であった。

【きょうだいへの思い】の下位カテゴリーには，前記のように［罪悪感］と［負担を少なくしてあげたい］の2つが抽出された。これは一人っ子家庭のC両親を除く全ての調査協力者から語られた。E両親のように，きょうだいが親の次の代としてケアを担う意思を表明してくれたことの［罪悪感］だけでなく，障がいのある同胞が居たことできょうだいのこれまでの人生に苦労を掛けてしまっただろうという［罪悪感］，そして，だからこそ将来はきょうだいの［負担を少なくしてあげたい］という思いが語られていた。

調査協力者の中で比較的【家族に可能な「親元から離す」に繋がる動き】を積極的に行っていた親や，分析1の結果で"子どもを親元から離したい"により近い意識を持っていた親は，【在宅ケアのデメリットを感じる】と【親がいる間に親元から離すメリットを感じる】体験をしていることも見出せた。【在宅ケアのデメリットを感じる】の下位カテゴリーには，［親元だと子どもの世界が狭まる］，［つい親が手助けをしてしまう］などの親が思う子どもにとってのデメリットや，［親が子離れできなくなる］という親にとってのデメリットがあった。また，H母のように，子どもの将来のことを考えれば親が何らかの親元から離す動きをしなければいけないのに，日々に追われて出来ていないことから［「親元から離す動き」をしていない自責］を体験している親も居た。【親がいる間に親元から離すメリットを感じる】には，［施設移行後もフォローできる］という親のメリットと，［急にたくさんの変化を起

こさないで済む]という子どもにとってメリットになるだろうと親が推測しているものが下位カテゴリーとして表れた。

　【家族に可能な「親元から離す」に繋がる動き】の下位カテゴリーには，[人に託す下準備をする]，[子どもの成長を促す]，[親元から離す練習をする]の3つの下位カテゴリーがあった。[人に託す下準備をする]には，他者に子どものケアを委ねた際に役立つ情報源とすることを狙いとした，親が子どもの成育歴や好きなこと・嫌いなこと，こだわりなどを一冊の本に記すことなどの間接的な動きや，親亡き後や将来について向き合って考えることなど目に見えない動きを含んでいる。[子どもの成長を促す]には，親離れに関連するものだけでなく，洋服を自分で選ぶようにするなどの身辺自立や偏食を無くすことなど多岐に渡るものが含まれていた。そして[親元から離す練習をする]は，ショートステイ利用などの直接的な動きを含んでいた。一番子どもの年齢が若いH両親は，子どもが高等部在籍時に学校の先生からグループホームの見学を勧められたという。H母はグループホーム見学に賛成だったが，H父は「今はまだ若いししなくても良いだろう」と拒否をした。その後，H父は学校の先生から面談にて説得を受けた。この時のことを以下のように語っている。

> H父：まああの，やはり，今さっき言ったように本当に全然（家庭外施設のことは）わからないんで。あんまり正直言って良いイメージも無いですし。まあそれで，今現在，但しやはりあの卒業生の話とか，そういう話を聞いて，本当にそういう時期なんで，必要になりますよという形になれば，"先生がそこまで言うなら"ということで。

このように，【親元から離すことに積極的な周囲の動きの影響】を受け，グループホーム見学という【家族に可能な「親元から離す」に繋がる動き】が生じたことがわかる。またH父の「先生がそこまで言うなら」という言葉からは，日中の子どもや多くの知的障がい児者やその家族と関わってきた特別支援学校の先生の働きかけは，家族にとって響くものであることがうかがえ

る。このように，＜在宅ケアを続けたい＞と＜親元から離したい＞のシーソーが揺れる体験の中で，＜親元から離したい＞の下位カテゴリーが意識されると，シーソーが傾き，【家族に可能な「親元から離す」に繋がる動き】を生んでいた。また，C父は調査終了時に，

> 若いうちはぶつかっていくエネルギーがある。だけど年取ると保身に回る。今のままでいいや，と。…60，70代では違う。気持ちが違う，バイタリティとか。60代前半だと冒険心がある。後半になると体力がない。まだ働いているから，生活リズムや考え方も変わってきちゃう。家に居るとリズムがなくなるから，趣味を持ちたいけどお金がかかる。働いていればお金があるけど，家にいたら無い。○○（子ども）さんの問題も若いうちに考えなきゃいけない。今日お話しさせてもらって，考えなきゃいけないという気持ちになった。見直す機会になりました。ありがとう。

と語り，子どもにさらなるショートステイ利用を促すことを考え始めたと語った。これは，本インタビューに協力したことで将来について考えることに直面化され，【家族に可能な「親元から離す」に繋がる動き】に出ようと思

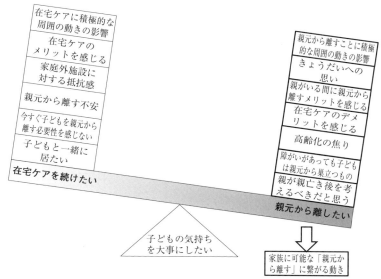

図4-4．親が「親元から離す動き」に出る構造

う機会になったことを示していると思われる（図4-4）。

(4) 親の行動・選択の指針となる＜子どもの気持ちを大事にしたい＞

　知的障がいのある子どもの親は，その障がい特性故に本人の人生の選択に際し代理決定をする経験が多いと言える。「子どもを親元から離すこと」に関しても，親は＜子どもの気持ちを大事にしたい＞という思いを抱いていることがわかった。

　B両親は，子どもの［親離れしたくなさそう］な様子に，「今は親離れさせるタイミングではない」と理解していた。同様に，D母は現在の親子一緒の生活は子どもにとって「幸せだと思いますよ」と語った。この，子どもの［親離れしたくなさそう］な様子や［親との生活に満足していそう］な様子は，親の＜在宅ケアを続けたい＞という気持ちを支えるものであった。一方，子どもに数か月の体験型グループホームを毎年利用させているG両親は，子ども自身が手帳に体験型グループホームのスケジュールを書き込んでいることなどを［親から離れた生活を楽しんでいる］と捉え，「親元から離すことに不安はない」と語った。このように，将来のことについて検討するにあたり，親は【子どもの様子を気に掛ける】ことが多くあった。そして［親離れしたくなさそう］，［親との生活に満足していそう］，［親から離れた生活を楽しんでいる］を下位カテゴリーとして定めた。

　また，いつか必ず訪れる親亡き後を見越して，【家族に可能な「親元から離す」に繋がる動き】に出ている両親が多かったが，そのような動きに出る際は子どもの気持ちが伴っている状態を望むと言う［無理やり親元から離したくない］という下位カテゴリーや，同様に，いきなりハードルの高い動きに出るのではなく本人が楽しめそうなことから始めるなどの［段階的に進める］の下位カテゴリーを含む【親離れは子どものペースで行いたい】というカテゴリーも見出せた。これらのことから，親は親の思いだけで在宅ケアを続けるか・親元から離すかを決定しているのではなく，＜子どもの気持ちを

大事にしたい＞という思いを指針としていることが明らかになった。そして，子どもの気持ちを大事にするとしたら，在宅ケアを続けるという選択をする親もいるということがわかった。

(5) ＜在宅ケアを続けたい＞と＜親元から離したい＞の両方に影響を与える「周囲の動き」

＜在宅ケアを続けたい＞には【在宅ケアに積極的な周囲の動きの影響】が，＜親元から離したい＞には【親元から離すことに積極的な周囲の動きの影響】がそれぞれカテゴリーとして見出されている。本研究では8組16名の両親にインタビュー調査を行ったが，それぞれの親が抱く親元から子どもを離す意識には幅があった。同様に，本調査協力者が通所施設などで日常的に関わりを持っている保護者仲間もそれぞれ異なる意識を持っていることが想定できる。

≪現在≫の時間軸では子どもを親元から離すことについて【今は考えていない】というC母は，子どもを親元から離すことに積極的な保護者仲間と関わるときと，在宅ケアに積極的な保護者仲間に関わるときの思いについて，以下のように語っている。

※子どもを親元から離すことに積極的な保護者との関わるときについて
C母：私は結構友達が，結構こう，いるでしょ，だからそういう話結構聞くわけ色々。そうするとどうしてもやっぱり，考え，入れなくちゃいけないのかなとか，やっぱり思いますよ確かに。
※在宅ケアに積極的な保護者仲間と関わるときについて
C母：全然そういうの（ショートステイなど子どもを親元から離すことに向けた行動を）させてない人，結構いますよ。周りで。本当，だからびっくりする。あー，ある反面，私たちも安心っていうかね，また安心。

このように，C母は子どもを親元から離すことに積極的な周囲の動きによって，その方向性の刺激を受けることと，在宅ケアに積極的な周囲の動きによって「安心を感じる」とサポートにしていることがわかる。しかし，同様

にC母は「私たちがそういう(将来に関する)話するでしょ。そうすると,『なんでそこまで』って言う人いるの。＜略＞『私は考えたくない』って言われたの。『まぁいいじゃない,まだ』とかって。」と,保護者仲間に話題を拒否されたエピソードを語った。このエピソードからは,在宅ケアに積極的で将来について考えたくないと思っている保護者仲間にとって,子どもの将来についての話題は保護者仲間同士の雑談であっても直面化の作用が生じて拒否したくなるものであるということが読み取れる。このことから,親と保護者仲間などの周囲との関係性について,以下の二点が推測される。一点目は,親にとって自身と同じ方向性に積極的な周囲との関係性は,安心感や自身の方向性へのサポートとして機能するということである。そして二点目としては,自身と異なる方向性に積極的な周囲との関係性は,刺激となって促進作用として機能する場合もあれば,自身の方向性を揺らがせる要因として機能する恐れがあるということである。

また,A両親は保護者仲間と家庭外施設利用について以下のように語った。

> A母:正面切って(保護者仲間と)そういう(将来どうするかについての)話ってしないじゃない。
> A父:しない。出来ない。
> A母:だからね,…あんまりこう,大っぴらに(家庭外施設に)入れるだの入れないだのって普通の,普段の話の中でなかなか出てこないのね。難しい。
> A父:なんかやっぱりこっそり入れてる感じかな。ははは。
> ＜研究者:どうしてですか？＞
> A母:あのね,○区(A両親の居住地)がね,ちゃんと(家庭外施設を)建てないからいけないんだけど,親の会で建てることになるわけよ。親の会で今まで私達すごい活動してきて,資産を作り上げて,何千万と貸し付けて作るんだけど,それの恩恵に預かるのは6人(※GHの定員人数)な訳よ。そうすっとね,あの,割とほら,(ケアが)大変な人が入れちゃったもんだから,(その人は)親の会(の家庭外施設建設のための活動)やってこなかったから,(周囲が)えーって感じで。

> A父：みんなね，一生懸命親の会で軍資金ためて，バザーやったり，リサイクルショップやったり，それが軍資金なんですよ，それと寄付。あとみんなの会費とね。＜略＞そういうののきっかけは全部親の会がやってお金も出している。
>
> A母：それに，あんまり，（子どものケアが）大変だからってこともあって活動もしなかったような人がひょっと入っちゃったもんだから，反発も大きくなっちゃって＜略＞ちょっとねーってなっちゃう。
>
> A父：それで（施設移行が）上手くいかなかったときのこともあるから，あんまり（保護者仲間と話さない）。上手く入って決まって，出来たら段々言うんだろうけどね，行く前からね，別に（話さない）。

この語りからは，家庭外施設が不足しているという日本の現状により，親たちが行動を起こすことによる保護者仲間内での軋轢が生じる場合があることを示唆している。また，いざ子どもを親元から離そうとした場合，その施設移行が上手くいくか否かは誰にもわからない。そのため，保護者仲間は「こっそり入れている感じ」だとA父は語った。

親の立場からすると，必ずしも常に保護者仲間との関係性がサポートとして機能するだけではないこと，そして同じ在宅ケアをしている保護者仲間との間のデリケートな関係性が浮き彫りになった。

第4節 考察

結果を元に，本研究から導き出された仮説的知見，本研究の意義，そして限界と今後の展望について述べる。

第1項 本研究から導き出された仮説的知見

仮説的知見①：現在知的障がいのある子どもの在宅ケアをしている親の中には，「子どもを親元から離すことに関する情報が無いので動けない」，「動かないから情報が得られない」という悪循環に陥っている親もいる。しかし，そ

れは同時に在宅ケアという現状を平穏に過ごすための動きでもある。

　本研究の結果から，子どもの将来について「情報を知らないが故に考えられない」親の存在がわかった。親たちは，必要な福祉制度や将来に関する情報は自ら求めないと得られないと感じており，しかしその方法や情報の入手先がそもそも分からないから動けないという。この状況は，親が能動的に情報にアクセスしようとしなければ，将来のことについて考えないようにすることが維持され続ける危険性を含む。実際，福祉制度に関する情報は変化が激しく，親たちが主体的に手に入れることは困難があるため，専門家のサポートが必要だと指摘されている（紫藤・松田，2010）。
　このような情報をめぐる悪循環が，現在問題視されている「限界まで子どものケアを担い，緊急に家庭外施設を利用せざるを得ない」状況を生んでしまっているのは否定できない。しかし，親にとって子どもの将来の生活場所というテーマは，現在だけでなく親亡き後などの未来展望をも喚起するものであり，心理的葛藤を生みやすいものであることも同時に見出されている。つまり，情報を求めないことで，家族は在宅ケアの現状を安定した気持ちで過ごせるようにしている可能性もある。そのため，援助者が前のめりに情報の提示や押しつけをするのは望ましくなく，将来について考えるタイミングは各家庭によって異なること，また親が喜んで向き合いたいテーマではないことなどを理解しながら，援助していくことが必要である。また，情報のアクセスを良くするということと同時に，情報を求めるという親の能動的な動きを喚起するという二側面からのアプローチが求められると言えよう。

仮説的知見②：両親間に「在宅ケアを継続するか，子どもを親元から離すか」に意識の差がある場合，それを一致させるための援助よりも，両親間で許容できる将来の準備を促すことが援助者には求められる。

研究協力者8組の両親の多くは口を揃えて「子どもを親元から離すこと」に関する考えに両親間の差は無いと語ったが，D両親・H両親のように子どもを親元から離すことを積極的に考える母親と，消極的な父親という両親間で意識の差がある場合もあった。一見，両親間で将来の展望に差があるというのは重要な問題点のように感じられる。しかし，D両親は下記のように語った。

> D母：○（子ども）が（家庭外施設に）行きたくないのに，私が入れようとしたら揉めると思う。でも○が行きたいと思ったら。ね，パパ。＜父親の方を向く＞○が行きたいと思えばパパは入れるよね？きっとね
> D父：あー，そうだなー，○が行きたいなら行けよ。

このように，＜子どもの気持ちを大事にしたい＞という点で両親は合意があることが示されている。そのため，D父は以前からD母がいつか親元から離すためにしている母なりの準備を「馬鹿にして見ていた」と言うものの行動を止めることは無かったようである。H両親も，子どもの将来に関する方向性の根本的な意識の差について両親間でやり取りはされていないようだが，グループホーム見学など家族にとって大きな動きを起こす場合には第三者（H両親の場合は高等学校職員）を交えて合意を取る動きを行っていた。これらからは，両親間に将来の子どもの生活場所に関する意識の差があっても，両親にとって重要な点での合意があれば将来のための行動にうつることが可能であることを示していると言える。

また，D父からは自身が還暦を迎えた頃から子どもの将来の生活場所に関する意識について「少しすこーし，お母さん側に傾いてきた。」という発言があり，D母も「（父親の考えに変化が見えてきたのは）2・3年前だよね。私はもうね，6・7年前からグループホームっていう話があって。＜略＞私の方がやっぱり情報源が主人よりはね。主人は話しても無理だからその時はね」とD父の意識の変化を捉えていた。このように，D両親の場合はD母の意識にD父が近づいていくという変化が生じたことを語っている。このやり取り

は，両親間の意識の差は時間の経過と共に少なくなっていく可能性があることを示している。そのため，援助者には，将来の展望に関する家族内の根本的なコンセンサスを得ることに注力するよりも，選択肢のどちらになったとしても共通して必要だと思われる将来の準備を促していくことが重要だと言える。

そしてこの結果は改めて，「在宅ケアを続けるか，子どもを親元から離すか」の選択及びそれらに関連する動きは，主たるケアテイカーの母親のみで行っているわけではないことをも示している。母親が注目されることが多い知的障がい者家族支援だが，援助者は母親のみではなく，両親，そしてきょうだいを含んだ家族単位を視野に入れた支援の深化が今後も求められるだろう。

仮説的知見③：「いつかは親元から離したい」と考えている親が，子どもに親離れを促し続け，子どもの意思を伴って親元から離せた場合，親としての達成感を得られる可能性がある。

これまで，知的障がいのある子どもと親の凝集性の高さは指摘されてきた（中根，2006：森口，2009 など）。本研究においても，両親にとって子どもが生活の中心となっていることや，「今はもうどっぷり3人で生活しているのに，○（子ども）がいなくなっちゃったらどうなっちゃうのかなと思いましてね。○（子ども）によって生かされているんですよ。(E 妻)」という発言のように，子どもが生き甲斐になっている親の存在という結果が示されている。同時に，現在は親離れが出来ていないように思える子どもに対し，少しずつ親離れを促して最終的には子どもの意思が伴って親離れすることができるように子どもをサポートしていこうとする親の存在もあった。D 母は以下のように語っている。「それ（いつまでも親離れできない状況のこと）をしないように背中を押していく努力が，私の努力。」この言葉からは，親としての強い使命感と

いうような感情がうかがえた。さらにD母は，身近に居る子どもの親離れを促している保護者仲間をモデルとしながら，今後の自身の子どもへの親離れのサポートの方向性を考えていた。

　この結果からは，"親が限界まで子どものケアを担い，家族がクライシスを迎えた時に親離れ子離れが生じる"という従来に多いかたちではなく，"親による子どもへの親離れの促しと，それに対する子どもの応答"という親子の努力の賜物としての親離れ子離れのかたちが新しく見出される可能性があることを示している。在宅ケアを続けたい思いを持ちながらも子どもの将来のために，「親による子どもの親離れへの促し」という能動的な行為を行っている親をエンパワーメントするための着眼点の1つを新たに見出したと言えよう。

第2項　両親の語りから見えた家族内の動き

　両親が語った親の思いには，知的障がいのある子どもに対するものだけでなく，健常のきょうだいに対するものもあった。D両親は，障がいのある子ども（きょうだいから見ると弟）の将来のケアを担いたいという意思を表明している長女に対し，断固として「同居するなど全面的なケアは担わせない」という意見で一致していた。その後，「親亡き後は後見人のようなことはお願いしたいと思っている」と長女に期待するケアのかたちを語った。同様に，A両親も親亡き後はきょうだいに成年後見人として金銭管理をして欲しいことや，正月などの機会に施設から子どもを帰省させて一緒に過ごしてもらいたいことを述べた。E両親は，同敷地内に住むきょうだい夫婦に親亡き後には次世代のケアテイカーの役割を期待している。このように，両親ごとにきょうだいに期待するケアの内容には幅があることが分かった。

　しかし，両親ときょうだい間で，具体的に障がいのある子どもの将来のケアについて話し合った調査協力者はE両親以外に見受けられなかった。A両親は，きょうだいが早くに家庭から独立したことからきょうだいの思いを

推測し，B両親はきょうだいが海外の永住権を取得していることに触れ，親によるケアの次は家庭外施設利用になると思う旨を述べた。D両親は，きょうだいが障がいのある弟のケアを担いたい意思を持ち，自身のパートナー選択をしていることを知っているが，両親共にきょうだいには絶対にケアを担わせたくないと思っていることについてはきょうだいに伝えていなかった。きょうだいと親が将来について話し合ったというE両親も，行政から区内のグループホームを紹介されるという契機があるまで，きょうだい夫婦が将来のケアを担う意思を持って同敷地内に住んでいるということを親子間で共有していなかった。これは，研究1（第3章）の通所施設職員の質問紙調査結果である「知的障がい者家族の中で話し合いがなされていないようだ」という職員の気づきと合致する。本研究では言及が出来なかったが，家族内で障がいのある子どものケアについて話し合いや意思確認が何故なされにくいのか，何が壁となるのかについて今後明らかにされることによって，家族全体を視野に入れた支援の知見に役立つと思われる。

　また，A両親は，A母が以前病気で倒れてから，きょうだいが今までよりも実家に帰省するようになり，障がいのある弟と外出するようになったことを「お兄ちゃんなりに弟と関わろうとし始めてくれた」と肯定的に捉えていた。それについてA母が「（母親が倒れて）こりゃいけないって思ったんだか」と言葉を漏らすと，すかさずA父が「思ったんだかね。こっちもそうだもん，思ったもん。」と述べた。これは，"主たるケアテイカーの母親が倒れる"という出来事が家族システムに与えた衝撃の大きさを物語っている。実際，A家族にはA父と障がいのある子どもが，母親だけに任せきりだった家事などを少し担当するようになるという継続的な変化が生じていた。

　このように，両親はきょうだいに対して知的障がいのある子ども（きょうだいからすると同胞）の将来のケアに関する思いが様々あっても，通常なかなか家族内で話し合いや共有がなされないことがわかる。しかし，主たるケアテイカーが何らかの理由でケアを担えなくなるという事態が生じた場合，否応

なしに家族は今後のケアの在り方について考えざるを得なくなる可能性が明らかになった。

第3項 本研究の意義

　本研究の意義は，まず，同じ在宅ケアという状態像であっても，親が抱く「子どもを親元から離すこと」に関する意識の差が異なることを見出したことである。具体的には，「在宅ケアが最善」，「子どもの将来や親元から離すことに関して今は考えないようにしている」，「親元から離したいが今は離さない」と幅があった。そして最後の「親元から離したいが今は離せない」理由には，①親の準備が出来ていないという親要因と，②親が子どもの準備が出来ていないと思っているという子ども要因，そして③施設が無いなどの社会的な要因の3つがあることが分かった。このことにより，在宅ケアに至っている背景ごとに適した家族支援が展開されることが期待できる。

　また，知的障がい者家族という当事者の立場からのアプローチにより，両親が成人した知的障がいのある子どもと共に生活する中で＜在宅ケアを続けたい＞と＜親元から離したい＞という気持ちの揺れを体験していることが示された。これは，第3章（研究1）の結果では通所施設職員の親を捉える視点が「将来について拒否的な親」，「楽観的な親」という印象が強かったことと対照的である。第三者からはそのように見えても，親は子どもに知的障がいがあるとわかってから，将来について不安に思っていない・考えていないことはないということがわかった。また，「親離れ子離れできていない」と第三者からは評価されがちの在宅ケアという現状も，親なりに子どもの気持ちを大事にしたいという指針による選択である可能性が見出された。

　そして，在宅ケアをしている親は，施設の種類（グループホームや入所施設）に関係なく，両親は「子どもと別々に暮らす」ということそのものに不安を覚えることが明らかになった。つまり，施設のシステムだけでなく，子どもを親元から離すにまつわる家族支援が重要であることを本研究によって明ら

さらに，在宅ケアを続けたい気持ちと親元から離したい気持ちで親が心理的に揺れる体験をしているということや，本インタビューを受けることによって将来について考える気持ちを刺激された親が居たことなどから，援助者からきっかけを提供することで家族に可能な「将来の生活場所の選択・決定に繋がる動き」を引き出すことが可能かもしれないという知見を得た。我が国の現状として，親が家庭外施設を必要とする時は家族の逆境の時と言われているのは，「親が倒れる」などの事態まできっかけが得られなかった家庭で生じているとも考えられる。しかし，本研究のインタビューに協力するということさえ，親元から離すに繋がる動きの刺激要因に成りうるとすると，緊急事態に陥らないようにするための予防の観点から，親に対してこのようなきっかけになりうる経験の提供は有効かもしれない。

第4項　本研究の限界と今後の展望

　本研究は，実現可能性を優先したサンプリングによる一般化の限界がある。具体的には，調査協力者は学童期に将来や親亡き後を考えての話が教職員から促された親が多かったことから，"就労のその先"に関して意識が高い特別支援学校に通学させていたという偏りがある可能性がある。また，調査協力者の両親は，福祉制度の過渡期を経験している年代である。多くの親が，子どもが生まれた当初は障がいのある子どもは家でケアをしていくか，入所施設に入れるしか方法が無かったと語っていた。子どもが学童期を迎えている頃にコミュニティ・リビングに基づくグループホームの存在が広がり始め，入所施設以外に子どもを親元から離す方法があることを知ったという。グループホームを実際に見学したことで，漠然と抱いていた家庭外施設に対する悪いイメージが払拭された親や，子どもに会える環境で親元から離すことができると望ましく思う親も居たが，同時にグループホームという新しい発想は運営方法や子どもの老後など今後がどうなるか分からないと不安

に思う両親も居た。この不安は，年代によって異なる可能性がある。

さらに，本研究では各家庭の経済状況については考慮に入れていない。親たちの語りの中にも「家庭の中には，子どもの障害者基礎年金を生活費の充てにしている場合もある」という内容や家庭外施設の利用には経済面が大きく絡むということが得られた点からも，「子どもの在宅ケアを続ける／子どもを親元から離す」という選択に関して，家族の経済状況は大きな要因であることが推測された。今後はそれまでの子どもの成育歴や経済状況なども視野に入れながら，本研究から見出された在宅ケアをしている両親が体験している揺れとの相違点を検討することが求められる。また，調査協力者の中で片方の親が倒れても子どものケアを担いたい気持ちがあることを示唆した親がいたことからも，在宅ケアをしている一人親を対象にした心理的体験の検討・比較も我が国の知的障がい者家族支援を考えるにあたり有益な知見となると思われる。

また，本研究では障がいの程度による比較検討を行えていない。しかし，A両親は子どもの障がいの程度に言及して以下のように語っている。

> A母：（家庭外施設に）入ってないのは（高等部の同級生では）うちと○さんだけ。
> A父：ああ，そう。そんなになるんだ。…だけど（○さんの子どもは）出来るから，もうちょっとうちの子より上の子なんかが，○さんとかそう（色々出来る）でしょ。あとは…□ちゃんのとこは今度もっとは重度の…やっぱりそんな感じがする。あの，もうちょっと（障がいが）楽な方ともうちょっと重い方がね，（家庭外施設利用を）やらざるを得なかったりなるんだよ。親ももう手に負えなくて。重度の子は。＜略＞うちの子の障がいは，ちょっと中途半端ではあるんだよな。
> A母：でもうちの子みたいなのは，一番扱いやすいのね。
> A父：あー，うちの子は扱いやすい。

このように，A両親からすると子どもの障がいの程度は「扱いやすく」，そのため家庭外施設を利用する際には「中途半端」になる。もっと障がいが重度であれば親がケアを担えきれなくて家庭外施設利用する家庭が多く，または

逆に軽度であれば家庭外施設利用がしやすい，と語っている。同じ高等部に通っている同級生の間の中でも，親が子どもの障がいの程度について比較していることが読み取れる内容であった。このことから，今後は，親が思う子どもの障がいの程度に焦点を当てながら，検討していくことが求められる。

　家族の支援にあたる専門家は，在宅ケアを続けるか・子どもを親元から離すかの選択はどちらが正しいということではないことや，家族の思いは時間と共に変化していくこともあること，さらに家族にとって親亡き後や子どもを親元から離すということは向き合いづらいテーマであることなどに理解を示しながら支援していくことが必要である。そして今後は，注目されやすい母親だけではなく家族システムを視野に入れ，本人を含む家族全体の意思に配慮しながら，家族の選択を可能にするような支援及び緊急事態への予防としての支援を継続的に行っていくことが望ましい。

第5章　研究3：入所施設を利用している両親の「子どもを親元から離す」心理的プロセス

　本章では，両親が健在な家庭において，知的障がいのある子どもの家庭外施設移行がどのように行われたのかを明らかにするため，両親を対象にインタビュー調査を行った。そして両親の視点に立ち，「子どもを親元から離すこと」の体験の理解を試みる。

第1節　問題と目的

　第4章では，成人した知的障がいのある子どもの在宅ケアを行っている両親の「子どもを親元から離すこと」の意識及び，子どもと一緒に暮らすことの感情体験について検討を行った。その結果，在宅ケアをしている生活の中で，＜子どもを親元から離したい＞と＜在宅ケアを続けたい＞という葛藤を体験していることが分かった。そして，どちらかの思いを強めるような契機（例えば，＜子どもを親元から離したい＞ならば保護者仲間の訃報，＜在宅ケアを続けたい＞ならば保護者仲間の家庭外施設利用の失敗談を聞くなど）が起こる度に，両親は心理的に揺れていた。また，子どものことを思うからこそ，将来についてはなかなか決断出来ないという両親の思いが見出された。

　先行研究は，親が子どもを親元から離すことを決める誘因として①行動障害・機能的問題などの子どもの問題，②親による対処やケアの困難さ，③在宅を維持するに相応しいサービスの不足の3つを指摘していた（Rimmerman, 1995）。そして，親がまだ健康でケアを担うことが可能と見られる間に，知的障がいのある子どもの家庭外施設を決定した親を調査すると，健常の子どもよりも時期は遅いが「親からの独立」と見られることがわかっ

たという (Selzer et al, 2001)。さらに，家庭外施設利用をした家族を縦断的にアプローチした研究によると，施設利用直後は不安が高まるものの，長期的に見ると介護負担が低下すること，家族の QOL が向上することなど，施設利用によって良い変化が起こることが報告されている (Werner, Edwards, & Baum, 2009)。さらに，親の子どもに対する情緒的な巻き込みについて焦点を当てると，家庭外施設利用初期の母親は，子どもに日常的に連絡を取ることなどが報告されていたが，3 年が経つとケア役割を段々と手放していくこと，将来のケアに関する懸念が軽減していくというプロセスが見出された。このように家庭外施設を利用することに関する多方面でのメリットが報告される一方，親の不安の増加，残された家庭での両親の離婚なども報告された (Werner et al, 2009)。つまり，知的障がいのある子どもが家庭外施設に移行するという出来事は，家族に肯定的変化も否定的変化ももたらす可能性がある。しかし，施設利用前後を比較した量的研究では，何が肯定的・否定的変化に影響を及ぼすのか親の心理的体験のプロセスは捉えきれていない。また，「家族のケアは家族で担う」という文化が強かった日本において，海外の示唆が当てはまるかどうかの検討も必要である。国内の研究では，最重度の知的障がいのある子どもの親がグループホームに入所させるプロセスを描いた研究がある (谷奥, 2009)。しかし，子どもを施設利用させてからの親の心理体験は見出されていない。

また，子どもの在宅ケアを続ける生活の中で，「子どもを親元から離す」というライフイベントの決定がどのように家族の中で行われたかは，家族システムの中で執行システムを担いやすい両親を単位にアプローチする必要があると思われる。そこで，本研究では，父親・母親の両者に焦点を当て，リサーチクエスチョンを「現在家庭外施設を利用している成人知的障がい者の両親が，子どもを親元から離すことを選択して継続利用に至るにあたりどのような心理的プロセスを体験したのか」とし，これを明らかにすることを目的とした。なお，入所施設やグループホームといった家庭外施設の種類によって

体験を分けずに,「子どもの生活が家庭から家庭外施設へ移行すること」を共通の枠組みとして捉えることにした。

第2節　方法

第1項　質的研究方法の採用

　本研究の目的は,成人した知的障がい者を子に持つ両親の家庭外施設利用における心理的プロセスを,両親の視点から探索的に理解することである。よって,少数事例を丹念に検討出来る方法が適していると思われたこと,既存の理論に当てはめるのではなく仮説的知見を得ることを目的としたことなどから,個別性を重視しながら何らかの一般化や理論化を目指す質的研究法を採用した。

第2項　予備的インタビュー

　成人知的障がい者の両親1組を対象に半構造化の模擬インタビューを行い,インタビューガイドラインの作成及び本調査インタビューにおける質問項目の精緻化を行った。

第3項　本調査:データ収集方法

(1)調査協力者

　現在家庭外施設を利用している成人知的障がい者の両親11名（夫婦5組,妻のみ1人）であった。平均年齢は,父親69.4歳（58-79歳）,母親64.8歳（55-74歳）,子ども33.6歳（27-40歳）であった。11名の概要については表1の通りである。

表 5-1. 調査協力者の概要

名前	障がいのある子	障がいの種類／程度	家族構成	居住地域	利用施設／地域	利用年数
I父（70代） I母（70代）	次女 （30代）	知的障がい・ダウン症候群／重度	父，母，長女（40代：別居），次女	都市部	グループホーム 自宅と同市内	5年
J父（70代） J母（70代）	次女 （30代）	知的障がい・ダウン症候群／重度	父，母，長女（40代：別居），長男（40代：別居），次女	都市部	グループホーム 自宅と同市内	5年
K父（70代） K母（60代）	長女 （40代）	知的障がい・ダウン症候群／中度	父，母，長男（40代：別居），長女	都市部	入所施設 都市部	11年
L父（50代） L母（50代）	次女 （20代）	知的障がい・ルビンシュタインテイビ症候群／重度	父，母，兄（20代），長女（20代），次女，長男（20代），三女（20代）	都市部	ケアホーム 自宅と同区内	5年
M母（60代）	三男 （30代）	知的障がい・ダウン症候群／中度	父（60代），母，長男（30代：別居），次男（30代：別居），三男	都市部	ケアホーム 自宅と同市内	4年
N父（50代） N母（50代）	長男 （30代）	知的障がい・難聴・ダウン症候群／中度	父，母，長男	都市部	入所施設 都市部	10年

(2) 両親合同面接の採用

集団面接の利点として①対象者同士が知り合いである場合，面接場面に生じる緊張が緩和される，②個人では思い出せない出来事も他の対象者の話をきっかけに思い出すことが可能である，③対象者同士で事実関係の確認が出来る，④面接場面における対象者同士のやり取りが資料となる，などが挙げられている（澤田・南，2004）。これらの特徴は本研究の狙いに有効であると考え，面接構造として両親合同面接を採用した。しかしこの方向性が両親の現実を無視しないよう，個人面接にしたいか両親合同面接かの決定は調査協力者に委ねた。その結果，I両親とM両親を除く6組中4組で合同面接を行った。合同面接では質問を両親の片方に向けて行わないことで，どちらが先に回答しても構わない雰囲気作りを心がけた。しかし片方の意見が極端に聞け

ない事態には，追加で指名して尋ねることもあった。個人面接では，適宜「その時，父親／母親はどのように思っているようでしたか？」，「父親／母親とどのようなやり取りをしましたか？」など不在の親について尋ねることを行った。

(3) 手続き

データ収集の方法はインタビュー法を採用した。調査協力者にはインタビュー実施前に，研究目的の説明，インタビューにおける調査協力者の権利について（インタビュー中止の自由，回答拒否の自由など），インタビューを録音すること，プライバシーの保護についてなどを説明し，インタビュー承諾書に署名を頂いた。その後①家族構成，②同居している家族の確認，③本人の障がい名，④障がいの程度，⑤現在の入所施設の利用年数の基本情報を確認した。インタビューは半構造化であり，時期は 2009 年 6 月～9 月，所要時間は 70 分～170 分であった。インタビューは全て筆者が行い，後日筆者が逐語録を作成した。

(4) 調査内容

①施設利用を検討し始めたのはいつからか？ またそのきっかけはどのようなものか？ ②施設利用をするまでの流れ ③家庭外施設を利用したら（家族，本人に）どのようなことが起こると思っていたか？ ④施設利用の前後では（家族・本人に）どのような変化があったのか？ についてインタビューの流れに応じて質問した。

第 4 項　データ分析方法

両親合同面接を行った 4 組と個別面接を行った 2 組では両親間の実質的な関係性が影響していることも考えられた。しかし本研究ではそこに視点は置かず分析を行うことにした。収集したデータを，グラウンデッド・セオ

リー・アプローチ（Strauss & Corbin：1998/2004, 以下 GTA）を援用して分析を行った。分析手続きは以下の3段階を経た。①オープン・コーディング：得られたデータを読み込み，切り取り（切片化），コード化の後にカテゴリー化を行う段階である。データを読み込む際には各両親が使用する「施設」の言葉が，入所施設・ケアホーム・グループホームのどれを意味するのかに留意した。切片化は，一文ごとの単位を基本としながら内容を基準に切り取った。またコード化の際，データに即した名前を付けることを心がけた。その後，意味内容の似ているコード名をグループにし，カテゴリーを生成した（図5-1）。②軸足コーディング：前段階にて作成されたカテゴリーを軸に，各カテゴリーの精緻化と関連付けを行った。③選択コーディング：中心となるカテゴリーを選択し，データ全体の再構成を行った。

元データ
あの，物事でも前だったら新聞取ってきて洗濯機のあれを入れてっていうのが頼んで出来てたのが，ここ2年くらいかな。やっぱり1つしか出来なくなってる。言ったでしょって言うと，きょとってしている。あ，ダメだ，1つずつ頼まなくちゃ，それも1回じゃダメだなって。

①オープンコーディング	②コード名
あの，物事でも前だったら新聞取ってきて洗濯機のあれを入れてっていうのが頼んで出来てたのが，ここ2年くらいかな。やっぱり1つしか出来なくなってる。	2年前から，複数の頼まれ事が出来なくなった子ども
言ったでしょって言うと，きょとってしている。	親に言われたことを忘れる子ども
あ，ダメだ，1つずつ頼まなくちゃ，	1つずつ頼まなくてはいけなくなったと気付く
それも1回じゃダメだなって。	頼み事は1回言うだけではだめだと気付く

③コード名をまとめてカテゴリー化	カテゴリー
コード：2年前から，複数の頼まれ事が出来なくなった子ども	子どもの理解力の低下
コード：親に言われたことを忘れる子ども	

図 5-1. 分析の手順例

また，本研究における調査協力者の個別性やその特徴を捉えた上で，全事例に対して包括的な結果を提示するため，事例ごとに分析を行っていく方法（能智，2004）を採用した。その際，分析の順番を考慮し，包括的なカテゴリーの生成を目的として施設利用年数が一番長い両親から最初に分析し，その後両親の年齢や子どもの年齢が高い順に分析を行った。分析の視点は以下の通りである。

(1) 分析1

　家庭外施設を利用している両親における施設利用検討時から継続利用に至るまでの体験は，そもそも両親ごとにバリエーションがある個別性の高いものなのか，または大枠として共通の経験があるのかが明らかになっていない。そこで家庭外施設利用をめぐる心理的プロセスを理解するための骨組み作りとして「施設利用検討時から時間軸に沿った具体的な行動」に焦点を当て，両親の家庭外施設検討時から現在までの語りを分析した。

(2) 分析2

　家庭外施設利用をめぐる心理的プロセスを理解するためには，両親の実際の行動だけでなく，その背景にはどのような感情や思いが巡っていたのか，何故そのような選択をしたのかを理解することが重要である。よって分析1の結果を元に，子どもを親元から離す際の両親の具体的体験や行動の背景にある心理的体験に焦点を当てて語りを分析した。具体的には，その時の感情や，行動の意味，抱いていた思いなどに着目した。

第3節　結果

第1項　分析1：家庭外施設検討時から利用に至るプロセスの骨組み

　分析1では，両親の語りの中から，実際に施設利用をするための行動を抽出して分析し，グループにしてカテゴリー化し，施設利用検討時から現在に至るプロセスの骨組みを作成した。その結果，≪1. 子どものために親が動く：準備期≫，≪2. 親子が離れる：利用開始期≫，≪3. 別々の生活が確立する：安定期≫の3つのステージに分けることが出来た（表5-2）。なお，時期を≪　≫，カテゴリーを【　】，下位カテゴリーを［　］に表す。

　≪1. 子どものために親が動く：準備期≫は，【親元から離すことを考える】に至った親が，施設利用に向けて準備をする段階である。この段階では施設利用について直接子どもと話している両親はおらず，施設利用の選択肢を両親のみが共有しているという特徴が見出された。さらに明らかになった父親と母親の動きとして【親元から離すことを考える】際，全ての両親で［母親が父親へ提案する］ことから始まっていた。その後，［父親が母親の提案に任せる］（I, J, K, L, N），［母親が父親を説得する］（M）などを経て，両親で合意に至っていた。そして【施設へ能動的に接触する】結果，【入所可能な施設が決定する】出来事が起こる。［既存の施設に入る］には，既に設立されている施設の空きが見つかるだけでなく，通所施設が新たに入所サービスを展開し，その利用が決まる場合も含んでいる。なお，カテゴリーとして抽出された［施設を作る］（L, M, N）は，両親の語りから「自分達の活動によって家庭外施設が設立された」という内容が読み取れる場合が該当する。家庭外施設立ち上げについて，各両親がどの程度関わったかについての詳細は比較していないが，この［施設を作る］には家庭の経済面も大きく影響していると考えられる。［施設を作る］に至らなかった両親も［施設を作ろうとする］経

表 5-2. 両親における施設利用継続までの具体的行動のカテゴリー一覧

時期	カテゴリー	下位カテゴリー
1. 子どものために親が動く：準備期	親元から離すことを考える	母親が父親に提案する
		父親が母親の提案に任せる
		母親が父親を説得する
	施設へ能動的に接触する	見学・講演会に行く
		施設を作ろうとする
	入所可能な施設が決定する	既存の施設に入る
		施設を作る
2. 親子が離れる：利用開始期	親子で施設利用の事実を共有する	
	利用開始を工夫する	段階的に利用する
		仲間と一緒に始める
	施設利用について揺れ動く	引き取ることを考える
		他の施設に移ることを考える
3. 別々の生活が確立する：安定期	親子別々の生活が確立する	親が施設に行く回数が減る
		子どもの帰宅回数が減る
	利用を継続する	施設に満足する
		他に施設が無い

験をしていたことから，これは本研究のサンプリング傾向の影響であることも推測された。また，【入所可能な施設が決定する】に関連し，K・M・N 各両親は，子どもの友達と一緒に家庭外施設の利用することにした，という語りもあった。

【親子で施設利用の事実を共有する】ことから施設利用が親子共通のものになるという質的な変化が起き，≪2. 親子が離れる：利用開始期≫が始まる。それまで両親のみが抱いていた施設利用の考えを子どもに伝えた時の経験はどの調査協力者からも語られ，印象的な出来事であったことがうかがえた。そしてこの時期には，施設利用を始めるものの何度と無く利用を継続していくか否か迷うという【施設利用について揺れ動く】体験をしていた。

やがて，これまで頻繁に会っていた親子が段々と帰宅回数や面会回数が少

なくなるなどの変化が起き，お互いの新しいライフスタイルが出来上がる≪3. 別々の生活が確立する：安定期≫に入る。

次に，各段階の移行・経過年数について述べる。≪1. 準備期≫から≪2. 利用開始期≫までの経過は，子どもが学童期の頃から保護者仲間と施設利用に向けて行動した両親（J, K, L, N）も居れば，青年期を迎えてから考え始めた（I, M）というように両親ごとに異なっていた。≪2. 利用開始期≫から≪3. 安定期≫へは，どの両親も1年～5年で移行していた。

両親の行動や具体的体験に注目することで，下位カテゴリーのように枝分かれすることはありつつも，施設の継続利用に至るまでの両親の具体的な共通体験を明らかにすることが出来た。分析1の結果を枠組みとして用い，分析2ではこの背景にある心理的体験について明らかにする。

第2項　分析2：家庭外施設利用検討時から現在に至る心理的プロセスの各時期について

分析1を元に両親が語る「子どもを親元から離す」プロセスを3段階に分け，各段階のカテゴリーとその発言例を表5-3から表5-5にまとめた。また，生成されたカテゴリーの関連を図示することで，本研究における家庭外施設を利用している両親の心理的プロセスの仮説的モデルを生成した（図5-2）。

カテゴリーの関連付けの方法として，Strauss & Corbin（1998）は，1. 条件，2. 行為／相互行為，3. 帰結の3つを提唱し，Lofland & Lofland（1995）は1. 類型，2. 属性，3. 構造，4. 過程，5. 因果，6. 能動性という関連付けを提唱しており，本研究ではこれらを参考にした。具体的には，カテゴリー同士の相互行為や影響を与え合っている様子に着目し，全体としてどのような構造や過程となっているかを描き出した。図は左から右に向かって時間軸を示し，≪1. 準備期≫，≪2. 利用開始期≫，≪3. 安定期≫を辿る。

≪1. 準備期≫の両親は，高等部卒業以降の進路が無い不安や，親亡き後の

第 5 章   115

表 5-3. ≪子どものために親が動く：準備期≫のカテゴリー一覧と発言例

時期	カテゴリー	下位カテゴリー	発言例
1、準備期	将来の不安	進路が無い	○の幼稚部に入って，もう小学校から高等部までは安心なんだけれども，その後大学があるわけじゃないし，どこがあるわけなし。(K母)
		親亡き後の不安	親がずっと生きているわけでもないし。(K母)
		親が子離れ出来ない	…何故，私もう1つこの人を入れてしまおうと，いつかはですね，思ったのは，あの，この人を良い様に使ってしまうような気がしたんです。私達がです。親がです。何かって言ったらすごくその「悪いけどいい？お水持って来て貰える？」「はい」，持ってきて貰える。＜中略＞そういう風にやってくれてしまうんです。(M母)
	親元から離す躊躇	まだ一緒に生活したい	やっぱりある程度はやっぱり一緒に生活したいっていうあれはある訳は。高校出てすぐ離れるっていうのもね，少しはやっぱり，親子の関係もね，色々連れて一緒に，そういう気持ちもあるし (I母)
		入所施設への抵抗	その当時の施設っていうのはとっても暗いイメージだったんですね。ええ。だから，入れたくないという気持ちはありましたね。(J母)
		子どもへの罪悪感	自分が倒れてから入れたら，絶対子どもは捨てられたように思うだろうって。(K母)
	親元から離す促進要因	希望の将来像がある	私の考えで，スキーに連れて行ったり海外旅行に行ったりとか，海に行ったりだとかって，そういうことが出来ている状態のままで入れたかったの。(K母)
		親の高齢化の焦り	私たちも年齢ですし，あちら（家庭外施設）に入れた方が安心じゃないですか。(J母)
		親の義務感	親が目の黒いうちに，住処，第二の住処じゃないですけど，それを見つけてあげなくちゃいけないんだ，やっぱり親の責任じゃないかなみたく思ってきた訳ですよ。(M母)
		きょうだいへの罪悪感	お兄さん達にそういう目は合わせたくないじゃないですか。私達が死んでしまって後に，弟を見なきゃいけないっていう。(M母)
		保護者仲間との関わり	先輩の方々のお話を聞く機会が多い訳ですよ。それで中学くらいに，「いつまでも親はいられないのよ」みたいなこと言われる訳ですよ。＜略＞そうだよなーって。(M母)
		教育方針	自立をした方が障がい者のためには良いっていうね，そういう小学校時代の学校の方針，言い分が正しいんじゃないかなと思ってやっただけで (J父)
	最善な施設を選びたい	施設の本質を知りたい	見学には行ったけど，中身がーって。私は中身を見たいのにさ，建物なんてどうだっていいのよ。中身を見たい。そして所長さんを見たい。そういう風に思ってた。(I母)
		すぐ会える距離がいい	近いということは何か一旦あった場合にすぐお互いに知り得ることだと。これがやっぱり障害児は普通の人間じゃないから，やっぱりいざという時にね，どうあるべきかっていうと一番近くて一番すぐ処理が出来ることがやっぱり子供にとって最高のところで。(J父)
		子どもに合う施設が良い	○＜習い事＞が，それが彼のメインの活動，生きていく一番自分の大切にしているものなので，それを認めてくれるような。(N母)
	踏ん切りをつける	覚悟を決める	何か＜家庭外施設先で＞あった時は戦うぞって感じよね。許さんぞって。(K母)
		大人として扱う	まあ一人前の年齢になったらさ，やっぱりそれだけの人間としてね，扱うのが本来の親のあれじゃないかな。僕はそう思うの。(I父)
		肯定的に捉える	大変だけど楽しかった。だってこれがお嫁入りだと思ったもん。(I母)
		開き直る	嫌だったら引き取ればいいんだもんね。(L母)

表 5-4. ≪親子が離れる：利用開始期≫のカテゴリー一覧と発言例

時期	カテゴリー	下位カテゴリー	発言例
2、利用開始期	上手に利用を始めたい	施設を気に入って欲しい	子どもがとにかく、行って楽しいんだよって思わせるように仕向けた訳よ。「○ちゃんのお部屋なんだってさー」って。そしたら「えーっ」とか言っちゃってさ。ふふふ。（I母）
		急に生活を変えたくない	じゃあ初めは2・3日行ってみる？みたいな所から行ったのよね。（N母）うん（N父）
	子どもと離れた戸惑い	対人関係の心配	そこに一緒に住んでいる、お友達と上手くやれるかな、それと世話人さん達と、どうかな。そこですね。（M母）
		余暇の心配	1人でぽつんと居る訳じゃない？そういうのがあの子が耐えられるのかなって（I父）
		他人に託す心配	職員の人達がね、やりきれるかしらって思って。こんな手の掛かる子をね。（L母）
		身辺自立の不安	心配だったわよ、お風呂で失敗しやしないかとか、生理の時どうだこうだとかってね、大丈夫かなとか（I母）
		子どもの精神面の心配	本人が不安定になってしまうんじゃないかとかね、その、割と強引においてきたり、あの、しましたのでね。本人の状態も心配でしたしね。（L母）
	継続利用に対する迷い	施設への不信感	やっぱりルール違反だとか、そのあってはならないこととかっていうのが、あったんですよ。それでそれを私が訴えるっていうことになって。（K母）
		施設に迷惑を掛けている罪悪感	預けて、子どもが本当に大丈夫かどうかと、人に迷惑かかるとかそちらの方が心配だと思うんですよね（L父）要するにすごく手がかかる。トイレも出来ないし（L母）
		子どもの抵抗を「感じる」負い目	消火器を二階から投げたとか、テーブルを投げたとか。あの、結構そういうことが最初のうちも、向こうの人は様子を伝えたからそのまんま書くじゃないですか。そうすっとこれはH嫌がってるんだろうなとか思うんですよ。そうすると、いやこれはもう引き取っちゃった方がね、まだ気が楽だなって内心思ったりするんです。（L母）
		手放した寂しさ	寮に送っていったら、「お帰りなさい」って寮母さんに言われた時はやっぱりちょっとショックで。「あ、こっちが家になっちゃったの？」みたいな感じですよね。＜中略＞その時に初めて「あ、手放した？」みたいな実感がちょっとあったんですよね（N母）
	気持ちを宥める	施設を信頼する	そこの寮でして下さってる、それから○＜仕事先＞でして下さってる職員たちも誠実だし、とっても娘に良くして下さるし（K母）
		子どもを信頼する	娘の性格として、どこでも溶け込めると、そういう自信がありましたからね。（K父）
	親役割の継続	帰宅時の子に気を配る	迎えに行って施設出たらば、ばーって一週間のこと喋るんですよ、その後喋り終わると、かーって寝ちゃうんだけど、その話とか、その様子？私は必ず後ろをミラーで見て、うん？ちょっとこれ危ないぞみたいな。（K母）
		施設・保護者と関わる	そういう＜加齢に伴う能力低下の話題＞のはやっぱり寮なんかでもあるだろうし、そういうのは密に寮母さんにも「今までと同じに思わないで下さいね」っていうことは、どんどん。（K母）

表 5-5. ≪別々の生活が確立する：安定期≫のカテゴリー一覧と発言例

時期	カテゴリー	下位カテゴリー	発言例
3、安定期	子どもの居ない生活に慣れる	帰宅日を意識しない	今では、「あれ、帰ってきた？帰ってきた…あれ、金曜日？」みたいな感じになっちゃいましたけどね。(N母)
		寂しさを感じない	楽になった。それでやっぱしあの、そんなに寂しさを感じなくなった。いつでも会えばにいるからって思ってるわよ。(I母)
	施設生活の肯定的な気づき	子の身辺自立が進む	結構今、上手く生活しているみたいだし、出てくる時もエアコン切ったりとか電源をね、自分でちゃんと。まぁ最初のうちは出来ないですからずっと付けっ放しだった時もあるらしいんだけど、そういう点では段々生活習慣は上手く行っているんじゃないかなって思いますね。(I父)
		子の精神面の成長	初めての場所に行っても何とかそこで我慢して、周りをよく見て対応しようっていうような所がすごく最近見えてきているんで。(L母)
		子の対人関係の広がり	○＜家庭外施設＞行ってから本当にこういう風に色んな人と、知り合いになったり＜略＞私よりも「○＜子ども＞さんのお母さん」って言われるくらい子どもの方が顔が広くなってて。(L母)
		母親の自由時間の増加	あの子がいるとやっぱり、しょっちゅう気になってるわけじゃない。家に何時に帰ってこなければならない、とかって。で、今はとにかくね、金曜日までは私、自分の時間。(I母)
		母親の活動範囲が広がる	子どもが施設で暮らしていると思うとすごく安心して。だから活動範囲がすごく増えましたね、私の。(L母)拘束されてたのから解放されたのは大きい。解放されたっていうのは変な言い方ですけど。(L父)
	在宅ケアのデメリット	甘やかしてしまう	結局、＜子どもが＞家に居ると、どうしても僕なんかは案外甘やかしちゃう方なんだよね。(I父)
		対人関係が狭まる	やっぱり自分の家に居ると、どうしても親子だけの関係になって、それ以上なかなか人との関係が広がらないことが多いんで。(L母)
	これまでの親の関わりの評価	子どもの意思を尊重した自信	みんなAの気持ちよ。全部本人に聞くの、私。(I母)
		施設への満足感	でも本人はもうちゃっちゃ帰っちゃうんですよ。もう少し＜自宅に＞居なさいよって言っても帰ります、帰るって。だからそこ＜家庭外施設＞が居心地良いんですよね。(M母)
		親の自己満足という疑念	今でも思います。旅行連れて行くのだって、これは私の自己満足かなっていう風に。これは一生答えが出ないから。(K母)
		施設への不満	今の所を何て言うの、私本当に安心して旅立てる場所って思ってきたのが、そうじゃないって所？(K母)
	迫りくる将来の不安	親の高齢化・先逝く不安	私自身がいつまで運転できるかって言うのも。69でしょ。いつまで出来るかなってその不安もあるし。(K母)
		子どもの能力低下	乗り継ぎもすごいし、だから、いつ子どもがその、行けなくなるか？これは本当にもう勝負で、いつ、電車降りる所がわからなくなるかわからないし。(K母)
		現在の施設の存続	施設スタッフもずっと生きているわけではない。(K母)
		経済的な心配	これね一番ね、私ね、身近な問題。うん。その子の貯金をね、どうしたら有意義にさ、その子に渡るかっていうことよね。(I母)
	親亡き後に備えたい	人に託す準備	そのうち遺言でも書いておこうかなって思ってるんですけど、＜略＞息子と私はカトリックの信者になったんですけど、その時の息子の代父になってくれた人のファミリーに、後見人、何かあったら頼もうと思っているんですね。(I母)
		きょうだいと話をする	長男とはよくします。あの、お医者さんですから色んな面で、子どものことを色々と。(J母)
		老後の施設を考える	でも＜子どもが＞病気になった場合、老人的になって認知症とかになってしまった場合は＜今の施設は＞無理だろうと思いますけど、それこそそのうちにそういう所＜老後の施設＞も建てようよ、みたいなね。(M母)

118　第Ⅲ部

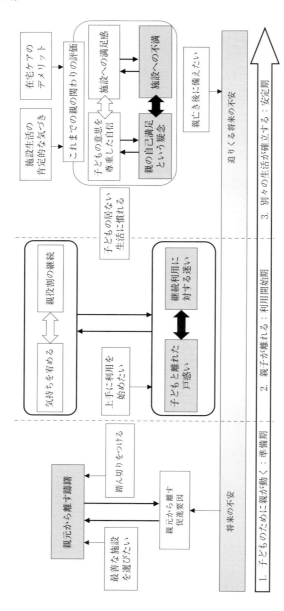

図5-2. 両親が体験する知的障がいのある子どもの入所施設利用をめぐる心理的プロセス

不安，そして一緒に暮らしていると親の方が子離れできなくなるのではないかという将来の親子関係に関するものまで，内容が多岐に渡る【将来の不安】を経験していた。その始まりは出生後障がいが発覚してから（J, L, M, N）や高等部に進学してから（K 両親）など，調査協力者によって異なっていた。そして親元から離すことで安心したいという【親元から離す促進要因】が経験されるが，同時に【親元から離す躊躇】も経験されていた。この2つは両極端の体験であり，この"親元から離した方が将来的には安心，でも離したくない"という葛藤がこの時期の大きな特徴である。【親元から離す促進要因】に［きょうだいへの罪悪感］が見出されたことは，研究2（第3章）の結果と合致する点である。また注目すべき点は，【親元から離す促進要因】の中に自身が高齢になる焦りといったネガティブなものだけなく，「そこ（グループホーム）に入ってる方の生き生きしている姿を見たりしたら，"あ，そうだ，こういう生活もあるんだな，親が抱えないで，そういう仲間同士の暮らしっていうのもいいんだな"って思ってきたんですよ。(M 母)」という語りが得られた［希望の将来像がある］というカテゴリーのように，ポジティブな施設生活を描いていたということである。また，［保護者仲間との関わり］には，親同士の関わりだけでなく，子ども同士の仲が良いことから一緒に家庭外施設利用をしようという動きになることも含んでいた。そして両親は【最善な施設を選びたい】という思いを経験する。なお，この"最善な施設"とは下位カテゴリーにあるように，すぐ会いに行ける立地など親にとって良い条件と，子どもの個性を理解してくれる施設というように親が思う子どもにとって良い条件の2つが見出された。最終的に，両親は施設利用をして何か問題が起きたら徹底的に戦う覚悟を決めたり（K），子どもを一人の大人として扱って"親離れは必要である"と考えたり（I, J, M, N），そして親元から離すことを"お嫁入り"とポジティブに捉えたりすること（I, M）などで【踏ん切りをつける】体験をしていた。

≪2. 利用開始期≫には，両親は【上手に利用を始めたい】という思いを経

験していた。実際に親子が離れると，他の利用者やスタッフと上手く付き合っているか，余暇時間に退屈していないか，身辺自立は出来ているかなど具体的な施設生活の心配から，親元から離れることの子どもの精神面への影響について不安に思う【子どもと離れた戸惑い】のカテゴリーが見出された。そして子どもからの直接的な言葉は無くても施設生活に抵抗を示しているように親が"感じる"こと (J, L)，子どもを手放した実感や空虚感を抱くこと (I, M, N)，施設生活のトラブルを知ること (J, K, L) などが引き金となって【継続利用に対する迷い】を経験していた。これは【子どもと離れた戸惑い】と影響し合い，時に「いやこれはもう引き取っちゃった方がね，まだ気が楽だなって内心思ったりするんです。(L母)」という語りのように継続利用に直接的に関わる思いとなる。利用を始めて家族が戸惑うこと，そして利用を辞めようか迷うというこの結果は，施設利用初期が家族のクライシスになりやすいという先行研究の指摘と合致する。この中で，子どもやスタッフを信頼することや親離れは良いことだと改めて自身に言い聞かせることで【気持ちを宥める】体験と，離れていても出来る限り施設に出向いたり子どもの部屋を掃除しに行ったりなど【親役割の継続】が対処法のカテゴリーとして見出された。

≪3. 安定期≫は【子どもの居ない生活に慣れる】という特徴的な状態になる。この時期の両親は【これまでの親の関わりの評価】を行っていた。［施設の満足感／不満］だけでなく，これまで親が子どものためにしてきたことが親の自己満足だったのではないかという疑問と，選択は子どもの意思を尊重して行ってきた自信といった両極端なものを含んでいた。その経過で，親子共に良い変化が起きるなどの【施設生活の肯定的な気づき】や【在宅ケアのデメリット】に気づく体験をしていた。また，父親と母親の差として【施設生活の肯定的な気付き】には，母親の活動範囲や時間のゆとりが出来るといった変化が挙げられたが，父親の変化は見出されなかった。そしていよいよ高齢となった両親はより具体的に親亡き後について考え，同時に子どもの

加齢による能力低下など【迫りくる将来の不安】を感じていた。このように安定期に入ってもなお，潜在的な葛藤が存在することが見出された。

　なお，全ての段階を見通した時，≪1．準備期≫で語られた【将来の不安】は，≪3．安定期≫では【迫りくる将来の不安】とより具体的なものに変化して体験されることが見出された。≪2．利用開始期≫にて将来の不安に関連したカテゴリーが抽出されなかったのは，施設利用を始めることで引き起こされる戸惑いが強かったためと考えられる。このことから両親は時期に関係なく将来に対して不安を感じていると推測され，【将来の不安】及び【迫りくる将来の不安】を連続線上に捉え，心理的プロセスの根底にあるものとしてカテゴリー関連図に示した。そしてこれらの不安から，【親亡き後に備えたい】と思い，きょうだいと将来について話し合う，成年後見人を探す，障がい者のための老人ホーム設立を考えるなどの対処をしていた。

第3項　分析1と2から見えるプロセスの移行について

　両親が【親元から離すことを考える】背景には，【将来の不安】と【親元から離す促進要因】の心理的影響が存在した。そして両親は【最善な施設を選びたい】という気持ちから，【施設へ能動的に接触する】行動に出る。【入所可能な施設が決定する】行動には，現在の日本社会では利用できる施設の不足という現状があるため，施設の空きが見つかる（M）・施設が新設される（I，J，L，N）などの外的要因が大きく関わっていた。そのような機会に対して，親が利用を選ぶには親元から離したい気持ちと離したくない気持ちの葛藤の中で，いかに【親元から離す促進要因】がアクセルのように機能するか及び【踏ん切りをつける】かにかかっていると言える。

　いざ利用直前になると，【上手に利用を始めたい】という気持ちが，【利用開始を工夫する】という行動に影響していた。利用を始めて【施設利用について揺れ動く】のは，【子どもと離れた戸惑い】と【継続利用に対する迷い】が生じ，それらに対して【気持ちを宥める】ことや【親役割の継続】が対処

法として影響しているからであった。

【親子別々の生活が確立する】のは【子どもの居ない生活に慣れる】という心理的側面が影響していた。【利用を継続する】行動の背景には，【施設生活の肯定的な気づき】と【在宅ケアのデメリット】が【これまでの親の関わりの評価】として施設利用に対してポジティブな評価を促すよう機能しているからだと言える。

第4節　考察

結果を元に，本研究から導き出された仮説的知見，本研究の意義，そして限界と今後の展望について述べる。

第1項　見出された仮説的知見

仮説的知見①：子どもを親元から離す動きを促進させる要因には，親が抱く「子どものポジティブな施設生活のイメージ」がある。

先行研究では，知的障がいのある子どもと親が別々のライフスタイルを歩むにはネガティブなきっかけが示唆されていた。しかしながら本研究の調査協力者は，施設生活を肯定的に捉えていたり，希望の将来像として子どもが施設生活を営んでいる状況を想像していたりした。また，安定期になると，親は親子双方にとって施設生活に関して肯定的な気づきを得ていた。このことから，ネガティブに捉えられがちであった「子どもを親元から離す」ことが，本研究では「親が親子双方にとって最善だったと感じられる生き方の1つ」にもなることが示された。安易に親元から離すのが良いという議論や家庭外施設は良くないという議論ではなく，子どもを含む障がい者家族にとってより理想的な将来の生活場所の選択肢を選べるような援助が求められていると言えよう。

仮説的知見②：施設利用後になお，親による「親役割の継続」が認められることは，子どもを手放せない問題が表れているというよりも，安定期に入ることを促す親の肯定的な対応の工夫と見なすことが出来る。

　Blacher & Baker（1993）は，施設利用後も親が子どもに関わろうとする行動を，子どもへの愛着が残っている状況・子どもと未分化な状態と捉えて問題視していた。また，施設利用後の縦断的研究によると，"別々の生活を始めて時が経過すると共に家族は行動的・感情的・認知的な子どもに対する抱え込みが安定し，家族関係の改善が見られた"と報告している（Blacherら，1999）。このように，施設利用後もなお，親が子どもに関わろうとする行為は否定的に捉えられていた。しかし本研究では，物理的に距離が離れていても親として子どもをケアしようという関わりは，子どもと離れた戸惑いや不安に対する対処法の1つであることが見出された。その結果，施設スタッフとのやり取りや帰宅時の子どもの様子から"子どもが施設生活を楽しんでいる"ことを知ることが可能になる。「○ちゃん寂しくないって電話するんですけど，『うん，○○食べたよ』，『そう良かったわね，世話人さんは？』，『うん優しい。じゃあね』って。そんなです。だから良いみたいです。ま，入れて良かったかなって。（M母）」という語りにあるように，子どもが施設生活を満足していると思えるようなフィードバックを得ることが親の気持ちの安定に繋がっていた。

　さらに施設利用前には，障がい故に親は子どもの身辺自立に対する不安を抱いていたが，親役割を継続することで，子どもが実家ではしないことを家庭外施設内では自力で行っていると知ることなどから不安が軽減されていた。これは，親が親役割を施設利用後も続けることによって，家庭外施設生活をしている子どもを見て，親による子ども像の再構築が行われたと言える。

仮説的知見③：老年期の親にとって，施設利用に関連するこれまでの子どもに対する関わりを見直すことは，施設利用後における心理的な支えにも困難にもなり得る。

　知的障がいのある子どもの両親は，その障がいの特性から子どもの人生の折々の選択に対して代理決定を行う必要性が生じやすい。それらの最後に位置するのが"子どもの人生の生活場所"の代理決定だと言える。「今10年間入れてみて，彼の生き方みたいのを見てると，あー入れて良かったし，どっかに移ったとしてもやっていけるかなっていう彼への信頼みたいの，一人の人間として信頼は置けるよね。(N母)」という語りに見られるように，改めて過去にした家庭外施設利用の選択が今実を結んでいると感じることで，両親がさらなる子どもへの信頼を高める支えになっていた。しかし，同様に「今でも思います。旅行連れて行くのだって，これは私の自己満足かなっていう風に。これは一生答えが出ないから。(K母)」という語りからは，子どものためを思って行動をしてきた両親が，ふとその関わりが親のエゴイズムだったのではないかという気持ちに襲われるときがあることを示している。このような思いに駆られるのは，より一生懸命に子どもと関わってきた両親ほど強いかもしれない。親子のためを思って家庭外施設利用へと動いた両親が，時が経過してその関わりにどのような意味づけを行うかは，親の支えにも心理的困難にもなるという二面性の特性を持つことが分かった。

第2項　両親の語りによる家族システムの動き

　全ての調査協力者の両親において【子どもを親元から離すことを考える】ことは，母親から父親へ働きかけることから始まっていた。"子どもを親元から離すための準備"と一口で言っても，見学・講演会に行ったり，情報収集をしたり，家庭外施設を親の会で建設しようとしたりと様々な段階があることは分析1の結果の通りである。それらの段階において，当時単身赴任を

していたというL父は,「もうね,お任せ。母親に。話は聞いていたけどね,いいんじゃないのって」と語った。総合建設業であったK父は,保護者仲間と家庭外施設建設に向けて行動していた際に,土地を見つけて見積もりや設計図を作成したと語ったが,「母親の言う通りにしただけです」と発言した。6組中唯一,両親間で意見が分かれたM母は,家庭外施設利用を反対するM父に対して,親亡き後のきょうだいのことなどを話題にして説得を試みたという。このように,両親間で意見の合意が取られる際には,積極的にも消極的にも母親の意見に父親が合わせるという方向性であった。なお,「話すことはないと言っていた」という言葉以外の事実は明らかではないが,M父のインタビュー協力が得られなかったのは,両親内での意見の不一致及びその後の準備においても母親が先導したことによるものかもしれない。最終的には同意が得られたとは言え,「子どもを親元から離すか,一緒に暮らし続けるか」について両親内で意見が分かれた場合,その思いは後々にまで残るものである可能性が推測された。

また,M母は,健常の長男と次男が結婚して独立し,障がいのある三男が家庭外施設利用をした夜のエピソードを「今までは6人座れる大きなテーブルが,夫と2人だけになっちゃった」という言葉から,以下のように語り始めた。

> それまではお兄ちゃんたちがいなくなっても,○(障がいのある子ども)だけはいるみたいな。だからあの子にとっては,本当ね,ほっとしたんだと思うんです。両親の4つの目が無くなったから。もう両親2人であの子だけを見つめてたんです。だからそれが,重かったと思いますよ,あの子にとって。気がいい子なもんで,「嫌だよ」って言わないものですから。だから,我々が見過ぎてました,きっと。○(子ども)がいなくなった日,飲んで泣いちゃいました,2人して。涙,涙ですよ,なんだか。飲むごとに,わびしいねぇって。でも良かったんだよね,みたいな。「お前が入れたから」とかそんなんじゃないですよ。「良かったね」,「うんうん」,「これで安心できるんだね」みたいなことはあったんですけど,ただ寂しいね,こっちが寂しいねっていう。

このように，両親で子どもの親離れを喜びながら，同時に寂しさを共有した体験があったことがわかる。同様に，L父は，子どもを親元から離すことによって寂しさを感じているL母の様子を捉えながら，L母が自由に自分の時間を使えるようになった変化も捉えていた。母親ほどケアの表舞台に立っている様子がうかがえなかった父親たちが，「子どもを親元から離す」という変化が生じた際に，母親の心理的サポートを少なからず担っていたことが推測された。なお，L両親の目からは，きょうだいには変化が見られなかったという。その理由には，これまできょうだいに障がいのある同胞のケアを担わせることがなかったこと，母親と障がいのある子どもの結びつきが強かったことなどが挙げられていた。これらは，家庭の中で母親が主たるケアテイカーとして強く機能してきた事実を改めて浮かび上がらせていた。

第3項　本研究の意義

　本研究によって，回顧法ではあるが親が子どもを親元から離す準備に至ってから，実際に家庭外施設の利用が決まり，継続的な利用に至るまでのプロセスを縦断的に明らかにすることが出来た。それにより，子どもを親元から離すことに尽力した親が体験する困難と，その対処法のモデルを得た。また，子どもの将来をポジティブに思い描きながら家庭外施設利用を目指し，それを叶えた両親がいた。このことから，我が国では依然ネガティブなイメージの強い家庭外施設利用が，親の視点からは親子双方にとって最善だったと感じられる選択となり得ることを示した。これらの知見は，現在在宅ケアをしている知的障がい者家族にとって，将来を考えるための有益な知見であろう。

　また，子どもを親元から離す前後で親が体験する心理的困難を描き出すことにより，援助者が家族を支援する際の手がかりを得たことも本研究の意義と言える。

第4項　本研究の限界と今後の展望

　個別性が高いと推測された各事例の中から本研究で得られたような共通の枠組みを見出せたことは，全ての調査協力者に共通する「両親が健在な状態で子どもを親元から離した」点が影響していると思われる。つまり本研究では，子どもを預けざるを得なくなる前に家庭外施設利用をした両親の心理的プロセスを示せたと言える。その意味で，「計画的に」家庭外施設を利用した両親と見なすことが可能であろう。このように施設利用を目標に動き出していた両親も後ろめたさを感じるということは，不本意に家庭外施設を利用せざるを得ない事態になって利用に至った両親は更に苦しみを抱くことになると思われる。

　また本研究の調査協力者は比較的高齢であったため，歴史的な日本の文化を色濃く反映していると思われる。具体的には，子どもを親元から離す動きやその決定プロセスで母親が父親に先導すること，父親が育児を母親に任せる傾向にあったことなどが挙げられる。両親の語りからは"父親は企業戦士，母親は家事・育児"といった時代を少なからず示していると感じられた。しかしながら，実現可能性を重視したサンプリングの偏りやサンプルが少数に留まったという点が本研究の限界である。よって今回見出されたモデルを元に，異なる年代など更に多くの両親に当てはまるか見てゆく必要があるだろう。本研究の調査協力者は先行研究で問題視されているような，親の体調不良などの「逆境の時に施設利用を始めた親」とは異なるため，見出されたプロセスの検討も必要である。今後は親元から離さざるを得ない状況に迫られて施設利用を開始した両親や，一度は家庭外施設を利用したものの利用を辞めた両親など対象を広げて研究を行うことが求められる。

　本研究は両親合同面接を採用したことで，インタビューという非日常場面ではあるが両親の関係を参与観察的に見ることが可能であった。今後は合同面接での父親・母親の発言数の違いやコミュニケーションパターンなどの観

点も含めた分析を行って，父親・母親のプロセスの進行の相違や相互作用の検討などが課題となるであろう。また本研究で合同面接を行わなかった二組の両親が居たが，合同面接を選択しなかった理由として両親間のこれまでの育児に対する考えの相違や現実の関係性が影響している可能性もある。子どもの将来の生活場所を選択するにあたり，両親間の合意の難しさやそれが及ぼす両親間の関係性への影響という観点も含め，合意に至るまでに何らかの困難があった両親などのプロセスを追っていく必要があるだろう。このように，家族構成員の心理的側面に丁寧にアプローチすることにより，知的障がい者家族に対する支援の深化に繋がると思われる。

第6章 研究4:緊急事態を体験した親の「子どもを親元から離す」心理的プロセス

　本章では,我が国で支援が急務とされている「自身の限界まで知的障がいのある子どものケアを担おうとする親」を対象に,心理面から理解を深めることを狙いとした。そこで,家庭に生じた何らかの緊急事態により,子どもを家庭外施設に預けざるを得ない体験をした母親の体験に質的にアプローチを行った。

第1節　問題と目的

　第5章では,両親が健在な状態で成人した知的障がいのある子どもを親元から離し,家庭外施設を利用した心理的プロセスを検討した。その結果,子どもが学童期からなど長期に渡って親元から離すための準備をしていた両親も,準備の過程で子どもを親元から離すことの葛藤を感じていたこと,家庭外施設利用初期は様々な不安を体験すること,家庭外施設利用が安定しても迫りくる親亡き後の不安を抱えることなどが見出された。知的障がいのある子どもの家庭外施設移行の際の親の心理的プロセスを明らかにしたことにより,今後の家族支援の深化に繋がる知見が得られた。しかし,"計画的に家庭外施設を利用した親"という研究3(第5章)の調査協力者の特徴は,現在我が国で問題視されているような,"自身の限界まで子どものケアを担う親"とはサンプリングの傾向が異なる可能性がある。知的障がいのある子どもの家庭外施設利用を目標にしていたのではなく,親が限界まで子どものケアを担いたいと思って生活をしている中で,それが叶わないかたちで家庭外施設利用に至った親の感情体験を理解することは,今後の知的障がい者家族への支

援を考える上で必要不可欠なことであると考える。そこで第6章では研究4として，家庭に生じた緊急事態により親元から子どもを離さざるを得ない状況になった親が家庭外施設利用に至るそのプロセスを明らかにすること，及びそのプロセスの中で体験した心理的困難を質的に検討することにした。

なお，本研究における「緊急」とは，「突如，何らかの理由により家族が障がいのある子どものケアを担うことが困難になり，子どもの家庭外施設利用に急を要した状況」と定義する。

第2節　方法

第1項　質的研究方法の採用

本研究の目的は，緊急に子どもを親元から離す選択をした親の心理的プロセスを明らかにすることである。よって，少数事例を丹念に検討出来る方法が適していると思われたこと，既存の理論に当てはめるのではなく仮説的知見を得ることを目的としたことなどから，個別性を重視しながら何らかの一般化や理論化を目指す質的研究法を採用した。

第2項　データ収集方法

(1)調査協力者

本研究では，歴史的構造化サンプリングを採用した。歴史的構造化サンプリングとは，研究者が知ろうと思う経験事象に焦点を当てたサンプリング方法のことである（安田・サトウ，2012）。本研究では，「緊急に子どもを親元から離す」という経験事象に焦点を当てているため，そのような歴史を経験している親を研究対象とする。ある社会福祉法人によって運営されているY入所施設の施設長と，関東にて活動している親の会Vのメンバーに対して，「何らかの理由で緊急に施設利用を始めたと思われる親を紹介して欲しい」

表 6-1. 調査協力者の概要

名前	障がいのある子	障がいの種類/程度	家族構成	居住地域	利用施設/地域	利用年数
O母(70代)	次女(40代)	知的障がい/重度	長女(別居),次女※父は離婚	都市部	入所施設/郊外	Z施設20年→Y施設5年
P母(50代)	長女(30代)	知的障がい・自閉症/重度	長女,次女(別居),三女※父は離婚	都市部	入所施設/郊外	Y施設5年
Q母(60代)	長女(30代)	知的障がい・自閉症/最重度	父(同居),長女	都市部	入所施設/都市部	X施設10年
R母(80代)	長女(30代)	知的障がい・ダウン症候群/最重度	父(他界),長女	都市部	グループホーム/都市部	W施設2年

と頼み,協力を募った。その結果,社会福祉法人の声掛けに応じて下さったのがO母,P母であり,親の会VよりQ母,R母の協力を得た。調査協力者の概要を表にまとめた(表6-1)。

(2)調査時期　2011年7月～2012年1月
(3)調査内容
　基本情報として家族構成,同居している家族の確認,子どもの障がい名及び障がいの程度,施設の利用年数などを聞いた。その後,施設利用をするきっかけとその流れを半構造化インタビューにて聞いた。インタビューの所要時間は120～150分であった。まず研究の主旨の説明をし,研究協力者の権利(インタビュー中止の自由,回答拒否の自由など)を伝え,インタビューを録音することとプライバシーの保護について説明した後,同意書に署名を頂いた。インタビューで得られたデータを元に,逐語録を作成して分析を行った。

第3項　データ分析方法

　本研究は第5章の研究3を受け，「子どもを親元から家庭外施設に離した」親の体験ではなく，「緊急事態により親元から離さざるを得なかった」親の体験に対してより明確な焦点を当てている。その体験には，調査協力者である母親にとって受け入れざるを得なかった選択や，不本意だったかもしれない出来事を経験しながら現在に至るプロセスが想定される。これまで，親の緊急事態により家族がどのような体験をするのかは明らかになっていない。そのため，プロセスの構造を描き出すのに適しているGTAよりもさらに，出来事や時系列に沿って体験過程を丁寧に扱うことの必要性が感じられた。そこで，データ分析の方法として，複線径路・等至性モデル（以下TEM）を用いた。TEMは個人の経験の多様性を記述するのに適した手法であり，非可逆的時間における「等至性」と「複線径路」という概念を特徴とした新しい質的研究である（サトウ，2009）。

　等至性（Equifinality）とは，人が経験を重ね，異なる径路を辿りながらも類似した結果に辿りつくということを示す概念である。その等至性を実現する点を等至点（Equifinality Point：EFP）と呼び，これが研究上の焦点化のポイントである。本研究では「緊急に親元から子どもを離す」選択を等至点とみなすことによって，その選択の前後にある母親たちの心の動き及び体験を捉えることにした。また，等至点とは反対の現象のことを「両極化した等至点（P-EFP）」と言い，本研究では「親元から子どもを離さない」となる。このように，等至点と両極化した等至点の幅を描くことにより，実際にはデータとして得られなかったが理論的に存在しうる径路について捉えやすくなるという利点がある。また，両極化した等至点には，研究で焦点を当てた行為への価値の相対化が出来るという効果があるという（安田・サトウ，2012）。

　複線径路とは，プロセスの中で，等至点に至る径路及びその後の径路の多様性を表す概念である。必須通過点（Obligatory Passage Point：OPP）という概

念は，多くの人が経験すると思われるポイントである。個々人の経験の多様性を描き出すTEMの中で，必須通過点は個人の多様性を制約する契機を見つけやすくする働きがある。分岐点（Bifurcation Point：BFP）とは，ある経験において実現可能な複数の径路が用意されている状態であり，多様性を描く複線径路を可能にする結節点のことを言う。

　また，プロセスの中で，プロセス自体やそこで生じた選択を促進させるものとして働く力が存在することがある。安田・サトウ（2012）はそれを社会的ガイド（Socail Guidance：SG）とし，他者からの支えや社会的な支援や制度，プロセスの行動を後押しする個人の認識や認知などがこれに該当するとした。そして，プロセスを促進する社会的ガイドに対し，プロセスを阻害したり抑制的に働いたりする力を，社会的方向付け（Social Direction：SD）とした。以上に述べた概念を用いて，非可逆的な時間軸の中で個々人の経験の流れ及び個人の中に存在する可能性としての経験の多様性を比較分析することを可能にするのがTEMである。このような特徴を持つTEMは，緊急に子どもを親元から離す経験をした親の心理的プロセスを明らかにするという本研究の狙いに有効であると考え，採用した。

　分析の手順は，4名の調査協力者によって語られた「緊急に子どもを親元から離した」ストーリーを意味のまとまりごとに切片化し，それぞれにその内容を簡潔に表すような見出しを付けた。その後，親元から子どもを離した出来事の前後の体験を時系列に並べ，研究協力者の中で共通した出来事を必須通過点として定め，TEM図に表した。なお，等至点と定めた体験は三重線で，必須通過点を太線，その他の体験を実線で囲み，各経験を矢印で繋いだ。実線の矢印は研究協力者から得られた語りを結ぶ径路であり，点線の矢印は本研究では見出されなかったものの，理論的には存在すると考えられた径路である。

第3節　事例の概要

> O母：一人親家庭にて，母親の手術と入院のために施設利用を余儀なくされた事例

　O母は夫と離婚後，てんかんと知的障がいのある次女と2人暮らしをしていた。次女が当時の養護学校高等部を卒業し，通所施設を利用し始めた数年後，O母が急遽手術及び入院をしなければいけない事態になる。この事態に対し，行政が郊外にある入所施設のZ施設をO母に紹介する。すでに独立していた長女からも次女を施設に預けることを勧められるも，当初のO母は抵抗感を抱いたという。しかし，O母自身がケアを担えないことが明らかなことから，Z施設の利用を行政に返答した。

　その後，同施設を約20年利用したが，O母は当初からZ施設に不信感を抱きながらの利用だったという。後に次女がZ施設内で利用者間トラブルに巻き込まれたことを契機に，O母は施設変更を決意，行政に働きかける。そして新たに入所施設のY施設を紹介され，利用に至る。Y施設を利用して数年が経ち，現在のO母は安心して次女を預けているという。これまで母子が会う機会としては毎月の面会以外にも正月とお盆に一週間の帰省があったが，インタビューを行った年からO母の加齢と体調不良を理由に次女の自宅への帰省を取り止めることになった。

> P母：家庭内の問題の激化による母親の体調不良および休養のため，想定外の施設利用をした事例

　P母は知的障がい及び自閉症の長女と，次女，三女，夫の母，夫と暮らしていた。長女が20代になる頃，P母は夫との関係性の問題により日常生活がままならないほど体調不良になる。また，家庭内の空気を感じ取ってか長女も身体的・精神的に不安定になったとP母は感じていた。友人や主治医から自身の休養を勧められ，P母は長女を3か月のショートステイに預ける。その後，母親の体調不良という事態を受けて，行政は郊外にある入所施設のY

施設に空きが出た連絡をしてきた。長女とY施設に見学に行り，P母は利用を決意した。その後夫と別居，数年後には離婚が成立し，P母の日常が安定する。現在，次女や三女の話によると，元夫は自分なりのペースで施設に長女の面会に行っているらしい。P母は三女と暮らしながら，施設に面会に行ったり年に数回P母宅に帰省させたりしながら長女との時間を持ち，穏やかに過ごしている。

> Q母：両親ともに突然の病に襲われ，予想よりも早く施設利用に至った事例

　一人っ子の長女には自閉症と知的障がいの診断があり，その他にも睡眠障害，てんかん，パニック行動があった。Q母曰く「日々のケアは何とかやれているが常に生傷が絶えなかった」。Q両親にとって，長女のケアから解放される唯一の機会であるレスパイトサービスのショートステイは何よりの楽しみであったという。親子一緒に暮らせるのは両親共に健康な間だと考えていたQ母は，家庭外施設に関する情報収集をしていた。ある日，長女の問題行動によるストレスから夫が倒れてしまう。その直後，Q母自身にも病が見つかったことで，予想していたよりも早く施設利用に動いた。目星を付けていた自宅から中距離にある入所施設のX施設に空きがあり，利用に至る。しかし長女は環境変化の適応が苦手なため，なかなか施設に慣れなかったという。時が経ち，Q母は長女が施設に慣れたことを感じ，通常の面会が可能になる。現在Q母は地域のボランティア活動に精を出しながら，病から回復した夫と暮らしている。

> R母：行政の勧めでショートステイ利用をしていた中，母親の骨折・入院により施設利用に至った事例

　夫と長女と3人で暮らしていた頃のR母は，「親の限界まで子どもと一緒にこの家で暮らそう」と考えていた。しかし夫が早くに他界し，母子2人だけの生活が始まる。長い年月が過ぎ，行政は身体障がいのあるR母が高齢になったことを理由に長女のショートステイ利用をR母に勧めた。家から近距離圏内にある複数のショートステイを長女に転々と利用させる中，ある日

R母が大腿骨を骨折し、入院することになる。この事態に対して行政は、以前にショートステイ利用したことがあり、入所サービスも行っているWグループホームの利用を勧めた。R母は施設利用に抵抗を抱きながらも、一週間後に利用の意思を行政に伝えた。現在R母はヘルパーを利用しながら一人暮らしをしている。月に数回長女を帰宅させているが、施設とのやりとりもヘルパーが助けてくれているという。R母は長女が利用している家庭外施設へ一度も行ったことがない。

第4節 結果

第1項 緊急に「子どもを親元から離した」親の心理的プロセス

急遽、子どもを親元から離さざるを得ない状況になった親の「子どもを親元から離す」という体験を等至点として焦点を当て、その前後の分岐したプロセスをTEM図を用いて可視化した（図6-1）。また、TEMの用語と本研究の位置づけを表6-2にて示す。なお、時期を≪　≫、等至点を【　】、分岐点を〈　〉、必須通過点を〔　〕、SG・SDを｛　｝、その他の各体験を［　］で表している。

〈親子一緒の生活を送る〉から【緊急に親元から子どもを離す】体験の直前までを≪1. 緊急期≫とし、【緊急に親元から子どもを離す】体験から〔親子別々の生活リズムに慣れる〕までを≪2. 葛藤期≫、そして〔親子別々の生活リズムに慣れる〕からを≪3. 安定期≫に分けた。なお、≪1. 緊急期≫の必須通過点〔急遽、親がケアを担えない状況になる〕から等至点【緊急に親元から子どもを離す】までの経過期間は一週間から半年と調査協力者によって幅があった。計画的に施設利用に至ったと思われる両親は、子どもが学童期の頃からなど年単位で施設を利用するために準備をしていたこと（第5章を参照）と比較すると、本調査協力者が体験した緊急性が表れていると言える。

表 6-2. TEM で用いた概念と本研究での位置づけ

概念	本研究での位置づけ
等至点：EFP	【緊急に親元から子どもを離す】
両極化した等至点：P-EFP	【親元から子どもを離さない】
分岐点：BFP	〈親子一緒の生活を送る〉 〈面会に行く〉 〈面会に「行かない」〉 〈子どもの様子に違和感を抱く〉 〈施設に不信感を抱く〉 〈再び施設への不安が生じる〉
必須通過点：OPP	〔急遽，親がケアを担えない状況になる〕 〔面会に行けない状況が続く〕 〔子どものケアから解放されることで母親が不安定になる〕 〔親子別々の生活リズムに慣れる〕
プロセスを促進する 社会的ガイド（SG）	SG1：{周囲からの施設利用の勧めと「しょうがない」という諦め} SG2：{「子どもを捨てた」という周囲の声や母親自身の思い} SG3：{施設職員との協力関係} SG4：{保護者仲間や家族に，施設利用を肯定される} SG5：{子どものケアを見てもらっている負い目} SG6：{子どもが施設を好きだと感じる}
プロセスを阻害する 社会的方向付け（SD）	SD1：{施設の悪いイメージ} SD2：{子どもを手放すことへの抵抗感}

また，計画的に施設利用に至ったと思われる両親は1年〜5年で安定期へ移行したと回答したが（第5章を参照），本調査協力者からは≪2. 葛藤期≫から≪3. 安定期≫への移行は，2〜5年の年月を要したと語られた。

等至点である【緊急に親元から子どもを離す】ことになる以前の体験として，〔急遽，親がケアを担えない状況になる〕ことは研究協力者の共通の体験であったため，必須通過点として定めた。同様に，研究協力者から共通して見出された体験である〔面会に行けない状況が続く〕，〔子どものケアから解放されることで母親が不安定になる〕，〔親子別々の生活リズムに慣れる〕も必須通過点として定めた（表6-2）。以下に，それぞれの時期のプロセスについて記す。

138　第Ⅲ部

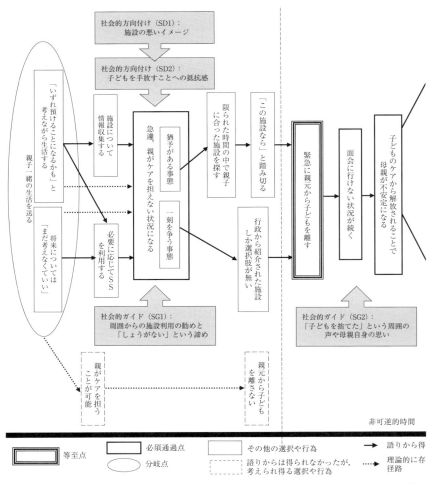

図 6-1．親が緊急に知的障がいのある子ども

第 6 章　139

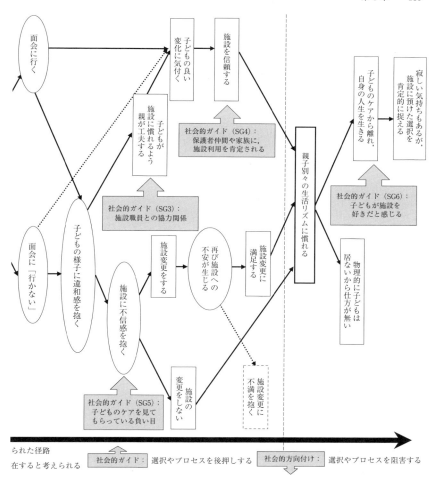

を親元から離す心理的プロセスの TEM 図

第2項　緊急期

　調査協力者は，知的障がいのある子どもが誕生してから〈親子一緒の生活を送る〉体験をしていた。しかし，同じように子どもと家庭で生活する状態の中にも，下位カテゴリーとして［「いずれ預けることになるかも」と考えながら生活する］径路と，［将来については「まだ考えなくていい」］と思うという径路があった。

　Q母は親子3人での生活をしながら，前者の径路を歩んでいた。それは，子どもの睡眠障害やパニック，自傷他害などのいわゆる行為障害が重く，毎日のケアが親としても精一杯であったからだと語り，両親間で「子どもを預ける」という話題が初めて出たときのことを以下のように話した。

> あのねえ，えーと…入所施設と言い出したのは実は，うちの主人の方が早いんですよ，無理だろうと，うん。この状態でね，お前が倒れたらみたいなことを言ってた。（略）でもその時はほら，私元気だったから。大丈夫，大丈夫って。だからほら，最初からずーっとほら，問題が多い。つまり，えー，普通に生活するには，問題が多すぎて。

そして，Q母は「成人式で晴れ着を着せたい」との思いで夫からの"子どもを預ける"提案を保留にし，その代わり［施設について情報収集をする］という径路に進み，常に施設に対してアンテナを張っていた。

　一方，「うん…まぁでもまだ考えなくてもいいかなみたいな。50代だったから…うん。（P母）」というように，後者の［将来については「まだ考えなくていい」］と思いながら親子で生活していた親もいる。この語りからは，自身の年齢などを理由に一時的に考えないようにしているだけであったことがうかがえる。つまり，［将来については「まだ考えなくていい」］という選択をした親も，親亡き後を含む将来のことについて全く何も考えていなかったというわけではないということである。O母，P母は共に40・50代という比較的若い時に〔急遽，親がケアを担えない状況になった〕親であり，「まあいつ

かはね，見られなくなるまで，とは思ってましたけどね，こんな早くね…。(O母)」という言葉からもわかるように，体調不良になると思わなかった当時は親子一緒の生活が暫くは継続可能だと思っていたことがわかる。なお，［将来については「まだ考えなくていい」］と思う径路を進んでいる親も，冠婚葬祭などの際に［必要に応じてSSを利用する］体験をしていた。

そして親子で生活を続ける中で，調査協力者の母親4名はいずれも自身の体調不良により必須通過点〔急遽，親がケアを担えない状況になる〕体験をした。この状況に対し，母親たちは周囲から子どもを預ける提案を受けるが，母親たちは{施設の悪いイメージ}を持っており，それは{子どもを手放すことへの抵抗感}を生む。これらは，子どもを親元から離すことを阻害しようとする社会的方向付け(SD)である。これに対し，{周囲からの施設利用の勧めと「しょうがない」という諦め}が子どもを親元から離すことを促進する社会的ガイド(SG)として機能した。この2つのせめぎ合いの結果，「ただ自分がねぇ，手放すのがね，見てやれないからしょうがないのね…。(O母)」という語りに見られるように，{周囲からの施設利用の勧めと「しょうがない」という諦め}が，母親を次の段階へと促していた。

その後の〔急遽，親がケアを担えない状況になる〕出来事の緊急性には，［猶予がある事態］と［一刻を争う事態］の二通りがあり，それに応じて［限られた時間の中で親子に合った施設を探す］という径路と，［行政から紹介された施設しか選択肢が無い］という径路に分かれた。自身の体調不調により数日後には入院，手術という［一刻を争う事態］になったO母は，行政の緊急対応により［行政から紹介された施設しか選択肢が無い］経験として自宅から遠くにあるX施設に預けざるを得なかった。同様に，R母も行政から家庭外施設を紹介されてから一週間で利用する旨を返答している。緊急事態から実際に親元から子どもを離すまで数カ月の［猶予のある事態］であったP母とQ母は［限られた時間の中で親子に合った施設を探す］径路に進んだ。P母は親子で見学に行き，

> （子どもは）最初はやっぱりY施設の会議室では強張った顔をしていたんですけど，ずっと案内して貰って食堂辺りまで行ったらすごく寛いで，自分から気に入った椅子があったみたいで座って〈笑〉，なんか，ちょっとニコニコし始めたんで，あ，気に入ったのかなって思ったんですけど．

と話し，子どもの施設に対する好意的な様子が利用に踏み切る理由の一つになったことを語った。また，Q母は子どものこだわりや睡眠障害の重さを考慮して，どの施設でもいいと思っていた訳ではないことを強調し，譲れない条件（Q母の場合は個室であることなど）に当てはまる施設だったことで，[「この施設なら」と踏み切る]体験に至っていた。

このように[急遽，親がケアを担えない状況になる]からその先の径路に直接的に影響するものは，親が突如見舞われる緊急事態の深刻さだと思われる。また，調査協力者は在宅ケアを継続していく希望を持っていたため，[親がケアを担うことが可能]な状態であれば，【親元から子どもを離さない】という選択をしたと考えられ，TEM図には両極化した等至点（P-EFP）として示した。

第3項　葛藤期

≪2. 葛藤期≫は【緊急に親元から子どもを離す】という等至点から始まる段階である。4人の母親とも緊急性には幅はあるが，親がケアを担えなくなった理由は体調不良で共通していた。よって母親たちは，子どもと生活が別々になった直後から，手術・入院・休養などにより必須通過点[面会に行けない状況が続く]。そして全員が，[子どものケアから解放されることで母親が不安定になる]という心理的困難の体験をしていた。この体験について，下位カテゴリーと発言例を表6-3に表す。

協力者たちは，子どものケアから離れることで[引きこもる]，[無気力]，[罪悪感]，[空虚感]，[子どものことが頭から離れない]，[母親のプライドの喪失]などを体験していた。O母は20年以上前の出来事であるZ施設利用

表 6-3. 必須通過点〔子どものケアから解放されることで母親が不安定になる〕の下位カテゴリーと発言例

カテゴリー	下位カテゴリー	発言例
子どものケアから解放されることで母親が不安定になる	[引きこもる]	だからちょっとね，悲しい時期があってね，子どもを施設に入れてから私の方がちょっと引きこもったわ（略）まぁ何年か掛かりましてね。何年っていうか1年ちょっと引きこもっちゃって。＜Q母＞
	[無気力]	うちの子どもが居た時には自分のしたいことが沢山あった訳ですよ。お仕事もしたいと思ってたし，自分の趣味のこともあった。でも結局何も出来なかったからね，その，20数年っていうのは。で，じゃあそういう風に（子どもを施設に）入れました。じゃあ何か好きなことしましょうっていったらそうはいかないんですよ。やっぱり気持ちの切り替えは出来ないですよね。長いことしみ込んでいますからね。＜Q母＞
	[罪悪感]	…それで子どもに関しては2年間ぐらい，いつも帰りに泣いてました，会いに行って。泣いてましたね，なんか，罪悪感？（略）ずっと一緒に住んでたから，例えばお風呂もずっと一緒に入ってて，『一人の贅沢お風呂』っていう言葉が私にはあって，夏は先に子どもにシャワー浴びせたら，一人でお風呂入れる，それが贅沢だったんですね。養護学校のお母さんみんなそうなんですけど，宿泊旅行に行くと，休みっていうか休息なんですね，介護から解放されて。だから介護をして面倒を見るのがずっと当たり前だし，我が子だし，それが別に嫌とか負担とか思わないでやって来たけど，それからこう，免れているっていうのが，うん，罪悪感。＜P母＞
	[空虚感]	んー，…やっぱりあの…寂しいっていうか。空虚っていうか，もうやっぱりずっとこう何でも一緒っていうか，あの…なんかそういうこう空虚感が強かったですね。＜P母＞
	[子どものことが頭から離れない]	引きこもっちゃった時がそうなんだけど，傍にいないんだから，切り替えて，そんなこと考えなくてもいいわけですよ。でも，ずーっと考えたりしてて。ちゃんと寝られるわけはないけど，ちゃんと，寝たか，ちゃんとお風呂は大丈夫かみたいなことをずーっと思ってましたね。＜Q母＞
		ただ朝起きたらうるさいのがいない，うろうろするのがいないから，シーンってなって会話も何もないじゃない。「これはダメよ，ほら行きなさい」って時間の感覚もないから，あー，一人になったんだって思うと，あの子どうしてるかなって思うじゃない？ね，そんなことはあったんだけどね，もう…。＜R母＞
	[母親のプライドの喪失]	親のプライド。私のプライドがあの子に対してやってあげてたことが（今は）何も出来ないから…あれもしたいこれもしたいっていうのがあるじゃない。前は縫ったり編んだり（今は）何にも出来ない…だから介護も出来ない。＜R母＞

直後の気持ちを思い出し,「そうね…なんて言ったらいいのかな…胸が詰まるようなね,そんな思いでしたよね…」と涙目になって語っていた。P母は,利用初期の面会の行き帰りに車中で聞いていた曲は当時のつらい心境を思い出してしまうため,今でも聞けないと言う。これらは,施設利用という出来事が母親に与える心理的影響の大きさをうかがわせる語りだと言えよう。また,子どもと別々に暮らすことは,それまで子どものケアを中心とした親の日常を急激に変化させる。Q母は,

> 中学,高校,通所と,まあ殆ど送迎っていう風にね。そうするともう,(子どもがいなくても)身体がそういう風になっちゃうんですよ。"あ,3時だ。迎えに行かなくちゃ"。うーん,だからね,そういう24時間どっぷりだったから,抜けないですよ,いきなりは。

と,それまで自身の生活の軸になっていた存在がいなくなったことの影響の大きさを語った。その後,引きこもっているQ母に対して,このままではいけないと心配した友人が地域のボランティア活動に誘う動きがあるまで,Q母の当時の記憶は曖昧だという。同様にR母は利用直後の心境について「…親のプライド。私があの子に対してやってあげてたことがなんも出来ないから…あれもしたいこれもしたいっていうのがあるじゃない。前は縫ったり編んだり(今は)なんにも出来ない…だから(子どもの)介護も出来ない。」と,子どものケアを担えなくなることによって母親のプライドが傷つけられたことを語った。

　母親のこれらの心理的困難をさらに深刻化させる背景には,「子どもを施設に預ける」ということへの社会的な反応や,母親自身の思いが影響していた。

> こういう意見があったんですよね。親の年はまだ若いのに,あのー,何て言うんだろうな。子どもを捨てるような感覚。だからそういう施設に,そもそもあるんですよ。そういう施設に入れるのは,子どもを捨てるようなもんだっていう考え,意識が。あのーほら,年齢が高い人ほど強いんですね。だから(子を捨てたと)散々言われましてね。

この {「子どもを捨てた」という周囲の声や母親自身の思い} という社会的ガイド (SG) からは，現在でも"家族が障がいのある子どものケアを担うべきである"という日本型福祉社会の考え方が色濃く存在することがうかがえる。そして，子どもに家庭外施設を利用させざるを得なくなった親たちを苦しめることも示された。

〔子どものケアから解放されることで母親が不安定になる〕後は，〈面会に行く〉，〈面会に「行かない」〉という径路に分かれた。〈面会に「行かない」〉という径路は，面会に行ける状況ではあるのだがその選択をしないという点で前記の〔面会に行けない状況が続く〕とは異なっている。分岐点の〈面会に行く〉からは，［子どもの良い変化に気付く］径路と〈子どもの様子に違和感を抱く〉径路に分かれた。P母は，自身の体調が回復した2・3か月頃から施設に〈面会に行く〉ことを始めた。そして，施設で穏やかに暮らす子どもの様子や，子どもの体調が改善しているなどの［子どもの良い変化に気付く］体験をした。一方，Q母は面会に行き，子どもが施設に慣れていないという〈子どもの様子に違和感を抱く〉体験をした。元々環境の変化が苦手な長女は，施設生活への適応が難しかったのである。Q母や父親が面会に行くと，長女が混乱する事態になり，施設側と話し合って面会時には長女に気付かれないように壁に身を隠しながら様子を見るという方針にした。このように，Q母は〈子どもの様子に違和感を抱く〉経験をした後に，［子どもが施設に慣れるよう親が工夫する］選択を行った。その選択の後押しをしたのは，施設利用をする際に親が吟味をした結果だったことと，{施設職員との協力関係} が社会的ガイドとして機能していたからであった。数年が経過し，施設から長女がこだわりによる問題行動を起こすようになったという連絡を受け，Q母はこの出来事を"施設に慣れた"という［子どもの良い変化に気付く］体験として捉えていた。問題行動という枠組みはあくまでも周囲の人間の立場から見たものであり，本人にとってはリラックスしている場で生じる行為であること，そしてそれを理解している母親の思いが語られていると言えよ

う。

　施設生活を送る中で子どもに良い変化が起きたと親が思えるようになると，［施設を信頼する］という状態になる。P母は施設への信頼を寄せるにあたり，印象的であった出来事を以下のように語っている。

> だからその，何かちょっと友達に，"（子どもと離れて）本当に悲しくて"とかって言っていたら，「ちゃんと（施設に）守られているから大丈夫だよ」って言われたんですけど，そういうことなんだと思います。

これを｛保護者仲間や家族に，施設利用を肯定される｝とし，親が［施設を信頼する］ことを促進する社会的ガイドとして図示した。

　ここまで親が施設に〈面会に行く〉ことで，子どもの施設生活や施設の様子を目にして親が安定していくプロセスを説明した。しかし，〈面会に行く〉ことは必ずしも親にとって安心を生む経験にはならない場合がある。O母は以前利用していたZ施設の面会時に，子どもの表情や言動の変化，それまでしていなかった行為障害などを目にして，〈子どもの様子に違和感を抱く〉体験をした。さらに子どもがO母のそばに居たがったにもかかわらず，職員が「保護者会があるから」と子どもを無理やりO母から引き離した関わりから，決定的な〈施設に不信感を抱く〉に至っている。

　自身の退院後も〈面会に「行かない」〉選択をしたR母は，以下のように語った。

> あー行かなかったね。そうね，（来ても良いと施設に）言われたのね。だからね，その時はまだ（子どもが施設に）行ったばっかだから私の気持ちも，こんな所に悪いけど入れたくないって気持ちがあったでしょ。だからこんな所に泊まって，気持ちの上で，精神的に泊まれなかった，私が。あーこんな所でこんな暮らしするのかなって思うとね，私はまだその時変なプライドがあったから，母親の。

このように，R母にとって〈面会に「行かない」〉という行為は，子どもをケアする存在としての母親のプライドとそれが叶わない事態への抵抗感という心理的困難の一つの現れであった。中根（2006）の，知的障がい者の親が子どものケアを他者に委ねることに対して親が抱く抵抗感は「親のアイデンティ

ティの危機の具体的表出である」という指摘に繋がる点である。そして〈面会に「行かない」〉場合，親子が顔を合わせる機会は子どもの帰省時のみとなるが，その時に〈子どもの様子に違和感を抱く〉体験もあった。さらに，本研究では得られなかったが，帰省時に［子どもの良い変化に気づく］という径路の可能性も図示した。

〈施設に不信感を抱く〉経験は，［施設変更をする］と［施設の変更をしない］の分岐点である。O母は不信感を抱いていたZ施設をその後約20年間利用し，子どもが利用者間トラブルに巻き込まれたことをきっかけにY施設に［施設変更をする］。施設変更時のO母は〈再び施設への不安が生じる〉体験をしたものの，現在は［施設変更に満足する］に至った。なお，理論的に存在すると考えられる径路として，［施設変更に不満を抱く］も図示した。不信感を抱いていたにも関わらず長期に渡りZ施設を利用し続けたO母や，現在［施設の変更をしない］選択をしているR母は，その理由として，

> O母：理由が無い限りね，理由が無いと，ここ嫌だからこっちやって下さいとかそういう風に簡単に行かないんですよ。

> R母：だって向こう（＝家庭外施設）でやってるもの，私がああして欲しいとかこうして欲しいとか言えないもの。だから施設に望むことっていうのは一切ない。そういうのは一切殺さなくちゃいけないじゃない。私のための施設じゃないんだから。

と，現在の"施設が足りない"という日本の福祉の現状や｛子どものケアを見てもらっている負い目｝が母親の内的に存在してあることを語った。この思いを［施設の変更をしない］径路への促進する社会的ガイドとして定めた。

このように親の語りから，葛藤期の心理的困難は〔子どものケアから解放されることで母親が不安定になる〕体験であることが示された。そして，〈面会に行く〉という行為は，その後の［子どもの良い変化に気付く］と〈子どもの様子に違和感を抱く〉という径路や，さらに先にある［施設を信頼する］

と〈施設に不信感を抱く〉の径路に影響を与えている重要な分岐点であることが明らかになった。なお，母親4名の語りからは，緊急に子どもを施設に預けた親が体験した心理的困難の客観的な程度を明らかにすることは出来なかった。しかし，P母は子どもの施設移行後2年間は面会に行く度に罪悪感から涙を流していたことや，自身の心身のケアのためにカウンセリングを受診したこと，Q母は施設利用直後から一年以上引きこもったこと及び当時の記憶が抜け落ちている。このことから，子どもの施設移行によって専門家の援助を要するほどの状態の心理的困難を体験したと思われる親がいることが明らかになった。

第4項　安定期

　月日が流れると，母親は子どものいない生活が日常として組み込まれ，〔親子別々の生活リズムに慣れる〕という必須通過点を迎える。その後，［子どものケアから離れ，自身の人生を生きる］径路と，［物理的に子どもはいないから仕方が無い］と今の状況を諦めにも似たかたちで引き受ける径路の2つが存在した。P母は生活が落ち着いてから自身の資格を活かした仕事を始め，Q母は友人のすすめから地域のボランティア活動を現在のライフワークとしている。そして，3人で暮らす生活を再度望む頃もあったと語りながら，

> もしも，そこで（施設に）入れてなかった場合どうなったかっていうことを考えると，うち，もしかしたら，こうなってるかもね。私は耐え切れない，夫はその辺に倒れてたかもしれない。…今考えるといい時期だったかな。

と，［寂しい気持ちもあるが，施設に預けた選択を肯定的に捉える］体験をしていた。さらに，P母は下記のように気持ちの変化があったという。

> まぁ5年間は色々状況があの逼迫してたから，まぁ止むを得ずみたいな感じだったけど，ここ1・2年は，この子がここが好きで気に入って住んでいるんだから，それがこう，一番良かったんじゃないかなって思えるようになってますね。

このように当初は抵抗感を抱いていた【緊急に親元から子どもを離す】とい

う選択に対して，親が肯定的に捉えることが出来るようになる背景には，{子どもが施設を好きだと感じる} という社会的ガイドの存在があった。

一方，[物理的に子どもはいないから仕方が無い] という径路も存在した。

> だってもう2年近いでしょ？慣れないわけにいかないじゃん…朝起きた時に，あーあの子がいたらな…ってね，あれはあるけどね。それはもうわがまま。障がい者（※R母自身のこと）の1人暮らしに慣れなきゃ。あの子はいないと思わなきゃ。いると思うと囲いたくなるじゃない？＜R母＞

O母とR母は一人暮らしに慣れたが，今でも親子で暮らしている保護者仲間に対して羨ましいと思ったり，出来ることならば親子でまた一緒に暮らしたいという思いが消えなかったりすることを語った。この結果は，親一人子一人の家庭における知的障がいのある子どもの家庭外施設移行後にも専門家は，母親の生活満足度やウェルビーイングに注意を払い続けることが求められるという海外の指摘（Rimmerman & Murver, 2001）と合致する。

第5節　考察

調査協力者4名の語りをTEMを用いて分析することにより，知的障がいのある子どもと暮らしていた母親が急遽子どもを家庭外施設に預ける中で，母親が選ばざるを得なかった経験および意思を持って選択した経験，そして理論的には存在すると予想されるが選択しなかった経験などが心理的プロセスとして可視化された。それにより，導き出された仮説的知見，本研究の意義及び限界と今後の展望について以下にまとめる。

第1項　導き出された仮説的知見

仮説的知見①：親にとって不本意な家庭外施設利用であっても，子どもの様子や周囲のサポートによって，良い選択であったと親が肯定的な評価を抱けることがある。

第5章で述べたように，知的障がいのある子どもを持つ親は，子どもの障がい特性故に子どもの人生の様々な選択に対して代理決定を行う機会を経験しやすい。"子どもを親元から離して家庭外施設を利用すること"も，子どもの生活場所を親が代理決定しているということである。このことに対し，親子にとって最善な施設を探し，何年も準備をして計画的に施設利用に至った親も，"親の自己満足なのではないか"と答えの出ない不安を抱いていた（第5章参照）。これは，子どものために代理決定をする親の苦しみを浮き彫りにしていると言えると同時に，施設利用を望んだ親であっても抱く程の苦しみであれば，望まずに施設利用に至った親はさらなる深刻な経験をすることが予想される。本研究からは，Ｐ母のように主治医から"良い施設だね"という言葉を貰ったり，友人に"ちゃんと守られているから大丈夫だよ"と言われたりするといった，周囲に認められることで親が安心していく体験を見出せた。一方，Ｑ母やＲ母のように，子どもを施設利用させるということに対して「子どもを捨てた」と保護者仲間や周囲から言われることで親が心理的にダメージを受ける体験も見出せた。このように，緊急に施設を利用せざるを得なかった親の場合，周囲から受ける評価や声掛けが精神面に影響することが分かった。この点は，"子どもを親元から離す"体験に至るまでのプロセスが準備も無く始まったり準備が不充分であったりする状態で始まることによるのではないかと推測する。緊急に親元から子どもを離した親を追い詰めることのないように，周囲が支えることが求められる。

仮説的知見②：日頃のショートステイ利用が，親離れ子離れの練習台としてや，緊急事態に対する事前の情報収集としての役割を担うことがある。

　本研究協力者は，子どもと一緒に暮らす中で全員がショートステイを利用していた。ショートステイを利用する理由は冠婚葬祭など必要に迫られた場合と，レスパイトサービスの場合があった。レスパイトサービスとは，障が

い児・者を持つ親・家族を，介護から一時的に解放し，日頃の心身の疲れを回復し，ほっと一息つけるようにすることを目的にした援助のことである（小澤，2008）。レスパイト目的のショートステイ利用について，Q母は夫婦旅行などの機会として日々の活力にしたと言い，他方P母はケアから解放されることに罪悪感を抱いたと言う。実際，その後のP母はレスパイト目的での利用には至っていない。この差は，子どもの障がいの程度や日々のケアなど様々な要因によるのかもしれないが，重要なことは"子どものケアから解放されることで親に一息ついてもらう"という目的のレスパイトサービスにもかかわらず，却ってケアから解放される罪悪感を抱いたという親が存在するということである。これは，子どもの施設利用初期に親が抱く心理的困難に通じるものがある。つまり，親たち自身が「子どものケアは親がすべき」と強く思っていればいるほど，レスパイトサービスであれ家庭外施設の利用であれ，ケアから解放させることで親を苦しめてしまう危険性を示していると言えよう。しかし，P母はショートステイ利用の体験を振り返り，「数日間のショートステイ利用をしていなければ，後に利用することになった長期のショートステイ（※Y施設の前に母親の体調不良のため利用していた）は難しかったかもしれない。短期のショートステイは子離れの練習になっていたかも」と語っている。このことから，当時はレスパイトや緊急対応としてのショートステイ利用であっても，子どもを親元から離した後に振り返ると，親離れ子離れのプロセスを辿る上で意味のある体験であった，或いはその意味が後に付与される可能性があることがわかった。

なお，ショートステイに関しては数日間の利用であれ，2・3か月の比較的長期の利用であれ，調査協力者は「子どもを親元から離した」とは認識していなかった。これは，ショートステイは最初から期間が決定していることや，期間が終われば子どもが自宅に戻ってくることなどから，子どもの生活の本拠地が家庭であるという認識が変わらないためかもしれない。親子で生活をしながら施設の情報をリサーチしていた理由についてQ母は，「預けら

れるならどこでもいいという訳ではなかったから」と述べていた。施設の情報収集をし，設備や施設の理念，施設長の情報などを調べておくことで，Q母は緊急事態後も親が納得できる施設を選ぶことが出来た。具体的には，「自宅と同じ市内」という条件は「自宅からなるべく遠方でない」という条件に妥協したが，Q母が何より譲れないと考えていた「個室の施設」という条件を満たしている。

　また，R母の場合は，緊急事態に対してこれまでにショートステイ利用をしたことのある施設の中から入所サービスも提供しているグループホームを行政から紹介され，利用に至った。この施設はR母にとって何より望ましい"施設と自宅の距離が近い"という条件を満たしており，加えて"ショートステイを利用していたこと"も利用の背中押しになったという。このケースからは，母親自らが高齢になり，常に子どものケアを担うのが厳しくなったことを理由に始めた複数施設でのショートステイ利用が，結果的に施設の情報収集になっていたことがわかる。このように，在宅ケアを続ける生活の中で，施設の情報収集をしたり見学やショートステイなど施設と接触したりすることは，緊急事態の備えとして有益であろう。

仮説的知見③：「面会に行く・行かない」の選択が，親の「施設への信頼感・不信感」に繋がり，最終的には「緊急に親元から子どもを離す」選択の評価に影響する

　親たちは施設に面会に行った際，施設内での子どもの様子や施設職員の子どもに対する関わり，他の利用者の様子などを見ていた。そしてそれらが〈施設を信頼する／不信感を抱く〉の径路に影響していた。この〈施設を信頼する／不信感を抱く〉体験は，親が［子どものケアから離れ，自身の人生を生きる］という径路と［物理的に子どもは居ないから仕方が無い］というその後の径路に影響していた。P母は「（Y施設を緊急に利用したが）結果論から

言うと，とても良い施設にお世話になったので良かったんですけど，良くない施設にお世話になることになったっていう結果だったら後悔したでしょうね。もっと罪悪感もすごかった」と語った。これは母親の施設に対する評価が「緊急に施設利用を決めた自分」に向き，不安定な状態を長引かせたり深刻化させたりする危険性があることを示している。同時に，［子どもの良い変化に気付き］，［施設を信頼する］径路が親の心理面に与える影響の大きさを物語っているとも言える。また，施設に面会に行くことで，子どもの施設生活の不適応を目の当りにしたり施設生活をしている子どもの様子に違和感を抱いたりする親もいたが，そこで"子どもが適応できるように親が努力する径路"に進むには，親と施設の協力関係が構築できているかが重要であった。面会に来ている親に対しては，この点を意識した援助が必要であろう。

　このように親が施設へ面会に行くことの重要性が示される一方，本研究の母親たちのように体調不良による緊急事態に陥った場合は面会に行けない状況が続きやすく，支援が必要であることが明らかになった。また，面会に行かないこと自体が母親の心理的困難の現れである場合もある。R母は，「面会に行かなくても施設にお任せしているから子どものことは大丈夫」と前置きをした上で，子どもの帰省時について「あの子に赤い洋服着せてくれ青いの着せてくれって一応（施設に）持たせるじゃない？　そういうの（帰省時に）着てないもんね。（職員は）着せてくんないんだわ。（略）たまに帰ってくると，Tシャツのくたびれたようなやつ着て，ほら，（職員の洗濯が）遅い時やなんか乾かないんじゃない？わかんないけど。それで靴下は片一方しか履いてないし」と語った。なお，R母はこの点について直接施設職員に尋ねるなどの行動には出ていない。よって施設にて，帰省時の服装を職員がどのように援助しているのか，その支援の実際はわからないのである。しかしこの言葉からは，R母が見えない施設職員の子どもに対するケアについて推測し，複雑な思いを抱いていることがうかがえた。先行研究においても，入所施設に行ったことのない親が入所施設に対する偏見や悪いイメージを語る様子が描

かれているものがある（谷奥，2009）。このことから，面会に行けない或いは行かない親に対する施設側からの支援が望まれる。

第2項　家族システムの視点から

本研究の4名の調査協力者のうち2名の母親（O母，R母）が，離婚や父親の他界により一人親となってからも，長期に渡って知的障がいのある子どものケアを担っていた。家庭において主たるケアテイカーは母親である傾向が高いため，父親が家庭からいなくなっても母親の知的障がいのある子どもへのケアは継続されやすいのかもしれない。今後は，両親がいる家庭で母親に緊急事態などが生じた事例にアプローチすることによって，ケアテイカーとしての母親不在という状況が父親にケアテイカーとなる動きを引き起こすのか否か，そしてその困難などの動きを見ることが可能になると思われる。

また，両親間だけでない家庭の中での語りとして，以下のものがあった。

> P母：親は先に死にますからね，その時に「誰が面倒みるんだろう」ってなっても大変だし，それはあの，何も言わないけども，（知的障がいのある長女が入所施設に入って）妹達2人がほっとしたっていうのがわかりますね。

この語りからは，明確な言葉として家庭の中でやり取りされたわけではなくとも，母親として健常のきょうだいが将来について漠然とした不安を抱えていたこと，及び同胞の家庭外施設移行によってきょうだいが安心したことを捉えていることがわかる。

第3項　本研究の意義

本研究では，ケアテイカーである母親に体調不良が生じたことによって，急遽知的障がいのある子どもの家庭外施設移行をした母親の体験にアプローチした。このように，親の限界を迎えてから子どもが家庭外施設を利用するかたちは，第3章（研究1）の通所施設職員対象の質問紙調査からも我が国の問題として見出された現状であった。本研究では，親がケアを行っていた日

常から緊急事態が生じ，慌ただしく家庭外施設利用が決まり，継続的な利用に至るまでの縦断的なプロセスを心理的困難に着目しながら TEM 図を用いて描き出すことができた。そして，不本意に始まった家庭外施設利用だとしても，その中で親と職員が協力関係・信頼関係を構築することを促進要因として子どもの良い変化に親が気付いていき，最終的に家庭外施設利用を肯定的に捉えられるようになった道筋を示せた。これらは，家族を支援する援助者にとって必要な支援を必要な時に提供することが可能になるため有意義な知見であろう。

第4項　本研究の限界と今後の展望

本研究は歴史的構造化サンプリングを採用し，緊急に知的障がいのある子どもを親元から離した親の心理的プロセスを検討した。さらに調査対象者を増やすことで，径路の類型化をはかることが可能になるだろう。

本研究の限界は，子どもの障がいの程度による親の心理的プロセスの差異についての言及が不十分なことである。子どもの障がいが最重度で入所施設利用をしている Q 母は，「よく言われることですけど，（グループホームなどの）地域で暮らせる子どもさんは，こう言っては悪いけど（障がいの程度が）軽いんです。だからほら，どこに行っても問題が，言ってはなんだけど，まあ比較してだけど，大したことない。だから，その子どもさんもその親御さんも，他に行って切り替えが多分パッとつくと思うの。」と語っている。この語りは，親の立場からすると，現在の福祉の方針となっている脱施設化に伴う地域生活への移行の困難さは，子どもの障がいの程度によって異なるということを示唆している。今後は重度と最重度といったように障がいの程度によって，親が感じる不安や「子どもと一緒に暮らす」及び「子どもと親元から離す」ことの困難がどのように異なるかを明らかにした上での支援を考えることが課題となる。また，ライフサイクルに適した家族支援を展開するためには，縦断研究が求められるだろう。本研究は回顧的なインタビューを用いた

が，縦断的な研究を行うことで，より体験に即した家族の言葉を描き出すことが可能になると思われる。

　鶴野（2000）は家族福祉を展開する上で，①知的障がい児・者の家族が自らを犠牲にして本人のために尽くすというイデオロギーから解放されること，②知的障がい者自身の自立，つまり親から離れることをノーマルとすること，の2つが必要だと指摘している。本研究の結果は，いかにこの2点の実現が親にとって難しいかが明らかになると同時に，子どもを親元から離すことで結果的にこの2点を実現したと思われる親がいたことを示したことで，今後の支援を考える上で重要な発見と言える。我が国の現状を鑑みて，在宅ケアをしている家族に対する"家庭から家庭外施設への移行プログラム"の開発が早急に望まれるだろう。また，今後の障がい者および家族支援には，医療，福祉，司法，心理などの専門家が連携した支援のかたちが求められていくと思われる。

第7章　今後求められる親亡き後をめぐる知的障がい者家族支援とは

　第Ⅲ部の最後に当たる本章では,「子どもを親元から離すこと」をめぐり,まず第5章（研究3）の計画的に家庭外施設利用をした親の体験と,第6章（研究4）の緊急的に利用した親の体験の比較検討を行う。そして,始まり方が異なるとはいえ,同じ「子どもを家庭外施設利用している親」であるという共通の枠組みから,子どもの生活移行を経験した親が,在宅ケア中の親に伝えたいことはどのようなことなのかインタビューデータの再分析を行った。最後に,第4章（研究2）と合わせて3つの研究結果から導き出された家族支援に関する臨床心理学的示唆を述べる。

第1節　始まり方の異なる「子どもを親元から離す」体験の比較

　計画的に家庭外施設を利用した両親に焦点を当てた研究3（第5章）と,緊急に家庭外施設を利用した親に焦点を当てた研究4（第6章）の結果から,「親と共に暮らしている生活から,知的障がいのある子どもを家庭外施設での生活に移行させることを決定する」という背景には,親子別々の生活を目標にしていた家族が計画的に行う場合と,在宅ケアを続けていく選択の中で急遽その継続が望めなくなって行われる場合の二通りが存在することがわかった。このように,始まり方の異なる家族が,同じ「子どもを親元から離す体験」をし,現在に至るまでのプロセスがどのように異なるのか,比較検討を行うことで家族支援の知見を深めたい。そこで共通の体験の枠組みとして,＜子どもを親元から離すまで＞と＜子どもを親元から離してから＞,そして＜親が別々の生活に慣れてから＞の3つの区分ごとに検討する。なお,本章

では便宜的に研究3（第5章）の調査協力者を「計画的利用の親」，研究4（第6章）の調査協力者を「緊急利用の親」という呼称で統一する。

第1項　＜子どもを親元から離すまで＞

　子どもを親元から離すことを目標にしてきた両親（計画的利用の親）が家庭外施設利用に至る促進要因には「子どもの施設生活のポジティブなイメージ」が影響していた。つまり，子どもが親元を離れることを肯定的に捉えたり，理想の子どもの将来の生活像として考えたりすることが施設利用に踏み切る背景の1つであることが示されたのである。しかし在宅ケアの継続を望んでいた家族が緊急に施設利用をせざるを得ない状況に陥ると，その背景には，家族の緊急事態と，それによる「親がケアを担えなくなってしまったならばしょうがない」という諦めの気持ちが大きく働いていることが明らかになった。

　また，子どもを親元から離すための準備の期間及び内容も異なっていた。子どもが学童期の頃からなど長きに渡って準備をしている場合もあった計画的利用の親に対し，緊急利用になるとその緊急性によっては1週間しか準備期間が無かった親もいた。計画的利用の親は，利用施設の理念や，運営している法人についても調べ，事前に施設見学などを家族で行っていた。しかし緊急利用になると，家族を襲った緊急事態の深刻さによって準備できる内容が異なっていた。施設見学も出来ず，とにかく空いている施設を利用せざるを得ないという状況になった親も居た。

第2項　＜子どもを親元から離してから＞

　計画的利用か緊急利用かによって，親子別々の生活のスタートについても違いがあった。計画的利用の親は，いきなり子どもの全ての生活を家庭外施設で送ることにせず，例えば「一週間に一日から」といったように子どもに合わせて段階的に利用を進めるなどの工夫を行っていた。対して緊急利用に

なると，子どもは突然生活場所を完全に施設へ移行せざるを得ない事態になっていた。つまり，計画的に家庭外施設を利用することになったか，緊急事態が生じて利用することになったかは，知的障がいのある子どもにとっても，家庭から施設へ生活移行する体験の違いを生むと言える。

子どもが家庭外施設利用を始めることで親子が別々の生活になると，親が精神的に心理的危機を体験することは共通であった。しかし施設利用を計画的に行った両親が施設生活の具体的な心配や子どもの身辺自立などに不安を感じていた一方，緊急利用の母親たちからは主に「子どものケアを担えない罪悪感」を強く抱いていたことが語られている。これは親にとっても，緊急事態によって引き起こされた予期せぬ施設利用の事実や，子どもの施設利用に対して「仕方が無い」と親先導で決定せざるを得ないこと，そして親子の生活場所が別々になるという環境の変化が心理的負担として影響するのではないかと思われる。

第3項　＜親が別々の生活に慣れてから＞

計画的に施設利用をした家族は，施設利用生活が安定すると子どもを親元から離したことの満足感を抱いていたが，緊急利用の親は在宅ケアへの未練とも言える思いと，緊急事態さえ生じなければ今も在宅ケアを続けていただろう展望，在宅ケアを継続している仲間の親子を見るたびに羨ましいと思うことなどを語る親もいた。施設利用の始まり方の違いが，継続的な施設利用に至っている段階の親の思いにも影響を与えるということが想定された。

第4項　始まり方の異なる施設利用の比較検討から見えてきた緊急利用のリスク

ここまで，計画的利用と緊急利用の親の体験を，＜子どもを親元から離すまで＞，＜子どもを親元から離してから＞，＜親が別々の生活に慣れてから＞の3つの区分にて計画的利用と緊急利用の親の心理的体験の比較を行っ

た。サンプリング数や，分析方法の違いから単純に比較検討を行う限界はあるため，一般化には慎重を要するが，以下のことが見出された。

　まず，計画的なものよりも緊急に生じた家庭外施設移行は，親に与える心理的影響がより深刻になる恐れがあるということである。「在宅にて子どものケアを行っていた状態」から「家庭外施設を利用すること」への移行は，計画的に利用した場合でも家族システムに大きな変化を起こす出来事である。ましてや，その移行が親の体調不良によって引き起こされた場合はなお更衝撃的なことになりかねない。緊急利用をした親である研究4（第6章）の母親たちは幸いなことに全員が当時の体調不良からは回復しているため，語りの中には当時を肯定的に振り返る言葉があった。しかし，涙目になりながら過去を語る様子や，P母の「家庭外施設利用が始まった当時に面会に向かう車中で聞いていた音楽は今も聞けない」と言う言葉，Q母の引きこもっていた1年間の記憶が無いという話などからは，母親の身に起きた緊急事態と子どもの家庭外施設移行の心理的衝撃の強さを物語っている。

　次に，計画的利用であれ緊急利用であれ，親が子どもとの別々の生活に慣れるという状況は時と共に生じるが，表面的に安定していると見えても親の心理面では異なっている可能性が示された。計画的利用の両親が語った現在には，家庭外施設利用をして親子双方にとって良かったと思えることや，利用施設への感謝や利用できたというタイミングへの肯定的な語りが多かった。しかし，緊急利用の母親からは，肯定的な語りが得られた一方で，「自分の身に緊急事態さえ生じなければ」という後悔の思いも得られた。これは，主体的に利用を選択した決定なのではなく，緊急事態によって利用せざるを得なかったという決定時の体験の違いが影響していると推測できる。

　これらのことから，「緊急の家庭外施設利用が即ち家族にとって悪影響を及ぼす体験」とは言い切れないが，計画的利用と比べて家族が危機的な状況に陥るリスクが高いことが見出された。

第2節　施設移行の経験者家族からの示唆

　研究3（第5章）の両親が健在な状態で知的障がいのある子どもを家庭外施設に移行した調査協力者と，研究4（第6章）のケアテイカーであった母親に緊急事態が生じ，家庭外施設を利用せざるを得なかった調査協力者は，「知的障がいのある子どもの施設移行を経験した親」という共通の枠組みで捉えることが出来る。家庭から施設へと子どもの生活移行を経験した親の語りから得られる知見は，今後家庭外施設利用をするかもしれない現在在宅ケアを行っている親にとって有意義である。そこで，当事者且つ経験者の立場から在宅ケアを行っている親に伝えたい情報はどのようなことなのかを抽出することを目的として，研究3と研究4で得られたインタビューデータから「子どもの施設移行の経験者として今後，他の親や家族に伝えたいこと」に該当する語りに焦点を当て，再分析を行った。具体的には，「今後，家庭外施設を利用する親に伝えたいことはどのようなことですか」という筆者の質問や，「一番ご自身の不安や心配が高かった時に欲しかったサポートは何ですか」という質問に対する親の語りを抽出し，GTAを援用して分析を行った（データ収集方法及び調査協力者の情報は第Ⅲ部第5章の表5-1，第6章の表6-1を参照）。

結果　施設移行を経験した親が，今後子どもの家庭外施設移行を経験するかもしれない親に伝えたいことについてインタビュー調査にて語った内容を分析した結果，カテゴリーは，【親が限界になる前に移行するメリット】，【親子共に若いうちに移行することのすすめ】，【将来のために今できること】，【移行が具体的になって際にしておくといいこと】，【障がい者の親が持っている価値観の転換】の5つを得た（表7-1）。

　【親が限界になる前に移行するメリット】には，［子どもが"捨てられた"と思わない］，［移行後も親が利用施設に関わることが出来る］，［移行後も子

表 7-1. 知的障がいのある子どもの家庭外施設移行を経験した親が，他の親に伝えたいこと

カテゴリー	下位カテゴリー	発言例
親が限界になる前に移行するメリット	子どもが"捨てられた"と思わない	自分が倒れてから入れたら，絶対子どもは捨てられたように思うだろうっていう。(K母)
	移行後も親が利用施設に関わることが出来る	直接的じゃなくても，<利用施設と>協力していくことが出来るじゃないですか。(N母) 内容に口出しできる。(N父)
	移行後も子どもの余暇を充実させられる	私の考えで，今例えば，その色んなスキーに連れて行ったり海外旅行に行ったりとか，海に行ったりだとかってする，そういうことが出来ている状態のままで入れたかったの。(K母)
親子共に若いうちに移行することのすすめ	施設移行は親子共にエネルギーが必要なこと	私ね，子どものために絶対，やっぱ親も子も若いうちに，離すべきだと…ははは。親がやむをえずやった私が言うのもなんですけど，やっぱりね，離れるってすごくエネルギーが要るんですよね。(L母)
	親が高齢になると子どもから離れにくくなる	年取ってくると，段々親離れ子離れ？お互いに出来なくなっちゃう。おそらく (N父)
	移行と適応は年を取ると子どもも大変	いくら軽い子でも，例えば50年やってるパターンが丸っきり違った中で再構築の生活をするって大変だと思うの。(Q母)
将来のために今できること	本人の記録を付ける	不安な親御さんにはね，やっぱりね，そのお子さんのうんと，記録っていうか，生まれた時からのね，1つにまとめておかれるのがすごくいいかなと思うんですね。(L母)
	家庭外施設を複数見学する（利用者，親，職員，理念）	ま，いろんなところを見るべきでしょうね。色々な方とやっぱりお話をされた方が良いでしょうし。(L母)
	体験入所をする	で，雰囲気を味わわせてみる，いっぺんに最初から入れちゃわないでっていうかな。お試し期間…じゃないけど，そういうのをさせていただく (M母)
	親以外の人と過ごす時間を子どもに持たせる	常に親子だけじゃなくてね，そういう色んな所に出して，色んなスタッフの人が世話をしてくれる人もいる中で自分がある，みたいな。(M母)
移行が具体的になった際にしておくといいこと	利用前に職員に親の不安を話す	不安はありましたけど，その行ったときに洗いざらい全部不安を話して (P母)
	施設利用の話が来たらチャンスを活かす	チャンスがあったら入りなさいって言うしかないですよね。入りたいって言っても入れないんだからね。入れる条件があったら経験させてみるのもいいんじゃないですかっていうアドバイスしか出来ません。(L父)
	可能な限り本人に意思決定をさせる	生活の場以外も，やっぱ彼は自己決定で生きているよね。<父：そうだね>小さい時は「こっちとこっちとどっちがいい？」みたいな所から，選択するということを覚え，今は言葉が上手くわからない時は書いてあげるんですね。「どうする？」みたいな「こっち」って。(N母)
	実際に利用している保護者と話す	やっぱり実際預けている人と話が出来るとか，そういうのがあったら良かったかなと思いますね。(P母)
	施設移行後は預けっぱなしにしない	親がいる間はやっぱり顔を出しているというかなんていうかな，預けっぱなしにならないようにするのが大事なのかなー。(L母)
障がい者の親が持っている価値観の転換	親はずっと一緒にはいられない	いつまでも一緒にいられないんだから…ってことは最悪それこそあれじゃないですか，子ども抱えて…そういう風になっちゃうじゃないですか。(M母)
	障がいがあっても親から独立するのが良い	養護学校の教育方針っていうのがね，あんまりその親べったり子べったりのやり方じゃなくて，とにかく親離れ子どもの，やり方をするというのが養護学校の本来の趣旨なんですよね。だから，そうしないとやっぱりあの，障害児そのものが発展しないっていうのでね，そういう趣旨から全てが来てるわけだね。(J父)
	親が自身のために生きてもいい	人生に節目があって，自立する時期だと思うと，ちょっとずつ自分の楽しみとかそういうのがあってもいいんじゃないかって思った。(Q母)

どもの余暇を充実させられる】の3つの下位カテゴリーが得られた。親が子どもの施設移行の際に，子どもの心理面へ配慮している内容や，移行後も子どもに関わり続けることで子どもにメリットになるだろうと考えている親の思いが見出された。

【親子共に若いうちに移行することのすすめ】には，前記の【親が限界になる前に移行するメリット】よりもさらに"早いうちに"という思いが込められている下位カテゴリーとして［施設移行は親子共にエネルギーが必要なこと］，［親が高齢になると子どもから離れにくくなる］，［移行と適応は年を取ると子どもも大変］という3つが得られた。

> N母：やっぱり若いうちに入れるっていうのは1つだよね。
> N父：うん。年取ってくると，段々親離れ子離れ？お互いに出来なくなっちゃう。
> N母：協調性が無くなるのと，エネルギーが要りますよね。なんか新しいことに踏み切るためにはね。

このように，高齢になってからでは物理的に親子の生活を分けるためのエネルギーを使うことが大変になることや，N父は「協調性が無くなる」というように子どもにとっても大変になるだろうことを語っている。同様に，環境への適応が苦手な長女の居るQ母（緊急利用）は，「いくら軽い子でも，例えば50年やってるパターンが丸っきり違った中で再構築の生活をするって大変だと思うの。」と語った。【親が限界になる前に移行するメリット】と【親子共に若いうちに移行することのすすめ】の下位カテゴリーには，移行を経験した親が"子どものためを思って"語っている特性が表れている。この"子どものためを考える"という視点は，親や家族に伝えるメッセージとしては有意義な内容であることがうかがえた。

【将来のために今できること】には，［本人の記録を付ける］，［家庭外施設を複数見学する（利用者，親，職員，理念）］，［体験入所をする］，［親以外の人と過ごす時間を子どもに持たせる］というように，在宅ケアをしている中でも可能な準備に該当する下位カテゴリーが4つ得られた。

【移行が具体的になって際にしておくといいこと】のカテゴリーには、［利用前に職員に親の不安を話す］，［施設利用の話が来たらチャンスを活かす］，［可能な限り本人に意思決定をさせる］，［実際に利用している保護者と話す］，［施設移行後は預けっぱなしにしない］の5つが得られた。両親共に病で倒れたことがきっかけのQ母は，他の親や家族に伝えたいこととして「自立のタイミングを逃さないこと」だと言った。家族の危機が施設利用のきっかけとなることが多い中，Q母の保護者仲間は，その危機を子どもの家庭外施設利用をせずに乗り越えたという。このことをQ母は「離す時期を逸しちゃったんですよ。＜略＞切ろうにも切れないような状態になっちゃうと，お互いに不幸でしょ」と語った。L両親は「名前貸しのつもりで引くに引けなくなった私が言うのもあれだけど…」と前置きした上で，「施設利用できるチャンスがあったら活かすこと」と言った。この言葉からは，現在の日本では親の希望に近い家庭外施設利用が出来る機会に出会うことは，偶然定員が空くなど外的要因が大きく関わっていることが推測された。

また，緊急利用をしたP母は「施設利用前に不安を職員に洗いざらい話すこと」を薦めたいと言う。さらに欲しかったサポートを尋ねたところ，

> P母：うーん…ま，やっぱり実際に預けている人と話が出来るとか，そういうものがあったら良かったかなと思いますね。＜略＞うん，あの，安心材料っていうか。

と，実際に利用することになる施設の職員だけでなく，保護者と話せることが安心に繋がるという言葉の背景には「施設のことは見えない・わかりにくい」という現実があるのかもしれない。

【障がい者の親が持っている価値観の転換】には，［親はずっと一緒にはいられない］，［障がいがあっても親から独立するのが良い］，［親が自身のために生きてもいい］の3つの下位カテゴリーが得られた。家庭に知的障がいのある子どもが生まれてから親と共に生きてきた子どもの将来のためを思った内容と，これまで子どものケアを中心に生活していただろう親自身のことを

思った内容という2つの側面からの価値観の転換が見出された。

第3節 将来の生活場所の選択をめぐる知的障がい者家族支援に対する臨床心理学的示唆

研究2（第4章），研究3（第5章），研究4（第6章）と，成人知的障がい者の両親の視点から，「子どもを親元から離すこと」と「子どもと一緒に暮らすこと」について質的研究によって検討した。それらの結果から見出された知的障がい者家族支援に対する臨床心理学的示唆を，在宅ケアをしている家族，家庭外施設利用初期の家族，家庭外施設を継続利用している家族に分け，以下にまとめる。

第1項 在宅ケアをしている家族

研究2（第4章）の結果から，同じ在宅ケアという状態像であっても，その背景が家族ごとに異なることがわかった。具体的には，在宅ケアが最善だと思っている親，将来について現状は回避的な親，そして「親元から離したいが今は離せない」と在宅ケアに至っている両親の存在が見出された。「離したいが今は離せない」という思いには，①親の準備が出来ていないという親要因と，②子どもの準備が出来ていないと親が思っているという子ども要因，そして③施設が無いなどの社会的な要因の3つである。家族によって在宅ケアに至る背景は様々かつ複合的と想定され，以下の支援が必要と思われる。

(1) 家族の中で，知的障がいのある子どもの「親によるケアの次」について話し合うことを勧める

第Ⅱ部の通所施設職員対象の質問紙調査から得られた，家族は将来について家庭内で話していない傾向が高いという指摘は，第Ⅲ部の当事者家族へのインタビュー調査の結果と合致していた。知的障がいのある子どもの将来に

ついて話し合うことは，在宅ケアをしている家族メンバーそれぞれにとって，広く重要な機能を果たすと思われる。

　まず，在宅ケアが最善だと思っている親が在宅ケアを継続するためには，主たるケアテイカーである親の次に知的障がいのある子どものケアを担うリソースの確保が求められる。多くの場合，次世代のケアを期待される対象には，きょうだいなどの親族か外部サービスのヘルパーが考えられる。研究2（第4章）の調査協力者のE両親は，両親の限界まで在宅ケアを継続することを選択していた。その背景には，健常のきょうだいである長男夫婦の「自分たちの子ども（E両親から見ると孫）にとっても，叔母である妹の存在が必要なんだ」という言葉と共に将来のケアを担う意思と，長男夫婦はE両親が最後まで子どもと自宅で濃密な時間を過ごすのが良いと思っているという明確な意思を述べてくれたことが支えとなっていた。そしてE両親はインタビューの中で，そのように言ってくれている長男夫婦のために自分たちが出来ることは，少しでも多く財産を残しておくことだと冗談めかして語り，またきょうだいが高齢化していく将来も考慮してショートステイの利用を始めようとしていた。このように，家族の中で知的障がいのある子どもの将来のケアや生活場所の展望について話し合うことは，安心して在宅ケアを継続するために重要である。

　そして，第5章の結果からは，「親元から離したい」と思っている母親が，家族の中で先導して障がいのある子どもの将来について準備する姿が浮き彫りになった。このことから，いつか親元から離したいと思っている親と家族が将来について話し合った場合，父親やきょうだいを含んだ家族全体が共通見解を持って，主たるケアテイカーとなりやすい母親の動きを支えられることが期待される。なお，家族内で意見の差が見られた場合には，第4章の仮説的知見②の「両親間に"在宅ケアを継続するか，子どもを親元から離すか"に意識の差がある場合，それを一致させるための援助よりも，両親間で許容できる将来の準備を促すことが援助者には求められる」というように，在宅

ケアを継続するためにも，家庭外施設利用をするためにも必要な準備に焦点を当てることが求められる。具体的には，本章第2節の語りから得られた，【将来のために今できること】の内容が当てはまる。

　障がい者家族研究からは，家族の中で暗黙の了解できょうだいによるケアが期待されているという指摘もある。きょうだい研究によると，親からきょうだいへ知的障がいのある本人（きょうだいから見ると同胞）のケア役割を担うよう期待されることは，きょうだいの葛藤体験になる恐れが指摘されている（笠田,2013）。寧ろ，親からケアテイカーの生き方を押し付けられずに自由に人生を歩むことを後押しされる方が，きょうだいが主体的に親亡き後も同胞に関わっていこうという選択を取るようになっていたという。今回の調査協力者のなかにはきょうだいにケアを期待すると述べた親は少なかったが，親ときょうだいの間で話がされていないという事実を考慮すると，きょうだいは「同胞のケアを親から期待されている」と認識している可能性はある。このことからも，親ときょうだいの間でケアについて話し合う機会を持つこと，及びそのような機会が必要であることを親に認識してもらう契機を持つことなどが家族支援として求められるだろう。

(2) 急遽訪れるかもしれない「子どもを親元から離すこと」へのレディネスを高める

　在宅ケアをしている家族が，研究3（第5章）の親のように計画的利用をすることになるか，研究4（第6章）の親のように緊急利用になるかの分かれ目は，利用可能な家庭外施設が見つかるのが早いか，家族に緊急事態が生じるのが早いかによる可能性が見出された。そして急遽親が，知的障がいのある子どものケアを担えなくなる事態には，手術や入院などにより親がケアテイカーの役割を突然失ってしまう状態と，前々からケアを担い続けることに警鐘がなり続けた中で決定打となる出来事が生じる状態の2つがあった。そのどちらの事態が家族に生じるかは，誰にもわからない。そのため，突然に訪

れるかもしれない「子どもを親元から離すこと」のレディネスを日頃から高めておくことも，一般的に在宅ケア家族には必要と言える。具体的には，いずれ訪れる親亡き後に備えてガイドヘルパーやショートステイの利用などを行い，親以外の人からケアを受ける体験に慣れておくことが，知的障がいのある本人にとって助けになるという紹介も必要である。これは，第6章から導き出された仮説的知見②の「日頃のショートステイ利用が，親離れ子離れの練習台としてや，緊急事態に対する事前の情報収集としての役割を担うことがある」に関連する。これらの外部資源利用の勧めは，「子どもを親元から離すことが望ましい」といった文脈で家族に提供されるのではなく，「在宅ケアが最善」だと思う家族の想いに共感しながら，予防の観点からの導入が良いだろう。

　同様に，家族が病気などの緊急事態により子どもを親元から離さざるを得ない状況になった時，自責の念に駆られないようにするための「親が必ずしも成人した知的障がいのある子どものケアを担わなくてはいけない訳ではない」という心理教育も望まれる。成人した知的障がい者が日中に過ごす通所施設や作業所の職員から，在宅ケアをしている親に対して備えとなるような働きかけがあると良いのではないかと思われる。

(3) 親の気持ちに配慮しながら，援助者から働きかける

　第4章の結果から，「現在知的障がいのある子どもの在宅ケアをしている親の中には，"子どもを親元から離すことに関する情報が無いので動けない"，"動かないから情報が得られない"という悪循環に陥っている親もいる。しかし，それは同時に在宅ケアという現状を平穏に過ごすための動きでもある」という仮説的知見が導き出された。このことから，子どもの将来や親元から離すことに関して明確な意思が無く，積極的には考えないようにしている両親には，援助者からのアウトリーチが求められる。しかし，"考えなければいけないことから回避している"という心理的葛藤を強く経験していると

思われるため，援助者は親の在宅ケアを続けたい気持ちや将来について向き合うことから避けたい気持ちを傾聴・共感しつつ，家族にとって無理のない「知的障がいのある子どもの将来のための準備」を促すことが必要だろう。そのためには，親の視点を「子どもの気持ち」に向けることも重要である。研究2（第4章）のA両親は，子どもをショートステイに預けて夫婦旅行に行った際に子どもが熱を出し，他者に託すことの大変さが身に染みた経験から，ショートステイ利用を敬遠していると語った。しかし，ショートステイを利用している子どもの様子の話題になると，A父は「（ショートステイは）何かやってやっぱり楽しそうだから，もっと行かせなきゃいかん」と発言した。これは子どもの様子に注目することで，両親の持つ「子どもの気持ちを大事にしたい」気持ちが刺激されたことによると思われる。例え子どもが外部サービスの利用を楽しんでいるように思えても，利用の決定を親が担う場合，親の都合や懸念事項，他者に託す抵抗感やサービス利用の経済的負担など様々な理由で利用に至らない場合がある。子どもの様子に焦点を当てることで，親が自身の気持ちと子どもの気持ちを分けて考えることの契機になると思われる。

(4) 情報提供および親の経験談を届ける

現状，福祉制度などの情報は，親の方から積極的に探しに行かなければ手に入らないという状況がある。さらに，高齢になった親にとって，次々と更新されていく情報に追いつくことは困難であることが指摘されている（紫藤・松田，2010）。そのため，まずは実際に家族が知りたいと思う情報の提示をするということが挙げられる。これは，「必要な情報を時宜に応じて教えてくれて，具体的に教育や療育の相談が出来て，示唆や助言が得られると助けになる（田中，2005）」という指摘が老年期の家族にも当てはまることを示している。情報提供には，本章第2節から導き出された，「知的障がいのある子どもの家庭外施設利用を経験した親が，他の親に伝えたいこと」の内容も当

てはまる。

(5) 親が抱いている「施設の悪いイメージ」を払拭する

　我が国は歴史的背景として家族が障がいのある子どものケアを担う傾向が強かったため，未だ"子どもを施設に預ける"という行為や，施設自体に悪い印象が残っている。中根（2006）は，親にとって障がいのある子どものケアを家族内から社会に委ねることは，親に「子を捨てるような感覚」を抱かせると指摘した。第Ⅲ部の調査協力者の中にも，母親自身が家庭外施設や親元から子どもを離すことに対して悪いイメージを持っていたと語る者もいれば，周囲にそのような考えを持っている人がいた，と語る者もいた。"入所施設は悲しい場所"という施設観があった研究4（第6章）のP母は，親子で施設見学をしたことや，実際に利用して施設の良さを感じたり周囲から良い所だと保証を受けたりすることで，その施設観が変化したと言う。この語りは，実際に家庭外施設と接触していなくても，親が潜在的に悪いイメージを持ちやすいことを示している。在宅ケアを最善な選択肢だとしている親や将来について回避的な親に対しては，その背景に家庭外施設や"親元から子どもを離す"という行為へのマイナスイメージが無いかどうかを見極める必要性がある。もしもそのようなイメージがある場合は，悪いイメージを払拭することを狙いとして実際に家庭外施設を見学する機会を学童期など早期に持つことや，子どもを親元から離している人の体験談などの情報提供などのアプローチが考えられる。これらにより，既に親が持っているかもしれない"施設への悪いイメージ"を変容できる可能性がある。第5章の仮説的知見①「子どもを親元から離す動きを促進させる要因には，親が抱く"子どものポジティブな施設生活のイメージ"がある」ことと関連し，親の家庭外施設へ抱くイメージが変容することにより，親の中で子どもの将来の生活場所に関する選択肢の幅が広がる可能性を持っていると言えよう。

(6) 将来の準備をしている親の行動を支えてエンパワーメントする

　第4章の仮説的知見③からは「"いつかは親元から離したい"と考えている親が，子どもに親離れを促し続け，子どもの意思を伴って親元から離せた場合，親としての達成感を得られる可能性がある」ことが示されている。知的障がいのある子どもの将来の準備のために動き出している親に対しては，その親の行動を肯定的に評価することが求められる。その際，感情の傾聴も重要な支援の1つである。予め家庭外施設利用を視野に入れ，長い間を掛けて準備をしていた調査協力者も，将来の準備をする過程で親元から離す躊躇を体験していた。よって，家族が後ろめたさや自責感に駆られないよう，親元から離す動きをしている家族の感情に耳を傾け，実際に親元から離すことで子どもにとっても家族にとっても良い変化が起きることなどの情報提供と共に，エンパワーメントしていく支援が必要とされている。

　以上，親が子どもの在宅ケアに至っている背景ごとに分け，必要とされる家族支援を整理した。しかしながら，在宅ケアに至る要因は必ずしも家族ごとに明確に分かれているとは言い切れず，複数の要因が絡み合っていることも容易に考えられる。また，「子どもが親離れをしないこと」を在宅ケアの理由にしている背景には，親が子どもと一緒に居たいことと絡み合っている場合も想定出来る。援助者はそのことに留意し，家族のアセスメント及び家族の求める支援を提供していくことが求められるだろう。

第2項　家庭外施設利用初期の家族

　研究3（第5章）・研究4（第6章）の研究の結果から，一緒に暮らしていた親子が別々に暮らすという環境の変化をきっかけに，この時期はクライシスが起こりやすいことがわかった。生活を分かつことでこれまでよりも子どもが見えない時間が増え，このことから両親の不安が増加する。可能であるならば，本章第2節の結果，【移行が具体的になった際にしておくといいこと】（例えば，［利用前に職員に親の不安を話す］など）の情報を，援助者の方から家族

に働きかけることなどが求められる。

　また，援助者は，その家族がどのような理由によって家庭外施設利用をしているか，その背景にも注意を払う必要がある。計画的利用なのか，緊急利用なのかの違いは，その後に必要な家族支援が大きく異なるからである。

(1) 緊急利用の場合：親が抱く罪悪感などの心理面のケア

　子どもの在宅ケアの継続を希望していた親の場合，不本意な家庭外施設利用は罪悪感となって親の心理面を襲いやすい。そのため，家庭外施設利用は悪いことではないという心理教育や，在宅ケアを続けたかった親の思いへの傾聴が求められる。また，親が呈する症状の深刻さに応じて，医療機関を紹介することなども必要になる。さらに，急遽施設利用に至った家族へのサポートとして，利用前に家族が抱いている施設利用に関する不安について施設職員と話せる機会を設けることが挙げられる。また，施設の面会日など他の保護者たちが来訪する機会に施設見学を行うなど，利用前にその家庭外施設を利用している保護者とやりとりが出来る機会があれば，家族の不安をより取り除くことが出来るだろう。

(2) 計画的利用の場合：施設利用後に，親が親役割を担うために子どもと頻繁に接触しようとすることを支える

　研究3（第5章）の計画的に家庭外施設利用をした調査協力者は，「（親元から離して）手持無沙汰だったわね。Iちゃんほらお風呂よ，ご飯早く食べちゃいなさいとかそういう言葉が無くなっちゃったから，（家が）静かになっちゃったわよ。（I母）」と施設利用直後の家庭内での変化や子どもを手離した寂しさを語っていた。子どもが親元を離れることで親が抑うつ症状を呈することを空の巣症候群というが，障がいのある子どもと母親は共生的な母子融合関係を生みやすいという指摘（十島・十島，2008）があるように，子どもが親元を離れた後に親が抱く空虚感は健常の子どものそれよりもさらに重く親に襲い

かかることも考えられる。

　第5章から導かれた，「施設利用後になお，親による"親役割の継続"が認められることは，子どもを手離せない問題が表れているというよりも，安定期に入ることを促す親の肯定的な対応の工夫と見なすことが出来る」という仮説的知見に関連し，援助者は施設利用後も親が子どもに関わろうとする行動を"子離れが出来ていない"と否定的に捉えずに，肯定的に理解しながら長期的な視点で親役割を少しずつ手放すプロセスを応援することが望まれる。

(3) 家庭外施設での子どもの様子を親に知らせ，親の「子ども像の再構築」を促す

　第5章の計画的に施設を利用した親，第6章の緊急に施設利用をした親の心理的プロセスからは，親が施設での子どもの様子を知ることで，親の中で子ども像の再構築が行われたことが示されていた。また，第6章からは，仮説的知見③「"面会に行く・行かない"の選択が，親の"施設への信頼感・不信感"に繋がり，最終的には"緊急に親元から子どもを離す"選択の評価に影響する」が得られた。つまり，施設に面会に行っている親は，親が捉えた「施設や施設職員の様子」及び「施設生活をしている子どもの様子」の双方が得られた上で，施設や子どもの施設生活に対して，親なりの評価を抱くことに繋がる。しかし，面会に行かない或いは行けない親は，「施設や施設職員の様子」が伴わないことにより，施設に対して実際よりも悪く想定する危険性があり，子どもの施設生活に対してネガティブなイメージのまま固定され，適切な評価をできない危険性がある。このような傾向は特に，施設利用や"子どもを親元から離すこと"に対して抵抗感を抱いていた親に強いと想定され，支援が求められていると言える。そのため，家庭外施設利用後は，親子の施設での面会やスタッフなど援助者からの報告が重要な役割を担うと考えられる。具体的には，手紙や電話，電子メールなどのツールを用いて，施

設から家族に対して可能な範囲でのやりとりをし，家族が施設内での子どもの様子を知ることが出来る機会を持つことが家族の施設に対する適切な評価を促進させると思われる。そして子どもが施設で上手く生活している場合，家族の心理的安定に繋がるだろう。

　しかし，緊急利用であった場合，家庭外施設利用初期には，親が身体的および心理的危機を迎えている傾向がより高いことが見出された。その結果，援助者からの子どもの施設生活の報告に対して拒否的になる親の存在も推測でき，そのような場合に援助者に求められるのは親の感情の傾聴である。親の罪悪感や在宅ケアをしていたかった思いに共感することが先決であろう。そして施設生活をする子どもに関する情報共有は，可能な限り行っていくことが良いと思われる。情報共有の中には，親が良い報告と捉えるものと，子どもが施設に慣れていない・抵抗していると親が捉える危険性のある情報も含まれる。家庭外施設利用初期は親が子どもの適応に関して敏感になっていることが考えられるので，親の心理的ケアに配慮しながら情報共有を行っていくことが必要だと思われる。

(4)「社会的に孤立させない」という親自身に対するケアを行う

　子どもを親元から離した後，引きこもり状態になったという研究4（第6章）のQ母は友人から地域のボランティアに誘われて活動に参加することで立ち直っていったという。障がいのある子どもを持つ親は，子どもを施設に預けると，それまで子どもの関係で築いてきた対人関係も同時に失いやすいことは指摘されており（Rimmermn and Muraver, 2001），親の社会的な孤立化や空の巣症候群の予防の面からも，親自身や親の選択を受容してくれるような周囲の関わりが重要である。さらには，Q母にとっての友人のように，家族を囲むマクロなシステムで親や家族を支えていく社会システムが求められる。

第3項　家庭外施設を継続利用している家族

　子どもの居ない時間が両親のライフスタイルに取り込まれるようになると，それまで子どもに向かっていた注意や関心が，改めて親としての自分たちに向く。第5章にて「老年期の親にとって，施設利用に関連するこれまでの子どもに対する関わりを見直すことは，施設利用後における心理的な支えにも困難にもなり得る」という仮説的知見③が見出されたことから，それまでの親の関わりに対しての感情を傾聴し，両親自身が肯定的な意味づけが出来るようになるサポートが必要だと思われる。

(1) 緊急利用をしたと思われる親の「子どもと一緒に居たい思い」に寄り添う

　緊急に家庭外施設を利用した研究4（第6章）の調査協力者は，子どもの在宅ケアの継続を希望していた親たちである。インタビュー時にも，可能ならば親子一緒の生活をしたいと語った親もいれば，家族が離れ離れになっている寂しさの気持ちは現在もあると言う親や，親子で暮らすことが出来るのではないかという考えがよぎる時があると言った親も居た。このように，家庭外施設を継続的に利用するに至っていても，在宅ケアを望んでいた親にとってその思いを完全に消すことは難しい。よって，"子どもが施設を安定して利用しさえすれば知的障がい者家族の心配はなくなり，サポートは必要なくなる"という訳ではない。特に在宅ケアの継続を望んでいたが何らかの理由でそれが叶わなくなってしまった親に対しては，施設利用が落ち着いた後も，親の感情の傾聴や継続的な心理的ケアが必要となることが示唆される。

(2) 利用施設への不満は無いか，親の気持ちを聞く支援

　研究3（第6章）の結果から，他に利用出来る施設が無いという社会的な要因によって，不満を持っていても利用せざるを得ない両親の存在が見出された。また，家庭外施設に対して「面倒を掛けてしまっている」という認識の

親は，自ら利用施設に意見を言うことを遠慮している恐れがある。これらのことから，援助者の方から親の気持ちの汲み取りに当たる支援が望まれる。利用施設に対して親が肯定的な評価を抱けることは，親にとって，自身の選択への評価に繋がる重要な要素である。このことからも"家庭外施設に入ればそれで将来に不安を思う家族のケアは十分"といった考えではなく，緊急利用，計画的利用に関わらず，両親や家族内の心理的ケアなど継続的なサポートの視点が必要だと言える。そして何よりも，親が行った「子どもを親元から離す」という選択に対し，親自身が肯定的な評価が出来るような支援が重要だろう。具体的には，子どもの良い変化は子どもの努力だけでなく，親の努力によってもたらされたというメッセージが伝わるような声掛けが求められるのではないだろうか。

(3) 迫りくる「親亡き後への不安」への対処

家庭外施設利用の年月が経過する頃には，親は高齢になり，それに伴って親亡き後の不安をより具体的に感じるようになっていることが考えられる。例えば，研究4（第6章）のO母は，調査を実施した年から自身の体調不良を理由に子どもの家庭外施設から自宅への帰省を辞めており，「いつまで面会に行けるか…」と語っていた。親亡き後に備え，遺言の作成や成年後見制度などの現実的な対処法について情報提供，手続きのサポートなども求められていくだろう。そのために，司法，福祉，心理の専門家が連携して家族を支援していくことが今後益々重要になってくると思われる。

以上，研究2（第4章）・研究3（第5章）・研究4（第6章）の結果から導き出された家族支援の臨床心理学的示唆を述べた。

第Ⅳ部　知的障がい者の「将来の生活場所の選択」に関する心理教育プログラムの開発及び提案

第8章 研究5-1：在宅ケア家族に対する心理教育プログラムの開発

本章では第Ⅱ部・第Ⅲ部から導き出された知見を元に，在宅ケアをしている親を対象に，知的障がいのある子どもの将来の生活場所を考えるための心理教育プログラムの開発を行う。

第1節 目的

第Ⅱ部では通所施設職員を対象にした質問紙調査から，職員が親亡き後や子どもの将来の生活場所に関する家族支援の必要性を感じながらも，様々な困難のために実際に支援を行えていないことが見出された。また，職員からは特に，「将来について考えていない」ように見える家族に対して，考える契機となる働きかけを求めていることが明らかになった。第Ⅲ部の様々な立場の知的障がい者の親に対するインタビュー調査からは，知的障がいのある子どもの親は子どもの将来について不安に思っていないということはなく，子どもが家庭に誕生してから長きに渡って葛藤を抱いていることもわかった。その中で，自身の持つ「子どもをケアする力」を日々の生活だけでなく子どもの将来のために使い，計画的に家庭外施設を利用する親の存在が明らかになった（第5章）。しかし同時に，将来のために動きたいと思いながらそのきっかけを掴めないでいる親もいた（第4章）。さらに，サンプリングの限界から一般化には慎重を要する知見だが，インタビューを受けたことを契機に「考えなくては」と主体的に動こうとする意思を見せた親も居た（第4章）。

西村（2009）は，知的障がい者家族の公的サービスなど外部資源の利用率の低さに示される"親による抱え込み"という日本の現状を挙げながら，「親に

よるケアの負担感軽減としての外部資源の利用」から,「親亡き後を視野に入れた外部資源の利用」という視点の転換が必要であることを指摘している。また,鶴野(2000)は,家族を知的障がい者のケアラーとして留め置くことは同時に,知的障がいのある本人をケアの受け手に位置づけてしまうということに触れ,知的障がい者が地域で生活していくためには家族から離れて生活することに向けたプログラムの必要性を説いている。その他の研究においても,親離れ子離れの支援体制を整えることや,親が健在なうちに親役割を降りることが必要だと指摘されている(西村,2009;森口,2009など)。しかし,本研究の第Ⅱ部研究1の通所施設職員対象の質問紙調査の結果から,援助者は既に研究分野で指摘されているような外部資源の必要性の視点の転換をしていると見なせること,多くの事例を見た体験から親子分離の必要性も感じていることが明らかになった。さらに見出されたことは,援助者が将来の不安に関する対処法を親や家族に提案したとしても,親や家族と援助者が足並みを揃えることが出来なければ,「家庭の問題」や「意見の相違」という固い壁の前にシャットアウトされ,援助者には支援の余地が無いという現実である。そのため,先行研究で指摘されているような親子分離が必要という知見は,これまで知的障がいのある子どもを一番身近で見守り,育ててきた親からすると拒絶したい意見となりかねないものであろう。

　小澤(2008)は,今後の家族支援として,親子で暮らしていた生活から親子が別々の生活へとスムーズに移行するためのプログラムの開発が求められることを指摘している。また本書第Ⅲ部からは,在宅ケアを続けることも,家庭外施設を利用することも知的障がいのある本人を含んだ家族にとって望ましい生活のかたちになり得ることを見出した。その上で本章では,「親亡き後などの将来について何の準備なく親や家族がケアの限界を迎える」という事態を予防するため,親や家族に働きかけるということに焦点を当てた。家族のかたちにも多様性が認められる昨今,健常の成人した子どもが親と共に暮らしていることは珍しくなく,一概に「成人を迎えたならば知的障がいが

あっても家族から離れるべき」という考えに基づくことは望ましくない。そうではなく，どのような生活形態を希望しているとしても知的障がいのある子どもと家族には将来のための準備が必要であることの啓発を狙いとする。このことは，知的障がいのある本人を含んだ各家族において望ましい生活の選択に向けた支援を実現する試みだと言える。

これらのことを踏まえ，第8章では，将来について不安に思いながらも考える契機を持っていない親や家族に対して考える機会の提供となるよう，知的障がい者家族に対する親亡き後をめぐる将来の生活場所に関する心理教育プログラムの開発を行う。特に，現在知的障がいのある子どもの在宅ケアを行っていて，将来について積極的な動きを出せずにいるような親を対象に，それぞれの家庭で可能な「知的障がいのある子どもの将来の生活場所の選択・決定に繋がる動き」を促進することを目的とする。

第2節　プログラム開発の視点

今回の心理教育プログラムの対象は，現在知的障がいのある子どものケアを担っている親や家族である。そこで，第Ⅲ部7章から導き出された臨床心理学的示唆の中から，在宅ケアを希望している家族に対する支援と，実際に家庭外施設移行を経験した親が今後経験するかもしれない親に伝えたいこととして見出された知見を参考にする。

第1項　親にモデルストーリーを組み込む

海外では，親が健康な状態で知的障がいのある子どもの家庭外施設移行を行った親の経験は，現在家庭にてケアを担っている親にとって有益な情報になると指摘し，家族を縦断的に調査した (Seltzer et al, 2001)。その結果，施設移行直後の家族は不安や情緒的巻き込まれが上昇するが，時間の経過と共に落ち着いていくことが示されている。これらは，家族を支える援助者や政策

を考える側にとって重要な知見である。一方，日本では成人期を迎えた知的障がい者に焦点を当てた研究は少ない（菅野，2006）。親亡き後の問題について研究している西村（2009）は，障がい受容という親が親役割をスタートさせる研究はたくさんあるが，親役割の終焉に関する研究は皆無であると指摘する。さらに西村（2009）は，成人した知的障がいのある子どもと暮らしている親たちが悩みを話せる場が無い現状に触れ，親たちが親亡き後に関する様々な悩みやストレスを自由に話せる場の提供という支援の必要性を説いている。また，知的障がい者家族にインタビュー調査を行った結果からは，知的障がいのある本人が成人期になると，親子がいかに行動すべきかを示すモデルストーリーが不在になるという（麦倉，2004）。成人期の知的障がい者家族のモデルストーリーを持ち合わせていないことによって，加齢に伴い体力が衰えて子どものケアが大変になっていく中で，親は確実に訪れる親亡き後や将来に関する不安をより高めることになってしまう。親にとって将来について選択・決定した家族の体験談は，モデルストーリーとして行動の指針になるだけではなく，将来の展望として機能すると思われる。そこで第Ⅲ部（研究2・研究3・研究4）で行われた研究結果のうち，親の心理的プロセスや，第7章より導き出された知見を，心理教育プログラムに反映することにした。

第2項　親や家族の「主体的に動こうとする力」に働きかける

日本に入所施設が誕生した背景には，障がい児家族の無理心中や親による子殺しの事件を経て，親の会による社会への働きかけが大きな要因としてあった（小澤，2008）。障がい者家族の動きや声を受けて日本の福祉政策が動いてきたことは，親や家族の持つ力の大きさを物語っていると言える。また，得津（2009）は，親が知的障がいのある子どもと現実生活を送る上で，絶望とハイな気持ちを繰り返しながら現実と折り合いを付けて子どもをケアする生活を維持していくプロセスを示している。そのプロセスからは，心理的ストレングスとも言える家族レジリエンスが感じられたと言う。これは，親

が持つ「障がいのある子どもをケアする力」を高く評価しているといえよう。第Ⅱ部からは，家族を援助する通所施設職員が圧倒される程の強い意志で子どものケアを担っていこうとしている親の存在や，第Ⅲ部からは知的障がいのある子どもの見守りから始まり，様々なケア行為を生活の中心としている（していた）親の語りが得られている。そして第Ⅲ部からはインタビューを契機に，両親が子どもの将来について何らかの動きを起こそうとした親の語りも得られた。そこで，親が持つ「主体的に動く力」を現在の生活の維持のためだけに生かすのではなく，少し先の未来のために活かすことの提案を試みることにした。

以上から，プログラム開発の視点を(1)モデルストーリーの不在へのアプローチ及び，(2)親や家族の「主体的に動く力」を刺激する，の2点に置いた。

第3節　プログラム開発の方法と結果

第1項　親にモデルストーリーを組み込む

(1) 親の心理的プロセスの提示

第Ⅲ部の研究3及び研究4の結果から，家族にとってモデルストーリーになり得ると思われる，計画の上子どもを家庭外施設に預けた親の心理的プロセスと，緊急に家庭外施設を利用した親の心理的プロセスを簡略化したものを作成した。具体的には，カテゴリー名をよりわかりやすくし，プロセスの大筋を残して詳細を省くことで内容の伝わりやすさを重視した（表8-1，表8-2。なお，表8-1の詳細は，第5章の表5-3，5-4，5-5を参照のこと。表8-2の詳細は，第6章の図6-1を参照のこと）。

計画的に利用した親のプロセスに関しては，家庭外施設利用をしたいと思っていた親も準備をする中では親元から離す躊躇を感じていたこと，利用開始期は子どもと離れることで心理的危機となること，可能な限り親が親役

表 8-1. 計画的に家庭外施設を利用した親の心理的プロセス（簡略版）

時期	カテゴリー	下位カテゴリー
準備期	将来の不安	親が子離れ出来ない
	親元から離す躊躇	
	親元から離したい	
	最善な施設を選びたい（情報収集）	
	踏ん切りをつける	肯定的に捉える
		開き直る
利用開始期	子どもを施設に預ける	
	子どもと離れた戸惑い	手離した寂しさ
	施設利用の継続を迷う	子どもの抵抗を「感じる」負い目
	気持ちを宥める	施設を信頼する
		子どもを信頼する
	親役割を継続する	頻繁に会いに行く
		職員と情報共有する
安定期	子どもの居ない生活に慣れる	帰宅日を意識しない
	施設生活の肯定的な気づき	子の身辺自立が進む
		母親の自由時間の増加
		母親の活動範囲が広がる
	在宅ケアのデメリット	甘やかしてしまう
	子どもの意思を尊重した自信と親の自己満足という疑念	
	施設への満足感／不満	
	迫りくる将来の不安	親の高齢化・先逝く不安
		子どもの能力低下
	親亡き後に備えたい	人に託す準備
		老後の施設を考える

割を継続することで安定期へと促進することなどを盛り込んだ。また，家庭外施設を利用することで，親が親自身にとっても子どもにとっても肯定的に思えるような気づきを得たことを伝える。

　緊急に利用した親のプロセスには，在宅ケアをまだ継続できると思っていた生活の中で緊急事態が突如生じたこと，子どもを親元から離すまでの準備

表 8-2. 緊急的に家庭外施設を利用した親の心理的プロセス（簡略版）

時期	カテゴリー	下位カテゴリー
緊急期	親子一緒の生活を送る	将来についてはまだ考えなくていい
		いずれ預けることになるかも（でも今じゃない）
	突然の親の体調不良	
	子どもを家庭外施設へ預ける	
葛藤期	面会に行けない状況が続く	
	子どものケアから解放されることで親が不安定になる	罪悪感
		空虚感
		引きこもる
		親のプライドの喪失
	面会に行く／行かない	
	子どもの良い変化に気付く／違和感を抱く	
	施設を信頼する／不信感を抱く	
	子どもが施設に慣れる様努力する	
安定期	親子別々の生活リズムに慣れる	
	親の受け止め方	ケアから離れ親自身の人生を生きる
		子どもがいない生活は仕方が無い

がほぼできない状態であること，そして緊急事態の深刻さが「面会に行く／行けない」など子どもを親元から離してからも影響することなどを伝える。そして，施設職員と協力することなどによって安定期へと移行することが可能だが，インタビューの結果からは心から安定していると見なせる親と，表面的な安定（親子別々の生活には慣れたが不本意であることは変わらないという状態）と見受けられる親がいたことを盛り込む。

(2) 施設移行を経験した親の語りから，親へ伝えたいこと

　第Ⅲ部7章では，研究3と研究4の調査協力者を「知的障がいのある子どもの施設移行を経験した親」という共通の枠組みで捉え，焦点を新たにインタビューデータを分析した結果を示した。それを元に，「経験者として今後，

表 8-3. 子どもの家庭外施設移行を経験した親が，他の親に伝えたいこと（簡略版）

カテゴリー	下位カテゴリー
親が限界になる前に移行するメリット	移行後も親が利用施設に関わることが出来る
親子共に若いうちに移行することのすすめ	施設移行は親子共にエネルギーが必要なこと
	親が高齢になると子どもから離れにくくなる
	移行と適応は年を取ると子どもも大変
移行が具体的になった際にしておくといいこと	利用前に職員に親の不安を話す
	可能な限り本人に意思決定をさせる
	実際に利用している保護者と話す
	施設移行後は預けっぱなしにしない
障がい者の親が持っている価値観の転換	親はずっと一緒にはいられない
	親が自身の為に生きてもいい

他の親や家族に伝えたいこと」の簡略版を作成した（表 8-3）。その中から，【親が限界になる前に移行するメリット】，【親子共に若いうちに移行することのすすめ】，【移行が具体的になって際にしておくといいこと】，【障がい者の親が持っている価値観の転換】のカテゴリーをプログラムに採用することにした。

これらの結果から，通常知的障がい者の親が抱きやすい「限界まで子どものケアを担わなければいけない」という価値観に対して，同じ立場の親から異なる価値観や選択肢を提示して働きかけることを狙いとする。また，「将来の準備」は大それたものではなく，各家庭で日頃から行えるものもあることを紹介し，親の動きを促進する内容を盛り込む。

第2項　親や家族の「主体的に動く力」を刺激する

(1) 親や家族をサポートする支援者側の気持ちを伝える

研究1（第Ⅱ部第3章）の通所施設職員を対象にした質問紙調査からは，職員が親亡き後や子どもの将来の生活場所に関し，話題のデリケート性などか

ら親や本人に積極的に触れることが難しいと感じているなどの困難が浮き彫りになった。通所施設職員としては，親や家族の方から要望があれば他機関と連携を試みたり相談に乗ったり行動に出やすいということも明らかになっているため，研究1にて示された職員が感じている困難のカテゴリーの一部を家族に紹介することにした。抜粋の基準としては，通所施設職員が親や家族の思いを尊重しているということが家族に伝わるカテゴリーにした。

(2) 在宅ケア家族がしている将来のための準備

　研究2（第Ⅲ部4章）は，在宅ケアをしている両親がどのように「親元から子どもを離すこと」の意識を抱いているのかと，在宅ケアをする過程の心理的葛藤とその対処に焦点を当て分析を行った。そこから「家族に可能な"親元から離すこと"に繋がる動き」というカテゴリーを得ている（第4章参照）。

　そこで，研究5-1では，研究2で分析した同様のインタビューデータを用いて，このカテゴリーに該当する各両親が行っている将来のための準備を，より具体化して行動レベルで再分析を行った（データ収集方法及び調査協力者の情報は第Ⅲ部第4章の表4-1を参照）。その結果，カテゴリーとして，【将来のイメージを持つ】，【人に託す下準備をする】，【子どもへの働きかけ】，【社会資源を利用する】の4つが得られた。

　【将来のイメージを持つ】には，［将来について向き合って考える］，［きょうだいを含めた家族で今後について話す］，［将来に関して情報収集する］，［家庭外施設を見学する］の4つの下位カテゴリーが見出された。後者の2つの下位カテゴリーは，研究3（第5章）で計画的に利用した親が行っていた行動と合致する。

　【人に託す下準備をする】には［子どもについて記録を残す］と［保護者仲間とGH設立の動きに出る］の2つが見出された。［子どもについて記録を残す］は，知的障がいのある子どもの家庭外施設移行を経験した親が他の親に伝えたいことの中にも含まれていたカテゴリーと一致するため，プログラ

表 8-4. 在宅ケアをしている両親が行っている将来の準備

カテゴリー	下位カテゴリー	発言例
将来のイメージを持つ	将来について向き合って考える	ちょっとこれからは少し，そういうことも自覚するようなことをしなきゃいけないなと思いますけどね（E父）
	きょうだいを含めた家族で今後について話す	長男がね，そんな所に入れる必要ないって。あの，自分達がそのためにね，ここに一緒に住んでるんだからってことでね，＜略＞そのために自分はあの，将来，見ようと思ってるから，お父さんとお母さんは安心してもっと○（子ども）との，その元気な間は，濃密な時間を楽しんだ方が良いっていう，すごいはっきりした意見を言ってくれたもんですから（E母）
	将来に関して情報収集する	私ほら○（通所施設への手伝い）なんか行ってるから，だから結構ああいう所で学校の先生なんかも，あ，区は違うけどそういう話も聞くから，お互いに話のやりくりして，よくそういう点でね，あれだけど
	家庭外施設を見学する	そういう所＜家庭外施設＞に関して，もっと広げて見学？（C母）
人に託す下準備をする	子どもについて記録を残す	あの，人に託す為に，「『日常生活について』＜略＞『楽しみについて』などを書いています。これを読むことによって私を理解してください」っていう。（A母）
	保護者仲間とGH設立の動きに出る	○＜通所施設＞の方でもそういうお話があるんですが，仲の良い友達とGHみたいのを立ち上げたいっていう気持ちがあるんですね。（B母）
子どもへの働きかけ	子どもの身辺自立を促す	今でも水は飲めないです。やっと麦茶を1日1杯，飲む練習して，一日いっぱい飲むようにしてます，麦茶を。（D母）
	子どもの社会性を高める	私もヤバイなって思ったの。ここで○（子ども）が歌うかなって思ったんだけど，いいって。そういう，気が遣えるようになったのかな，自分がちょっとまずいかなって。（D母）
	子どもの親離れを進める	本人もあまりそういった自立心みたいなものが無かったんだろうと思うんですね。やっぱり，その体験を通して＜略＞家を離れて生活するということにあんまり不安が無い，という風に私も思ったのでね，本人が不安がって無いなって。（G母）
	子どもが親以外の人と過ごす時間を作る	支援費制度が出来てヘルパーさんを利用出来るようになったんで申し込んで。＜略＞ヘルパーさんが結構お若い方が多いので，その行き来が楽しくて。水泳があんなに行くのが億劫がっていたのがとっても喜んで行くようになって。（G母）
社会資源を利用する	SSを利用する	今度ね，今○（通所施設）に勤めているんですけど＜略＞一泊どまりだけで，レスパイトで今度初めて（SSに）行くんですよ。（E母）
	ミドルステイを利用する	○区で体験型のGHっていうのがあるんですね。それに申し込んでもう4・5年になるかしらね。（G父）

ムにて紹介することにした。しかし，［保護者仲間とGH設立の動きに出る］というカテゴリーが得られたのは，親の経済面に関するサンプリングの偏りがあった可能性がある。そのため，このカテゴリーは今回のプログラム内容に採用しなかった。

【子どもへの働きかけ】には［子どもの身辺自立を促す］，［子どもの社会性を高める］，［子どもの親離れを進める］，［子どもが親以外の人と過ごす時間を作る］の4つが得られた。［子どもの身辺自立を促す］には，D両親が語っていたオレンジジュースしか飲めない子どもに麦茶を一日一杯は飲むよう促すという子どもの偏食を治すことなど，家庭の中で出来る試みも含まれる。

【社会資源を利用する】には，［SSを利用する］と［ミドルステイを利用する］の2つが得られた。ミドルステイを利用しているF両親の語りから，F両親の住んでいる区の福祉が充実しているからある福祉サービスである示唆があったため，プログラムの内容にはより一般的な［SSを利用する］を採用した。

このように，抽出されたカテゴリーから，在宅ケアをしている親が取り入れやすいと思われる将来の準備についてプログラム内で紹介することにした。

第3項　プログラム構成

得られた結果から，プログラム内容の順番を構成した（表8-5）。

まずはプログラムの対象である，知的障がいのある子どもの在宅ケアを行っている親にとって将来の体験とも成りうる，計画的に家庭外施設を利用した親のプロセスと緊急に利用した親のプロセスを対比する形で示し，参加者の関心を集めることからプログラム内容を構成した。その後，参加者と同様の立場である現在在宅ケアを行っている両親が感じている日々の葛藤体験と，将来のために行っている準備を紹介する。最後に，通所施設に勤務する中で職員が経験した「親亡き後の事例」について紹介し，通所施設職員が感

じている「必要な家族支援」について伝える，という内容にした。なお，プログラムは一般的な講義や勉強会の時間である90分の内容構成である。地域の通所施設は，小中高と同じ学校で過ごした仲間が持ち上がりで利用していることも少なくない。そのため，グループワークなど侵襲的になる可能性のある展開は避け，講演会形式を採用した。

プログラムの資料はPowerPoint2013で作成し，対象とする親・保護者は高齢のことを想定し，資料の文字などは視覚的に見やすいものを心がけた。プログラムは作成段階から臨床心理学専攻の教授に内容について修正・チェックを受けた。そして最終的に出来上がった内容を，ある社会福祉法人にて運営されているA区の知的障がい者B通所施設（多機能型）とE区にある知的障がい者F通所施設（就労支援継続B型）の各施設長計2人に倫理面や内容面にてチェックを受けた。次章では，本研究で作成した「知的障がいのある子どもの将来の生活場所を考える」プログラムを実際に現在在宅ケアを行っている家族に実践し，その効果や結果を検討する。

表8-5.「知的障がいのある子どもの将来の生活場所について考える」プログラム内容

	テーマ	内容	時間配分
1	プログラムの導入	・プログラムの目的説明 ・研究者の自己紹介	5分
2	計画的に家庭外施設を利用した両親の体験	・心理プロセスの説明 ・事例紹介	20分
3	緊急事態が生じて家庭外施設を利用した親の体験	・心理プロセスの説明 ・事例紹介	20分
4	在宅ケアをしている両親の心理，および将来の準備	・心理プロセスの説明 ・将来の準備の紹介	20分
5	通所施設職員が見た「親亡き後」	・通所施設職員が感じている，家族と将来について関わる上での困難 ・印象的だった「親亡き後」の事例	20分
6	まとめ		5分
7	質疑応答		必要に応じて

第9章 研究5-2：在宅ケア家族に対する心理教育プログラムの実践

本章では，第8章で開発した心理教育プログラムを用いて，成人した知的障がいのある子どもの在宅ケアをしている親を対象に試行実践を行い，その効果検討をする。そしてプログラムの改善点をまとめ，家族支援の知見を見出す。

第1節　目的

第8章では，在宅ケアを行っている家族を対象とした，知的障がいのある子どもの将来の生活場所に関する心理教育プログラム（講演会形式）の開発を行った。そこで本章では開発したプログラムを実際に，現在通所施設を利用している親や家族を対象に試行的に実践し，その結果を分析する。そして心理教育プログラムを精緻化し，今後の知的障がい者家族に対する支援について検討する。

これは実践研究のうち，アクション・リサーチ的な試みともいえる。実践研究とは，「研究者が対象について働きかける関係を持ちながら，対象者に対する援助と研究（実践）を同時に行っていく研究」と定義される（秋田・市川，2004）。アクション・リサーチは，研究者と実践者（研究参加者）が協働して現場の改善に必要とされるリサーチクエスチョンを探求するため，現場の理解が求められるという。本研究では第Ⅱ部，第Ⅲ部の研究2・3・4が現場の理解を試みた過程とする。そして，家族支援の1つとして①親にモデルストーリーを組み込むこと及び②親や家族の持つ「主体的に動く力」を刺激するという狙いを持って，心理教育プログラムを実践する。このアクションによ

り，実際に在宅ケアを行っている成人知的障がい者家族に対して，第8章で作成したプログラムが援助として機能するかを検討する。さらに，研究者のアクションに対して，実践者のリアクションが生じ，それを元に新たな改善策や知見を得るという変化のサイクルを辿ることができるということ（保坂，2007）から，実践者である参加者家族のリアクションを分析することで，開発された心理教育プログラムのさらなる精緻化が可能になると思われる。

第2節　方法

(1)調査協力の流れ

　ある社会福祉法人にて運営されているA区B通所施設の施設長と，E区F通所施設の施設長に対し，研究の概要・目的を説明し，家族を対象とした勉強会を開きたい旨を申し出た。その結果，A区B通所施設，同区C通所施設，同区D通所施設と，E区にあるF通所施設の計4施設の協力を得た。各施設の支援形態は，生活介護が1施設，生活介護と就労継続支援B型の多機能型が1施設，就労支援施設（就労移行，就労継続支援B型）が2施設となっている。なお，筆者は数年前からA区B通所施設にて心理士として勤務し，支援員のコンサルテーション及び利用者（18歳以上の知的障がい者）のカウンセリング業務にあたっている。

(2)データ収集方法

　家族対象の勉強会を行うお知らせと，研究の目的を説明した書面を作成した。臨床心理学を専門とする教授とA区にあるB通所施設長から書面の修正を受け，内容を精緻し，4つの通所施設から利用者の各家族へ勉強会開催のお知らせの書類が配布された。

(3) 実施時期

2014年6月にE区F通所施設にて1回，その後A区B通所施設にてB・C・Dの3つの通所施設が合同で1回の計2回の実践を行った。

(4) 対象者

第1回目（E区）：父3名，母24名，きょうだい1名，世話人1名の29名
第2回目（A区）：父2名，母29名，きょうだい1名の32名
合計61名がプログラムに参加した。

(5) 倫理的配慮

研究の目的をA区通所施設B施設長と，E区の多機能型施設F施設長に書面と口頭にて説明し，了承を得た。A区B施設長は，A区のその他2施設の施設長と母体の社会福祉法人に書面を持って説明し，実施の許可を得てくださった。

また，参加者に対しては，プログラムの開始前に会場にプロジェクターを用いて映すスライドを印刷したプログラム資料とプログラムに関するアンケートを配布し，その際に本研究の目的と説明，アンケートに記入した内容は学術的用途に使用すること及びプライバシーへの配慮，質疑応答は参加者の発言は筆記記録として残すことを説明し，参加やアンケートの記入は全て任意であることを告げた。

第3節　実践の流れ

1：勉強会の目的およびトピックの説明

まず，参加者に勉強会の目的を説明するため，日本の現状として成人した知的障がい者の約7割が家族と生活している現状を説明し，福祉現場からは"限界まで子どものケアを担おうとする親"や"親亡き後の問題"に対する支

援を望む声があることを伝えた。しかし未だ日本の家族支援が十分でないことに触れた。また，家族の気持ちと現行の支援が乖離している可能性を考え，筆者は専門家や研究分野が先行した家族支援ではなく，家族の声を活かした家族支援を構築するため，研究を行っていることを伝えた。その後，勉強会のトピックの説明を行った。

2：計画的に子どもを家庭外施設に預けた両親の体験

両親が健在な家庭において，知的障がいのある子どもを家庭外施設に預けるという出来事がどのように生じたのか，事前に両親がどのような準備をしたのか，そして子どもと離れることはどのような困難があり，対処法があるのかについてインタビュー調査を行った結果について説明した。全体のプロセス（表9-1参照）を示した後，準備期，利用開始期，安定期の3段階に分けて各時期の特徴と親の実際の声を紹介した。

具体的に準備期の説明として，計画的利用に至った両親は，子どもが学童期の頃からなど数年単位で家庭外施設利用を目標に行動してきたことを伝えた。そして，両親は施設見学，講演会参加，情報収集，ショートステイ利用，グループホーム設立の動きを準備として行ったことを述べた。また，「親元から離そう」と思ったきっかけについて，吹き出しを用いながら親の声を紹介した。「年老いた親が，知的障がいのある子どもを親の良い様に使ってしまう不安があったから」という不安があったことや，両親の多くが「子どもを親元から離す」ということについて"お嫁入り"や"自立"といった肯定的な捉え方をしていたことを述べた。

利用開始初期の説明としては，親が実際に子どもと離れることで感じる様々な心理的困難と，その対処法として"可能な限り利用施設に子どもを見に行くこと"などの親役割の継続を伝えた。

そして安定期に関しては，施設利用が落ち着いても，家族がいよいよ高齢になることで不安を抱えていることを述べた。その中でも，「子どもを親元

から離す」という選択について，親子共に肯定的な変化があったと感じていること，「生活を分けるって，親子ともにエネルギーを使う。経験者としては早いほうがいいと思う…」という家族の声を紹介した。また，きょうだいの独立と支援員からの自立のすすめを受けて，知的障がいのある子どもの方から「僕，自立します！」と言いだしたことを契機に家庭外施設利用に至った事例を紹介すると，参加者からは笑みがこぼれていた。

3：緊急に，子どもを家庭外施設に預けた母親の体験

　計画的に家庭外施設を利用したという体験とは対となる，緊急的に家庭外施設利用をせざるを得なかった母親4名にインタビュー調査を行った結果を伝えた。全体のプロセスをスライドに写し，説明した後に緊急期，葛藤期，安定期の各3段階について説明した（表9-1）。

　計画的利用した親が数年単位で準備を行っていたのに対し，母親たちは緊急事態が生じてから1週間から半年で利用に至っていたこと，そしてこの期間の長短を決めるのは家族にどのような緊急事態が襲うかという緊急性次第であることを伝えた。緊急対応は，「空きのある施設に入るしかない」事態になりやすいことを述べ，遠方になることや，事前に見学に行けるか否かも体調不良などの緊急事態の場合はわからないことを告げ，緊急事態が起きた時の親の声を紹介した。

　葛藤期の親が体験した心理的困難について，罪悪感や無気力など深刻なものがあったことを伝え，しかしながら母親が利用施設に面会に行ったり子どもと交流できるようになったりした生活の中で「子どもの良い変化に気づく」経験があったことも紹介した。

　緊急事態に見舞われた母親の家庭ではショートステイを利用しており，それが親離れ子離れの練習台になっていた可能性があるという母親の声を伝え，家庭外施設に面会に行かない場合，施設内が見えないことで施設生活を実際よりも悪く捉えてしまう危険性について触れた。すぐに子どもが施設に

なれるか否かは子どもの個性もあり，施設職員と協力することで数年がかりで子どもが適応していく経験をした母親についても紹介した。

4：現在，在宅ケアをしている親の気持ち

在宅ケアをしている家族にインタビューした結果，在宅ケアに至る背景には家族ごとの理由があることが見出されたと伝えた。そして，浮き彫りになった「在宅ケアを続けたい気持ちと親元から離して安心したい気持ち」の葛藤について説明を行った（表9-2）。その後，きょうだいへの罪悪感，知的障がいのある子どもの将来のために行動できていない罪悪感，一緒に居たい気持ち，など親が感じている思いを紹介した。

そのような在宅ケア家族が将来のために，ショートステイを利用していること，親以外の人と過ごすなど子どもの身辺自立を伸ばしていること，将来のことと向き合うことなどを紹介し，スライドにて「1年後，5年後，10年後」の表を見せた。このスライドは参加者に配布した資料に書き込める仕様になっているため，気が向いたら書き込んでみるよう声を掛けた（表9-2）。

5：通所施設職員のアンケート結果から見えた「親亡き後」

通所施設職員は家族と「親亡き後」について関わる際に，デリケートな話題であることや，家族の気持ちを配慮した結果，なかなか踏み込めないと感じていることが多いことを伝えた。これは，親からの相談があれば通所施設職員側も行動しやすいことを伝える狙いである。さらに，職員が印象的だったと回答した「親亡き後の事例」について4つのパターンを紹介した。親亡き後も地域で過ごせている事例，母親が倒れると他の家族が居ても上手く機能しなかった事例，親亡き後に転々とさせられた事例，子どもが親の死を理解していなかった事例の4つである（表9-3）。

そして，通所施設職員が必要だと感じている家族支援として，施設を増やすこと，親が健在な時からショートステイを利用すること，家族が相談事業

と繋がること，家族が将来についてイメージできるような支援を提供すること，そして親離れ子離れの支援を行うことなどを紹介した。

6：今回のまとめ

　本プログラムは，将来のための準備なく家族に危機が生じて子どもの家庭外施設移行が行われるという事態を予防するという目的のため，緊急事態が生じてからの施設移行のデメリットについてまとめる形を取った。具体的には，緊急事態が生じた場合，知的障がいのある本人や家族の意思を尊重できないことが現実として起こること，計画的に利用した家族の場合は利用施設が自宅に比較的近い傾向にあったが，緊急対応ではその時の施設の空き次第になること，実際に通所施設職員からは親の急死後に施設を見つけることの大変さが語られていることなどを紹介した。

　さらに，「知的障がいのある子どものケアは家族が行わなければいけない」という価値観を持っている可能性がある家族に対するメッセージとして，外部サービスを利用することにもメリットがあること，色々な人のケアに慣れておくことは知的障がいのある子どもにとっても重要な体験になることを伝えた。しかしながら，子どもが情緒不安定になることも想定できるため，ハードルの低いものから始めることが望ましいことにも触れた。そして，親亡き後に知的障がいのある同胞のケアを担うことになったきょうだいにインタビュー調査を行った研究（笠田，2013）を紹介し，家族で話し合いを持ったり，親が将来について方向性や希望を決めておいたりすることで，健常のきょうだいも救われることを紹介した。最後に，在宅ケアを継続する場合には各家族の出来る限りでも将来の備えをすることが望ましく，同時に本人の日頃の自己決定・意思決定を促す関わりが重要であることを伝えた。また，緊急に施設利用をすることになった場合は，可能な限り利用施設職員と関わりを持ったり，親の感情の吐露が必要であったりすることなどを述べた。

　その後，アンケートに記入する時間を持ち，質疑応答を行った。そして，

表 9-1. 家族講演会の流れ

場面の見出し 狙い	使用された資料	発話
勉強会の目的およびトピックの説明	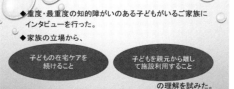	「どのような支援をご家族が望んでいるのか、ご家族の思いに沿った支援を展開していくために、まずはご家族の体験にアプローチしようと思い、多くのご家族にご協力をお願いしました。」 「尚、施設という言葉は入所施設だけでなくGHなど家庭外施設を含んだ意味で使用しています。」
場面1　在宅ケアを続けること、家庭外施設に預けること、どちらが正しいわけではなく、家族の思いに着目して思いを理解したいということを伝える。		
計画的に子どもを家庭外施設に預けた両親の体験	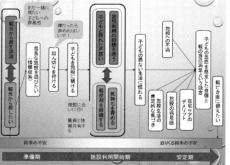	準備期：「将来の不安がご家族にとって、将来を考える背中押しになったようですが、やはり揺れる気持ちはあったようです。」 「実際に家庭外施設が決まる出来事は、空きが見つかる、通所施設が入所始めたなどで、我が国の現状を示すと言えます。」 施設利用開始期：「ご家族が一番辛かった時期と言っていた頃です。」 安定期：「施設生活をしている子どもを見て、子ども像の再構築が行われていました。」
場面2　・計画的に利用した親が行った準備の方法の説明。 ・計画的に利用した親も、子どもと離れる際には心理的困難を体験する。 ・親が行った、心理的困難への対処方法の紹介。		
緊急に子どもを家庭外施設に預けた母親の体験	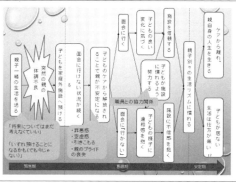	緊急期の説明：「突然、お母様が体調不良が見つかり、緊急対応になっていました。」 葛藤期の説明：「体調不良が続くと、子どもに会いに施設に面会に行けない状況が続き、お母様がかなり情緒不安定になっていました。」 安定期の説明：「いいタイミングだったと振り返る方も居れば、やはり出来るなら一緒に暮らしたいと話すお母様もいらっしゃいました。」
場面3　在宅ケアを続ける生活の中で突如緊急事態が生じた場合、どのような体験をするのかをわかってもらう。緊急利用＝バッドエンドにならないように、対処法を示す。職員との連携の重要さ、SS利用の大切さを伝える。		

第9章　199

表9-2. 家族講演会の流れ2

場面の見出し 狙い	使用された資料	発話
場面4	在宅ケアをしている親の心理 勉強会に来ている人と同じ体験をしている人はいるということを伝える。（つらいのは共通）「在宅ケアを続けたい」「親元からは離して安心したい」で揺れている気持ちを理解していることを伝える。	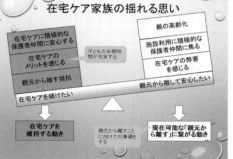	「在宅ケア中のご両親は、将来について考えていないのではなく、在宅ケアを続けたい気持ちと親元から離して安心したい2つの気持ちがシーソーのように揺れていました」「親と一緒にいることが子どもにとっても幸せだと感じると、在宅ケアを維持する動きをしていました。しかし、そのような生活の中で、例えば保護者仲間の訃報などが届くと、シーソーがカタンと傾き（身振りで示す）、何かしら将来の為に動こうとしていました」
場面5	将来の準備 将来の準備は何か行動を起こすだけではなく、「考える」「向き合う」などの目に見えないものも含むということ。	ワーク：1年後、5年後、10年後の家族を考える	「在宅ケアをしているご両親の中には、このような未来を見据えての家族の形を考えている方もいらっしゃいました。」「もしよろしければ、帰宅後にでも資料のこのページを使ってみてください。」
場面6	通所施設職員対象のアンケート結果 通所施設職員が感じている困難（主体的に関わりにくい）などを理解してもらい、親からの主体的な行動を促す。	「親亡き後」について関わる際の困難	「通所施設職員さんからすると、ご家族の思いを気にして、あまり積極的に関われないようです。」「ご家族からの相談があると動きやすいという回答は多く見られました。」

表 9-3. 家族講演会の流れ 3

場面の見出し 狙い	使用された資料	発話
場面7 通所施設職員が見た「親亡き後」 親亡き後、障がいのある本人がどのように生活しているか、いくつかのパターンを提示し、親へ情報共有する。	**通所施設職員が見た「親亡き後」** ・親の急死後、きょうだい、ワーカー、職員と一丸になって本人が慣れ親しんだ地域に住めるように手配した。 ・主たる介護者が倒れると、残された家族もいきなりケアを担えずに戸惑う。日頃の関係性が重要。きょうだいが当てにならないこともある。（本人にだけ遺産を分配しなかった、という話も！） ・親が急死、何の準備も無く、SSを転々とし、空きの出た地方の施設へ。たくさんの変化が本人は大変そうだった。せめてSSの利用でもあれば… ・親の死を理解していなかった。ある意味それは救いだった。	「よくあるのは、お母様に何かがあってからお父様がケアの場に登場することになるのですが、それまで関わってこなかった分お父様もご本人も戸惑ってしまうという例でした。」 "お父様がケアの場に登場する"という言い回しの所で母親参加者からは笑いが漏れたり、内容に関して頷く参加者が見られた。
場面8 まとめ① 親が将来について考えることは、障がいのある子どもだけでなく健常のきょうだいをも救う道筋になるということの理解を促す。	**今回のまとめ** ◆また、親に先立たれた知的障がい者のきょうだいにインタビューを行った研究（笠田, 2013）からは… ・親がある程度の準備をしてくれていたので、助かった。 ・いきなりケアを委ねられたが、方向性がわからなくて戸惑った… 親が「親亡き後」の方向性を決めておくと、子ども（本人と健常のきょうだい）が救われる。	「きょうだいにして欲しいことを告げることは、きょうだいを障がいのある同胞のケアに縛ってしまう、そう思うかもしれませんが、研究結果からは寧ろ、親から方向性を伝えてもらってことで助かったという声がありました。」 「本人・きょうだいを含めた家族で話し合うことで、子どもが救われると言えるかもしれません。」
場面9 まとめ② 在宅ケアを続ける場合にも、家庭外施設を利用する場合にも、共通するのが「将来の準備」であることを強調する。	**今回のまとめ** ◆在宅ケアを継続する場合 …家族に可能な「親亡き後」に備えをするのが望ましい。 …日頃の本人の自己決定を促す関わりも重要。 ◆急遽、施設を利用することになってしまった場合 …可能な限り、利用施設（職員）と関わりを持つ。また、感情を吐き出すことも必要。	「ご家族によって、将来の準備は異なります。オレンジジュースしか飲めないお子さんに対して麦茶を飲めるようにするなども、将来の準備になると思います。本人を含めたご家族にとって、無理のない所から始めて頂ければ幸いです。」 「また、気持ちの吐露は大事です。」

今後の研究にご協力をしても構わないという人はアンケートに連絡先を記入してくれるよう頼み，回収した。

第4節　事例検討

　本プログラムは講演会形式だったため，プログラムを行った筆者と参加者である家族の交流は比較的少ない構造で，参加者の発言は質疑応答時が主であった。そのような中，参加者である家族の動きが見られた点で，印象的であった場面について事例検討を行う。なお，検討の視点は，「何がわからなかったのか」，「そのために，どのようにまずかったのか」，「現在だったらどのように考え，対処することができるか，何故そうか」，「その結果どのようなプロセスの予想が立つのか」という事例研究に対する鑪（1977）の指摘を元にした。ここから，家族対象のプログラムを実施する際の知見として深めたい。

事例1：プログラム終了後，自身の家族状況及び困っていることを話に来る母親

　E区F通所施設にてプログラムを終えた後，1人の母親が自身の状況について筆者に話しに来た。内容としては，日々の子どものケアの内容や，子どもが心因性の疾患にかかっていることの大変さ，将来について心配に思っていることなどであった。筆者は傾聴と共感にて「毎日大変なんですね」などと対応すると，母親は少しほっとしたような顔をしながら「ありがとうございます。将来について考えてみます」と言って去って行った。5分程度の会話の中で母親が語った内容は主に身の上話であり，今回のプログラム内容に対する直接の反応ではなかった。筆者はプログラムの内容に触れる言葉がけをしても良いものか戸惑い，対応を傾聴に留めてしまった。しかし例えば，「そのような大変な日常の中で，今回紹介された在宅ケアをしながらの準備の中で，取り入れられそうなものはありましたか？」などの問い掛けを契機とし，母親のさらなる内省を促すことが可能だったかもしれない。また，そ

のような関わりを通して,「日々成人した知的障がいのある子どもの在宅ケアを行っていること」について,母親をエンパワーメントできる言葉かけが可能だったと思われる。そこから,少しでも日々の活力を得てもらったり,援助者と関わることに肯定的な体験をしてもらったりすることで,今後の母親の援助要請行動に繋がったのではないかと考える。

母親のこの行動は,プログラムの中で筆者の自己紹介として臨床心理士であることを開示したことによる可能性もあるが,知的障がい者の家族が「自分たちの状況について支援者に知ってほしい」と思っている行動の表れの可能性も考えられる。家族が支援者に自身の状況を知って欲しいと思っている場合,家族にとってよりアクセスしやすいような相談事業の発展と連携が求められる。また,高齢の親の場合,援助者側からのアウトリーチによって支援に繋がりやすくなると思われる場面であった。

事例2:質疑応答時,実施区における福祉サービス不足の怒りを表した父親の事例

A区B通所施設にて,B・C・Dの3施設合同の家族勉強会を行った際の質疑応答時,会場の最前列に座っていた父親が,「発表の中でね,ショートステイや体験入所をすると良いと言ってたけど,A区はそういうのが無い。制度が無い中で,そういうのをやれと言われても作ってくれないと出来ないだろう。」と意見を述べた。筆者は,福祉サービスに地域ごとの差があることを知っていることや,サービスが無い中でも主体的に動いてきたインタビュー協力者のことを伝えなければ,と思った。実際,実施したA区は,入所施設はなく,利用可能なショートステイサービス,体験入所などのサービスが少ないという福祉サービス状況である。そのため,プログラム内容の外部資源を利用することを薦める内容に対する反応があったのだろう。筆者はその父親に対し,「確かに,区ごとによってサービスの差があることは明らかになっています。お話をうかがったご家族の中には,比較的サービスが充足している地域にお住まいの方もいらっしゃったのでこのような結果が出たのだと思います。しかし同時に,家族がショートステイなどを利用したいと行政に訴

えることで，行政が動くという構造がある，という通所施設職員さんのアンケート結果もありました。」と返答した。男性は最初の発言よりも勢いを弱めながら「私も何度か行政にショートステイを作るように言っているんだけどね……。」と述べていた。筆者は，自身の父親への返答が「家族から行政にサービスの充足を訴えないといけない」というメッセージに捉えられたのではないかという不安に駆られたが，次の参加者の質問によって満足に対応できなかった。

このことを振り返り，プログラム内の表現の変更点として，"ショートステイを利用するべきだ"というメッセージを送るのではなく，"ショートステイを利用していて良かったという親の声"といったように，あくまで家族の思いや経験談であることを強調して，参加者にとって少しでも受け入れやすい表現に工夫するということが考えられた。さらに，区によって福祉サービスに差があることは研究1の通所施設職員のアンケート結果からも指摘されていることであり，サービスが不足している地域に住む家庭の焦りや不安に寄り添った返答，及び区や市を超えてのサービス利用方法の情報提供などが求められた場面であった。

また，プログラム内で紹介した将来のための準備としては，外部社会資源を利用することだけでなく，偏食を無くすなどの身辺自立に関するもの，障がいのある本人の意思決定支援など家庭の中での準備の例を挙げていた。このように，親からすると日々のケアとの境界線が曖昧な行為の中にも，将来のために役立つ準備として捉えられるものがあることをプログラムの中でよりわかりやすく伝えることが必要という課題が浮き彫りになった。

事例3：筆者に「親の苦しみは親しかわからない」といった感情をぶつけた母親の事例

今回の計2回のプログラム試行実践の中で唯一，質疑応答時以外に参加者と筆者のやり取りがあったのは，A区B通所施設にて行った実践であった。プログラムが始まってほんの数分後，今日のトピックを説明している場面1

の途中で,最前列に座っていた母親が「いつになったら知りたいことを発表するわけ？全然知りたいことが出てこないんだけど！こんなことは私たち親はずっと考えて来たこと！」と叫んだ。突然のことに筆者が返答出来ずにいると,後列に座っていた他の参加者の母親が「順番でしょ！」と最前列の母親を咎めるように声をあげ,時を同じくして勉強会に同席していたA区のB施設長が最前列の母親に声を掛けたことでその場は収まり,プログラムは続行する流れとなった。その後も最前列の母親は忙しなく体を揺すったり,イライラしたりした様子でプログラムを聞いていた。プログラムの最後の質疑応答に移ると,最前列の母親は突然,「例の中に,自分から自立しますって言った僕の話があったけど,そういう風に言えるのは素晴らしいことだけど,そうじゃない子も多いわけ。ショートステイ体験させろって言っても,子どもが嫌そうだったら躊躇しちゃうの,それが親ってものなの！」と発言した。筆者は母親の勢いに圧倒されながら,共感と傾聴で対応した。同時に,例え外部資源を利用してすぐに子どもが新しい環境に慣れなかったとしても,利用を繰り返すことで子どもが適応していった事例を紹介したが,その内容はこの母親には全く届かなかったことを感じた。最終的に勉強会が閉会すると,最前列の母親は配布されていた感想シートを提出するも,怒ったような,呆れたような様子でその場を後にした。

　家庭に知的障がいのある子どもが誕生し,親子が社会で生活していく過程で,家族は社会から疎外される体験をするという（麦倉,2004）。幼稚園の入園を断られたり,援助をたらいまわしにされたと感じたりすることなどから,家族は"社会からの疎外"として体験するのであろう。そしてその過程の中で,障がいのある子どもと親の結びつきは強くなる。中根（2006）はそれを,他者侵襲性と呼んだ。事例3の母親も,「私たち親は何十年も考えて来たことなの！」と参加者を"私たち"と内集団として認識し,知的障がい者の母親ではないという点で筆者をその集団とは異なる人間として認識したのだと思われる。第Ⅱ部研究1の通所施設職員のアンケート結果からも,「意に

添わないアドバイスは攻撃」という回答が得られていた。筆者が今回のプログラムにて体験したこの場面は，子どもの将来や親亡き後というデリケートな話題に関して，親と関わる際の通所施設職員の困難な思いの追体験をしたと言えるのかもしれない。そして，家族を援助しようとしている支援者がその動機づけを低下させる危険性がある体験だと身をもって筆者には感じられた。本プログラムにてこのような状況が生じた理由に，まずは参加者の母親の気質の可能性も想定されるが，それ以外に，区の福祉サービス不足または家族がそのように感じて過ごしていることからの焦り，研究者と参加者の間の信頼関係の構築不足などが挙げられるだろう。

第5節　効果測定（直後アンケート，1か月後アンケート）

参加者には，プログラムの開始時にアンケート（以下，直後アンケートと表記）を配布し，実施直後に回収している。そして直後アンケートの中で，今後の研究協力の可否を聞き，可能であると回答した参加者に対し，プログラム実施日から約一か月後にアンケート（以下，一か月後アンケートと表記）を郵送した。また，E区F施設の施設長ご協力のもと，第一回試行実践の参加者にはE区F施設を通して一か月後アンケートを郵送し，回収した。その際，直後アンケートにおける「今後の研究協力に参加可能」と連絡先を記した参加者にとってはアンケートが重複するため，どちらか一方の提出を求めた。

第1項　質問項目と回答者

(1)直後アンケート

プログラムの効果を検討するため，勉強会の始まる際に直後アンケートを配布した。質問項目は，①内容のわかりやすさ（5件法），②新しい視点はあったか（5件法及び，その理由を③自由記述式にて），④内容が参考になったか（5件法），⑤紹介されていた将来の準備をどのくらい実践したいと思ったか

(5件法及び，⑥その理由を自由記述），⑦今回行った内容を他の知的障がい者家族に伝えることで役立つと思うか（5件法），⑧将来のため欲しい支援は何か（自由記述），⑨本日の感想（自由記述）であった。

回答者は，①E区にて行った第1回は25名（父1名，母17名，きょうだい1名，未記入6名）であった。②A区で行った第2回は28名（父2名，母23名，未記入3名）で，計53名分を回収した。記入者の年齢は，40代1名，50代11名，60代22名，70代10名，未記入8名であった。子の年齢は，20代15名，30代12名，40代17名，60代1名，未記入8名であった。今後の研究協力可能との回答は，第1回は8名，第2回は9名で計17名であった。

(2) 一か月後アンケート

勉強会から約一か月後に，参加者に一か月後アンケートを送付した。質問項目は，①勉強会で心に残っていることを自由記述にて，②勉強会には「将来を考えることのつらさ」があったか（5件法），③その理由を自由記述にて回答を求めた。さらに，知的障がいのある子どもの将来に関することとして，「自分の中であらためて考える」，「子ども本人と話し合う機会を持つ」，「家族（親戚）と話し合う機会を持つ」，「第三者（通所施設職員，相談員など）に相談する」，「保護者仲間と話す」，「ガイドヘルパーの利用等，子どもが親以外の人と過ごす時間を持つ」，「ショートステイを利用する」，「将来に関係する事柄の情報収集をする」という事柄について，④勉強会に参加してからどのくらいしたいと思ったか（5件法），⑤実際にどのくらい行ったか（5件法）にて尋ねた。また，したくても出来なかった事柄にチェックを入れるよう欄を作成し，⑥したくても出来なかった理由について回答選択と自由記述の併用にて尋ねた。⑦上記の事柄以外に行った将来のための準備と，⑧将来の準備に対して動きづらい理由，⑨今後の勉強会で知りたいことについて自由記述にて回答を求めた。

回答者数は21名で，父親1名，母親18名，きょうだい1名，その他（世話

人）1名であった。回答者の年齢は50代4名，60代12名，70代以上5名であった。知的障がいのある子どもの年齢は，20代6名，30代8名，40代6名，60代以上1名であった。

第2項　データ分析方法

直後アンケート，一か月後アンケート共に自由記述に関する分析方法は，KJ法（川喜田，1970）を援用して分類を行った。まず，記述された内容を読み込み，意味内容を基準に一単位とし，その意味内容に即したコードを付けた。そしてそのコード名を似ているものをまとめ，カテゴリーグループを作成した。そしてその一つ一つのグループに見合う見出しを付けた。そのような手順で作成されたカテゴリー同士をさらにまとめてカテゴリー同士の関連について精緻化した。なお，上位カテゴリーを＜　＞，カテゴリーを【　】，下位カテゴリーを［　］で示す。

また，直後アンケートの質問項目9の「全体の感想」の自由記述については，研究者への励ましなどの内容を除き，記述されている内容を基準にその他の質問項目（主に3, 6, 8）の回答として割り振って分類を行った。そして，プログラムの狙いをもとにして直後アンケートおよび一か月後アンケートの結果を以下にまとめた。そのため，次項より示す結果は各アンケートの質問項目ごとの順番に添わずに提示している。

第3項　モデルストーリー不在へのアプローチに対する効果検討

まず，直後アンケートの質問項目の中で，「親にモデルストーリーを組み込む」というプログラムの狙いの効果を示す。質問項目2では，プログラムの内容に新しい考え方や視点があったと感じられたかについて5件法にて尋ねている。その結果，「1＝大いにあった」25％，「2＝少しあった」43％で合わせて約70％の参加者が肯定的な回答をしていた（図9-1）。

プログラムのどの内容が，参加者にとって新しい考え方や視点として認識

208　第Ⅳ部

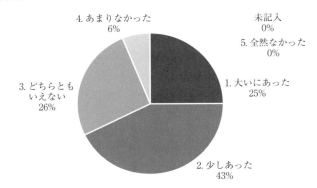

図 9-1. 直後アンケート Q2 今日の内容に，新しい考え方や視点はあったか

されたのかを明らかにするため，質問項目 3 では，質問項目 2 で回答した理由を自由記述式で求めている。その記述を分類した結果が表 9-4 である。

その結果，＜新しい視点＞，＜自発的に動くこと＞，＜プログラムの肯定的評価＞，＜プログラムの否定的評価＞，＜プログラムの改善点＞の上位カテゴリーが得られた。

＜新しい視点＞には，【親子分離が出来ていない】，【準備が必要ということ】，【社会資源を利用する重要さ】，【将来のヴィジョンを持つ方法】，【経験談】，【通所施設職員の声】，【新しい視点はない】のカテゴリーが見出された。【親子分離が出来ていない】，【準備が必要ということ】，【社会資源を利用する重要さ】，【経験談】はプログラム内でモデルストーリーを組み込む狙いで構成している部分であり，参加者の反応が得られたことは，提示した意義があると見られた。なお，参加者が新しい視点として認識した内容が豊かに得られたが，同時に「見聞きしているものと変わりないです。」という【新しい視点はない】との声が得られた。このことから，参加者によって元々持っている情報の差があることが推測された。また，プログラムに対して【共感】などを示す＜肯定的評価＞と，研究者およびプログラム内容へのコメントと思われる「経験不足でしょうね。修羅場をくぐってから」などの【内容への意

表9-4. 直後アンケートQ3：プログラムの新しい考え方や視点のカテゴリーと記述例（N = 53）

上位カテゴリー	カテゴリー	記述例
新しい視点	親子分離が出来ていない（2）	子離れできていないのは，親の方かもしれない…と思う視点が少々見えてきた。
	準備が必要ということ（2）	準備が必要な事があらためて考えさせられました。
	社会資源を利用する重要さ（2）	ショートステイ・ミドルステイを普段から利用しておくことの必要性。
	将来のヴィジョンを持つ方法（2）	『ワーク：1年後，5年後，10年後の家族を考える』
	経験談（3）	身近に施設利用者の親の話を聞けなかったので我が家の問題となると考えさせられる。
	通所施設職員の声（1）	施設職員の方の意見が知れてよかったです。
	新しい視点はない（3）	内容的には今まで見聞きしたことばかりだったので。
自発的に動くこと	将来について考えたい（4）	親亡き後を真剣に考えようと思いました。
	見学に行きたい（1）	施設に入れた親の気持ちがよくわかり自分も又同じ気持ちにさせられると思うとしっかり施設を見学したいと思いました。
	家族と話し合いたい（1）	夫と話し合ってみたいです。
プログラムの肯定的評価	わかりやすい（5）	表にしたりスライドで頭の中が整理されて大変わかりやすく，考える道順がつけ易かったです。
	共感（5）	今，自分が考えていることと同じことを考えている方がいることを確認できた。
	考える機会になった（1）	今まで深刻に考えていなかったので考える機会をいただきました。
プログラムの否定的評価	内容への意見（2）	経験不足でしょうね。修羅場をくぐってから。
	内容への疑問（1）	施設に入る前に体験などは難しいような気がする。
プログラムの改善点	対象を広げる（1）	身体障がいもあるため知的障がいだけでは考えられない。
	事例が多い（1）	事例の話が多かったが，トータルな感想・結果より，結果から見出した結論を考え出して欲しい。持論を発展させて聞かせて欲しいと思いました。

※（ ）は回答数。未記入 = 22名，分類不可（1），総回答数（38）

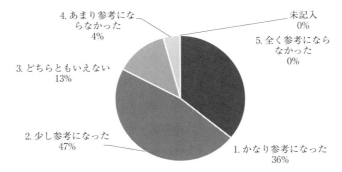

図9-2. 直後アンケート Q4 今回の内容はどの程度参考になったか

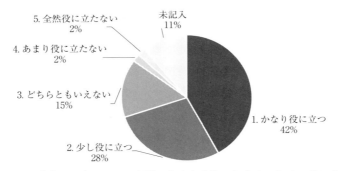

図9-3. 直後アンケート Q7 今回の内容を家族に伝えることは，役に立つか

見】という＜否定的評価＞が得られた。＜プログラムの改善点＞には，プログラム内で扱った事例が知的障がいのみで身体障がいなど医療ケアが必要な事例についてあまり触れなかったことから，【対象を広げる】ということが挙げられていた。

次に，質問項目4にて，プログラムの内容は参考になったかを尋ねた（図9-2）。それによると，83％の参加者にとって内容が参考になったと回答していた。

質問項目7で，今回のプログラムを他の家族に紹介することで役に立つと思うかを尋ねた（図9-3）。参加者の約70％が役に立つと評価したことが示さ

れた。

　以上が直後アンケートの中の「親にモデルストーリーを組み込む」という狙いの効果検討をする質問項目の結果である。これらからは、プログラムの内容に対する概ね肯定的評価が読み取れる。また、経験談などのモデルストーリーは、参加者の印象に残りやすいということもわかった。

　次に、一か月後アンケートの質問項目から同様の狙いについて効果検討を行う。質問項目1にて、「プログラムを受けて心に残っていること」について自由記述にて尋ねた（表9-5）。

表9-5. 一か月後アンケートQ1：プログラムを受けて心に残っていることのカテゴリーと回答例

上位カテゴリー	カテゴリー	回答例
プログラム内容への反応	家庭外施設利用の経験談（4）	子どもを手離す親の心情
	共感（2）	とてもタイムリーでそれまでにリアルに感じていた気持ちが資料、アンケート結果に記されてあって同感すること多しでした。
	準備が大事（4）	親の健在なうちに本人の生涯を暮らす場所（地域、GH、入所施設）を選んで本人の生活リズムをつけることが切実との思いをさらに強くしました。
他の参加者に関する反応（2）		入所施設の不足について、親の不満がたまっていること。
プログラムを受けて生じた思い	見通しの立たなさ（1）	何よりも見通しが立たない、問題が山積みです。
	親の責任・義務という思い（1）	子どもの将来について考える機会がある度に親の責任と義務を再度痛感せざるを得ません。
	主体的に動こうと思う（2）	やはり自分の年齢や本人の年齢がここまで来てしまったのを改めてぞっとしています。真剣に考えなくてはと改めて思いました。
	援助者がいる嬉しさ（1）	親の"思い"をアンケートの形でとってもらったことが嬉しいと思いました。
	親子で住むメリット（1）	親子での生活をすることで子どもは本人の権利があるということの大切さである。
	抵抗感（1）	特にありません。嫌な気持ちになりました。障がいの種類や程度、家族との関係によって一括りに出来ないと思いました。

※（　）は回答数。未記入（6）、複数回答有。

上位カテゴリーには＜プログラム内容への反応＞，＜他の参加者に関する反応＞，＜プログラムを受けて生じた思い＞の3つが得られた。＜プログラム内容への反応＞のカテゴリーに【家庭外施設利用の経験談】，【準備が大事】が得られたことは，プログラム内で紹介されたモデルストーリーの印象が参加者にとって大きかったことを示していると言えよう。また，＜プログラムを受けて生じた思い＞という上位カテゴリーも抽出されたが，この中には実際にプログラムで触れていない内容（【親の責任・義務という思い】，【親子で住むメリット】など）を含んでいた。このことから，参加者がプログラムを受けて心に残ることは，必ずしもプログラムの内容や，実際の参加者の様子が残るのではなく，それらを総合して「プログラムを受けて生じた思い」として残

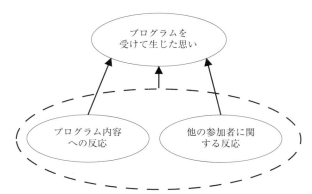

図9-4. 一か月後アンケートQ1. プログラムを受けて心に残ったことのカテゴリー関連図

ることが見出された（図9-4）。

第4項　親の主体性に働きかけることに関する効果検討

次に，プログラムの2つ目の狙いである「親の主体性に働きかける」ことについて，どの程度の効果があったかを検討する。まず，直後アンケートの

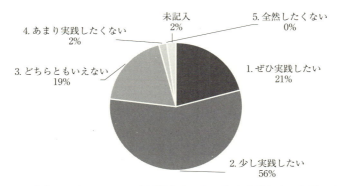

図9-5. 直後アンケートQ5：今回紹介されたことを実践したいと思ったか

質問項目5では，今回のプログラムで紹介されたことをどの程度実践したいかについて尋ねた（図9-5）。

「少し実践したい」という控えめな肯定が56％を占めたのは，実際に行動に移すことの難しさや心理的抵抗を示しているのだろう。続いて質問項目6にて，質問項目5の回答理由について自由記述にて回答を求めた（表9-6）。

上位カテゴリーには，＜実践したい理由＞と＜動きづらい理由＞が得られた。＜実践したい理由＞は，【具体的な行動案が構築された】，【現状が再認識された】，【漠とした不安が同定された】，【現在の動きの維持】のカテゴリーが該当する。【具体的な行動案が構築された】としては，プログラムの中で紹介されていた内容の中から，参加者は自らの取りたい行動についてそれぞれ回答していた。【現状が再認識された】には，［親子共に高齢になった］，［子離れできていない］，［子どもの意思を待つのは難しい］，［動いていなかった］という，親が改めて自分達の現状を認識した内容が得られている。【漠とした不安が同定された】は，プログラムで扱われた内容を受けたと思われる［きょうだいの負担になる可能性］，［父親はケアを担えない可能性］や，緊急事態によって施設利用に至ったプロセスの提示の影響を受けたと思われる［緊急事態の備え］の下位カテゴリーが得られた。また，既に行動している親

表 9-6. 直後アンケート Q6：「在宅ケアをしながらの準備」を実践したい理由のカテゴリー一覧と記述例

上位カテゴリー	カテゴリー	下位カテゴリー	記述例
実践したい理由	具体的な行動案が構築された	考えたい（5）	現実に向き合って考えて生活していきたいと思えました。
		家族で話し合いたい（3）	将来のことについて家族でしっかり話し合っていないのでそういう時間を持たなくてはいけないなと思っています。
		SSを利用したい（4）	ショートステイを多く体験させて本人の様子をみていきたいです。
		見学したい（1）	入所施設を見学（本人と）したい。
		相談したい（1）	相談員をもっと利用する。
	現状が再認識された	親子共に高齢になった（2）	子どもが40過ぎ夫が70すぎてきたので。
		子離れできていない（1）	なかなか子離れ出来ない部分があるので、少しずつでも親子共々自立（？）しなくてはと思います。
		子どもの意思を待つのは難しい（1）	本人の中の前進的建設的意思を待つことはかなり難しい。
		動いていなかった（4）	まだ何のサービスも受けた事がありません。これをきっかけに低いハードルから進めたいと思いました。
	漠とした不安が同定された	きょうだいの負担になる可能性（1）	姉妹への負担になるかも…これは前々から感じていて実際には動こうとしなかった、動いていませんでした。
		父親はケアを担えない可能性（1）	父親が役に立たないかも…これも感じていました。
		緊急事態の備え（2）	緊急のことを考えると、やはり準備は必要だと思うので。
	現在の動きの維持（4）		今まさに動いてます。6月末1つの所に2泊経験させます。
動きづらい理由	方向性が定まらない	考えがまとまらない（7）	考えています。でも深く考えると答えがでません。
		日常に精一杯（4）	今まで感じてきたことです。いつはじめるか"今でしょ"なのですが、日常に追われる毎日が続いています。
	社会資源を利用するハードルがある	他者に託す不安（1）	親でさえ理解しにくいのに他人がどこまでわかってもらえるかが非常に不安である。
		希望とサービスが合わない（3）	日中の生活を変えずに…なかなか適当な場所が思いつかない感じです。
		子どもへの影響が心配（5）	今年こそSSやサービスを利用しないとまずいかなと思っています。子どもが不穏になるのが心配ですが…。

※（ ）内の数字は回答数。未記入（30），分類不可（1），総回答数（50）。複数回答有。

は，今後もその継続の意思を回答していた。これを【現在の動きの維持】と命名した。これらのことから，プログラムによって，親の主体性に働きかけることは概ね出来たのではないかと言える。

しかし同時に，＜実践したい理由＞とは対をなす＜動きづらい理由＞が上位カテゴリーとして得られている。これには，［考えがまとまらない］，［日常に精一杯］の下位カテゴリーからなる【方向性が定まらない】，［他者に託す不安］，［希望とサービスが合わない］，［子どもへの影響が心配］からなる【社会資源を利用するハードルがある】の2つのカテゴリーが抽出された。実践したいが動きづらくもあるという親の葛藤が全体として表されていると言える。

そして，直後アンケートの質問項目8では，参加者が欲しい家族支援について尋ねている（表9-7）。この質問項目からは，プログラムを受けたことで参加者がどのような家族支援が欲しいかを主体的に検討した結果が見出せると言える。その結果，＜生活場所＞，＜在宅ケアを可能にするサービス＞，＜高齢者と障がい者の福祉制度＞，＜行政からの支援＞の4つの上位カテゴリーが得られた。やはり，＜生活場所＞が最もカテゴリーが豊かに得られた。そのカテゴリーを見ると，【子どもが安心できる】，【余暇時間が充実】，【理解ある施設職員】など親が子どものためを考えたカテゴリーと，【親子が共に生活できる】という親の希望がより強く出ているもの，【地域にある】ことで子どもも慣れた地域生活ができ，親も会いに行きやすいという親子双方にとって最善だと思った条件が得られていた。なお，【緊急事態前に利用できる】施設が欲しいという回答は，現在の日本の施設不足という現状により，「家庭が緊急事態にならなければ，家庭外施設を利用できない」と考えている親がいることが推測された。以上が直後アンケートからの効果検討である。

次に，一か月後アンケートの結果に移る。質問項目4では，具体的に将来のことに関する行動の項目を挙げ，プログラムを受けてからどのくらい実行したいと思ったかについて尋ねている（図9-6）。

表 9-7. 直後アンケート Q8：今後欲しい家族支援について（N = 53）

上位カテゴリー	カテゴリー	記述例
生活場所	地域にある（9）	地域で本人の合う施設で長く暮らせると良いと思っています。
	親子が共に生活できる（4）	出来れば親子で一緒に施設に入る（老人ホームと障害者施設が一緒のような）ことが理想です。
	子どもが安心できる（3）	安心して本人が生活をしていける場所を行政が考えて欲しい。
	理解ある施設職員（2）	知的障害と言っても自閉は難しい（接する方が）ので、本人と相性のいい職員の方、理解のある職員の方を増やして欲しい。
	余暇時間が充実（2）	張り合いのもてる時間がある事（趣味・仕事）
	緊急事態前に利用できる（1）	事前に準備をする場合、両親が元気な時にショートステイやミドルステイではなく入所施設に入る事が出来るのか（施設の不足）
在宅ケアを可能にするサービス	ショートステイ（2）	現在の通所施設に通いながら利用できるショートステイが出来るようにしてほしい
	ヘルパー（3）	ヘルパーなど使いたい時間に使えないことが多い。
高齢者と障がい者の福祉制度	サービス差を埋める（3）	老人と障害者は同等のサービスをと願います。
	制度を分ける（1）	老人介護と障がい者介護を法律で分けて欲しい。
行政からの支援	現状を知ってほしい（1）	○区のアンケートをとって、区役所へも結果を見せていただけるとありがたいです。
	職員管理をしてほしい（1）	施設の虐待などは入れた時の職員が良い方々でも職員さんは移動になったりやめたり変わってしまうので公的機関などが関わってよく見ていって欲しいと思います。

※（ ）は回答数。複数回答有で総回答数（61），うち未記入（28），分類不可（1）。

これによると、参加者は「自分の中で改めて考える」、「保護者仲間と話す」、「将来に関係する事柄の情報収集をする」の項目を、特に「したい」と思ったことが分かる。なお、最も低かった項目は「第三者（職員、相談員など）に相談する」、次いで「子ども本人と話し合う機会を持つ」であった。

続いて、質問項目5では上記と項目を、一か月間で実際どのくらい行ったかについて尋ねた（図9-7）。

その結果、親や家族はプログラムを受けてから一か月の間に「自分の中で

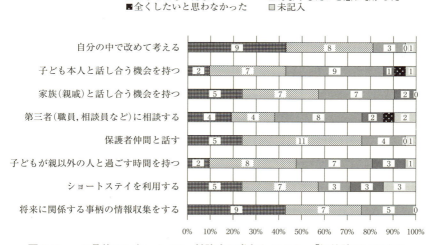

図9-6. 一か月後アンケート Q4. 勉強会に参加してから,「知的障がいのある子どもの将来」に関する事柄についてどのくらいしたいと思ったか

改めて考えた」,「保護者仲間と話した」などの事柄を以前より行ったと回答していた。これは,プログラムを受けて刺激された親の主体性が,時間が経過しても維持されていたことを示す。

さらに,これら一か月後アンケートで挙げられている項目について「したくてもできなかった」ことがあった場合,その理由を質問項目6にて尋ねた。選択式と記述回答で示された理由をカテゴリー化した(表9-8)。

その結果,【利用可能な支援がない】,【子どもが不安定になるのが心配だった】などの回答が多かった。このことは,我が国の素地としての福祉サービスの不足と,親の子どもへの思いが,主体的な行動の阻害要因として働いている可能性を示した。また,「子ども本人を話し合う機会を持つ」の事柄が「したくても出来なかった」親や家族は,その理由を【子どもの障がいが影響して出来なかった】としていた。

218　第Ⅳ部

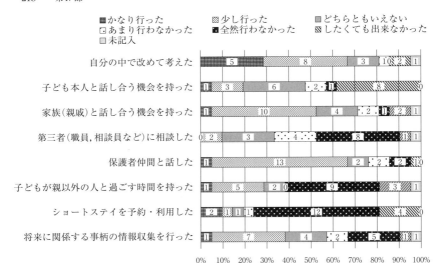

図 9-7. 一か月後アンケート Q5. 勉強会に参加してから，これらの事柄を実際にどのくらい行ったか（したくても出来なかったか）

表 9-8. 一か月後アンケート Q6：Q5で「したくてもできなかった」理由（選択式・記述回答）

カテゴリー	回答数 （選択・自由回答）	記述例
利用可能な支援がない	4	SS →予約が取れない
抵抗感があった	2	※選択式に○のみ
子どもが不安定になるのが心配だった	3	一ヶ月の予定を本人が既に決めているのでそれを変更することが難しい。
子どもの障がいが影響して出来なかった	4	重度で話が通用しない。
機会が少ない	1	月1回の保護者会ぐらいと話し合う機会が限られているので。
親の考えがまとまらない	1	親の考えがまだまだ検討する事柄がいろいろあってなかなか進まない。

※未記入（8）

一か月後アンケート質問項目7では，質問項目4・5で挙げられた事柄以外に親が行った将来に関する準備について自由記述にて尋ねた。分類結果は以下の通りである（表9-9）。

表9-9．一か月後アンケートQ7：その他行った将来に関する準備

上位カテゴリー	カテゴリー	回答例
本人への働きかけ	身辺自立（2）	食事の時の配膳，下膳，衣類の整理（タンスにしまう，洗濯カゴに入れるなど）
	社会性を伸ばす（4）	特にありません。何か出来るようには無理なので，性格が大事だと思うので，穏やかな，人に嫌われないように育てています。
		自我が強いので協調性や我慢等をことあるごとに教えている。
	意思表示（2）	自閉傾向で言葉がはっきりしないので，せめて「イエス」「ノー」の意思表示が出来るように声掛けをしている。
社会資源の利用	ヘルパー利用を維持する（1）	週一回行っているヘルパーとの外出を今まで通りに行った。本人も楽しみにしているし行く（出かける）ことが当たり前になっている楽しみな時間のようです。
	SSの利用（1）	勉強会の後，SS（2泊）を行いました。これより前には"お試し夕食"もやっていただきました。この宿泊から戻った日，自分の物をキチンと片付けるようになりました。「預けられた」という印象を持たせないように気を配ったつもりです。"お母さんの訓練なの"と話しました。
家族内の動き	パターンの変化（1）	家族との外出のパターンで，父親との外出が増えた。
	親亡き後を考える（1）	私が先に死亡した時のこと等。
子どもの将来を考える	経済面（1）	子どもの生活費等改めて計画を立ててみた。
	成年後見制度（1）	成年後見について調べた
他人に託す下準備に出る	記録を付ける（1）	親心の記録を作ろうと少し準備した
	医者に相談する（1）	（※子どもの身体にある一部欠損について）手術をすると発作に影響が無いかどうか医師に相談した。

※（ ）は回答数。分類不可（1），未記入（8）。複数回答有。

＜本人への働きかけ＞，＜社会資源の利用＞，＜家族内の動き＞，＜子どもの将来を考える＞，＜他人に託す下準備に出る＞の5つのカテゴリーを得た。そのうち，＜本人への働きかけ＞の下位カテゴリーである【意思表示】や，＜社会資源の利用＞，＜家族内の動き＞の【パターンの変化】，＜他人に託す下準備に出る＞の【記録を付ける】は，プログラム内で触れていた内容であった。このことから，プログラムで紹介された内容を，親が一か月の間に実際に行動していたことが明らかになった。特に，「家族との外出のパターンで，父親との外出が増えた。」という＜家族内の動き＞の［パターンの変化］は，プログラムの参加者の中だけでなく，その他の家族メンバーにも影響を与えた可能性が高いことを示している。

　また，＜社会資源の利用＞の【SSの利用】には，以下のような記述があった。

> 勉強会の後，SS（2泊）を行いました。これより前には"お試し夕食"もやっていただきました。この宿泊から戻った日，（子どもは）自分の物をキチンと片付けるようになりました。「預けられた」という印象を持たせないように気を配ったつもりです。"お母さんの訓練なの"と話しました。

この記述からは，プログラムを受けた後にショートステイの利用をしたこと，その経験から母親が子どもの成長という変化を掴んでいること，そして何よりも，この動きに出る際に母親が子どもの心理面に配慮をして進めたことがわかる。その他にも，【ヘルパー利用を維持する】という，これまで既に行っていた行動の継続をした参加者が見られたことは，親のそれまでの方向性を支えるものとしてプログラムが機能した可能性もある。

　ここまで，プログラムを受けて一か月の間で，家族が様々な行動を起こしていることが示された。しかし質問項目6では，研究者が設定した行動に対する親の「したくても出来なかった」理由が見出された。そこで質問項目8では，知的障がいのある子どもの将来の準備に動きづらい理由について自由記述式で尋ねた。その結果，＜サービスの不足＞，＜親に時間が無い＞，

表 9-10. 一か月後アンケート Q8：知的障がいのある子どもの将来の準備に対する動きづらい理由

上位カテゴリー	カテゴリー	回答例
サービスの不足	相談窓口（1）	相談に関する身近な窓口が無い。
	利用可能な施設（2）	利用できる施設が，入所，通所，GH 等種類も数も少ない。
親に時間が無い	本人のケアのため（3）	・自由に行動できる時間は，施設に子どもが行っている間。 ・説明会など土日にあると絶対に出かけられない。
	ケアの板挟みのため（4）	本人の世話，親の介護，家事などであまり時間が取れない。
子どもの障がいの程度や個性（2）		こだわり…次々…とありなかなか社会に適応しにくいと思われる。
親の思い（1）		親のわがまま。
支援者と関わる難しさ	安心して預けられる他者がいない（1）	親として動ける間は一緒に生活したいと思います。入所施設などは色々見てきましたが，安心して預けられるとは言い難いと思います。職員は年々若くなっていて気配りも足りないと思われるなど，手離す気にはなれません。
	きょうだいがケアを担う難しさ（1）	私は親ではないので GH の寮母さんとの関わりで私事をどこまで話す必要があるのか等，寮母さんによって難しい。

※（　）は回答数。未記入（8），複数回答有。

＜子どもの障がいの程度や個性＞，＜親の思い＞，＜支援者と関わる難しさ＞の上位カテゴリーを得た（表9-10）。

いわゆる公的なサービスに対して，親はこれまでも指摘され続けている＜サービスの不足＞を感じると共に，【安心して預けられる他者がいない】という＜支援者と関わる難しさ＞を感じていることがわかった。また，＜支援者と関わる難しさ＞には，親ではなくきょうだいの立場の参加者から，どこまで関わっていいのかに戸惑うという【きょうだいがケアを担う難しさ】が得られた。さらに，親は【本人のケアのため】，そして子どものケアだけでなく祖父母世代のケアを担っているという【ケアの板挟みのため】に，＜親に時間が無い＞ことも子どもの将来の準備に動きづらい理由であることがわかった。

第5項　プログラムの心理的影響や，その他改善点

　直後アンケートの質問項目1は，プログラム内容のわかりやすさを尋ねている。プログラムには親の心理的プロセスなど簡略化した研究結果も含まれており，老年期の親にとって理解しやすい内容であったかどうかを確認するためである。結果的に，約90％の参加者にとって理解しやすい内容であったことがわかった（図9-8）。専門用語は使わない，事例を盛り込むなどの工夫の効果だと言える。

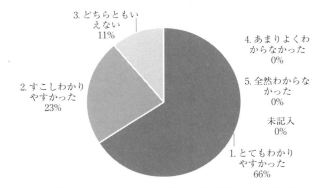

図9-8．直後アンケートQ1　今日の内容はどの程度わかりやすかったか

　次に，一か月後アンケートの質問項目2では，プログラムを受けることの心理的影響として「つらさ」に着目をして，回答を求めた（図9-9）。
その結果，「5＝とてもつらかった」の5％と「4＝少しつらかった」の52％を合わせて，57％という過半数以上の参加者がプログラムを受けてつらいと感じたことがわかった。「3＝どちらともいえない」は28％，「2＝あまりつらくなかった」の5％と「1＝全くつらくなかった」の5％を合わせて10％の参加者はつらくなかったと回答している。そこで引き続き質問項目3にて，つらかった理由を自由記述で尋ねた。便宜的に質問項目2の回答を3件法に

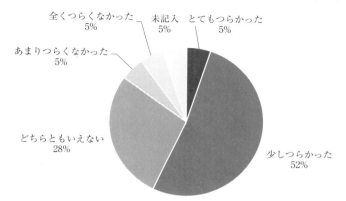

図 9-9. 一か月後アンケート Q2. 今回の勉強会の「将来のことを考えるつらさ」の回答

て分類し直し，その記述内容を示した結果が表 9-11 である。

つらかったと回答した群からは，【将来の不安】，【踏み出せなさ】，【外部のケアに期待出来ない】，【希望と現実のギャップ】，【切迫感がある】，【せかされた思い】，【将来へのネガティブなイメージ】の 7 つのカテゴリーを得た。【踏み出せなさ】や【せかされた思い】からは，参加者はプログラムを受けて，漠とした不安が喚起されたり将来のために自らが動けていないように感じてしまったりすることがわかった。また，【切迫感がある】には，プログラム内容ではなく，参加者の直近の家族状況が記述されていた。このことから，既に緊急事態への警鐘が鳴りつつあるような家族にとって，プログラムが直面化として機能し，つらさを引き起こしてしまったのではないかと思われる。健常者家族の場合，「親離れ子離れ」や「子どもの将来」，「独立」などのフレーズには，子どもが一人前になったことを意味するポジティブなイメージがある。しかし，「将来というのはイコール"死"，"別れ"です」という回答例に見られるような【将来へのネガティブなイメージ】からは，知的障がい者の親が持つ「親離れ子離れ」や「将来」という言葉に対するネガティブな意味づけの根強さがうかがえた。親子が離れること自体のネガティブなイ

表 9-11. 一か月後アンケート Q3：今回の勉強会に参加して
「将来のことを考えるつらさ」の理由のカテゴリー

Q2の回答	カテゴリー	回答例
つらくなかった	考えていたこと (2)	年齢的にも考えていたので
どちらともいえない	目新しい内容が無かった (2)	他の人の話（友人など）とそう相違無かったため。想像の範囲内でした。
	切迫感がない (1)	分かってはいることですが実感が，切迫感がまだありません。
	決心がつかない (1)	考えなければいけないのだけれど，親の決心がつかない。
	悩むより行動しようと思っている (1)	今は1年後，5年後，10年後と準備出来ることを悩むことより，行動していこうと思うので，つらいことは考えないでいる。
つらかった	将来の不安 (3)	将来の見通しがつかない点。
	踏み出せなさ (2)	家に居ることは本人，家族ともに楽なことです。自立して，家族の元から他者との中で生活することの大切さは理解できますが，それをきっかけに何か思いもかけないような変化があるのでは…などと心配しています。大切なこと，必要なことと理解しているが，なかなか一歩が踏み出せない。
	外部のケアに期待出来ない (1)	いつか離れて暮らさなければならないと思うと，親より本人に合った介護が出来る施設があると思えないのでつらい。
	希望と現実のギャップ (1)	地域で本人が暮らせる場所が今年末から2〜3箇所出来る予定ですが，入れる方は人数的にも状況（例えば一人，片親など）も厳しいと思っています。
	切迫感がある (2)	短期間に3名の身内を亡くし，その看病，見舞い，その後のことで大変に疲れていましたので，娘もいつかその時が来るのだと思うだけで涙が出ます。
	せかされた思い (1)	何かせかされている感じがしました。
	将来へのネガティブなイメージ (1)	将来というのはイコール"死"，"別れ"です。

※（　）は回答数。分類不可 (1)，未記入 (3)

メージや，親子が離れて幸せに暮らすことのイメージのつかなさは，例えプログラム内で経験者の語りを紹介してもすぐに覆ることはない強固なものであることが見出された。

どちらともいえないと回答した群からは，【目新しい内容が無かった】，【切迫感がない】，【決心がつかない】，【悩むより行動しようと思っている】のカテゴリーが見出された。回答者の性格特性かもしれないが，【悩むより行動しようと思っている】という前向きな回答が得られたことは，プログラムに親や家族へのエンパワーメントを盛り込むという視点からは有意義な知見と思われた。

　つらくなかったと回答した群の理由としては，【考えていたこと】という回答が占めた。しかし，同じように将来について考えていると思われる，つらかった群の回答者と何がつらさの境目となったのかについては，今回は捉えきれなかった。

　最後に，一か月後アンケートの質問項目9では，今後の勉強会の参考として知りたいことを自由回答にて尋ねた（表9-12）。その結果，＜「見えなさ」の対処のために＞，＜将来の準備のために＞，＜子どもへの働きかけのために＞，＜差別のない社会作りのために＞の4つの上位カテゴリーが得られた。

　＜「見えなさ」の対処のために＞には，【親亡き後】，【家庭外施設生活の様子】，【行政や福祉の緊急対応の行われ方】というカテゴリーが含まれる。本プログラムでも扱った内容についてより具体的に知りたいという要望とも言える。

　＜将来の準備のために＞には，【法制度について】，【離れた地区の情報の得方】，【重度・医療ケアが必要なケースについて】，【きょうだいに焦点を当てた内容】，【主体的に動く意欲を持つ方法】の5つのカテゴリーがある。【主体的に動く意欲を持つ方法】のカテゴリーが得られたことは，「動く」ということの難しさを示すと共に，動くことの背中押しをして欲しいという援助要請であるとも読み取れた。今後はプログラム内容に，親に対するエンパワーメントを狙いにした内容が必要ということを示していると言える。

　＜子どもへの働きかけのために＞には，【最近の療育について】と【障がい

表 9-12. 一か月後アンケート Q9：今後勉強会でもっと知りたい内容について

上位カテゴリー	カテゴリー	回答例
「見えなさ」の対処のために	親亡き後（1）	親亡き後
	家庭外施設生活の様子（2）	どのような生活をしているのか具体的な様子を聞きたい。
	行政や福祉の緊急対応の行われ方（2）	何から手を付けて良いかわからないが、急にそのような状況になった時、どのような流れで本人が親元から離れていくのか、行政や施設の方は手助けしてもらえるのかということです。
将来の準備のために	法制度について（1）	成年後見制度がなぜ必要なのかもう少し詳しく話を聞きたい。
	離れた地区の情報の得方（1）	本人は父親の転勤で色々学校、作業所等を映ったのですが20年くらい前に居た〇（地名）に行きたいと言います。自分たち親の年齢を考えると早く行動に移さなければと思いますが、〇（地名）の情報を得ることが難しいです。
	重度・医療ケアが必要なケースについて（3）	障害の違いで施設等が違う。ケアホームなどの情報が欲しい。
	きょうだいに焦点を当てた内容（1）	「将来は同胞を見ます」と言ってくれるきょうだい、それに甘えていいか？否。やはり障がいの子どもも段々と老化し、今のままではいかない。そう思うとやはり親の代で結論を出すのが良いのでは、と悩む。「きょうだいの在り方、関係」などの話が聞きたい。
	主体的に動く意欲を持つ方法（1）	"もっと"と意欲を持ちたいです。もうじき〇歳になります。ほんの数十年前にはとうに亡くなっている年齢です。子どもといつまでもどこへでも行きたいといのが本音です。自身の体力の衰え、老化を実感しています。娘との時間を大切にしながら、その子の為にできることをしておきたいです。知りたいため、情報を得る為に動ける自分でいたいものだと思っています。
子どもへの働きかけのために	最近の療育について（1）	40代自閉傾向の子は教員もよくわからず親のしつけが悪い…的な言われ方をした時代だったので…今はかなり個性として捉え社会適応しやすいような教育をされているとのこと…そんな話も聞いてみたいと思います。
	障がいのある子どもの気持ち（1）	親の気持ちではなく子どもの気持ちを知りたい。
差別のない社会作りのために	北欧の福祉制度から取り入れられること（1）	障がいを持った人の差別が少しでも縮まる社会作りに若い研究者の方々の勉強、試みを期待、応援しています。既に行っていることもあると思いますが、北欧の福祉を学んでこれを日本に合った形で取り入れて行えればと思います

※（ ）は回答数。思いつかない（1），未記入（7），複数回答有。

のある子どもの気持ち】の2つのカテゴリーがある。【最近の療育について】の回答を見ると，療育の知見が乏しかった時代を過ごした親が，今後の子どもの社会適応のために現在の療育の知見を知りたいという思いが読み取れた。そして，本プログラムでは触れていない【障がいのある子どもの気持ち】を知りたいという意見は，第4章の研究2でも見出されたように，親の行動指針として＜子どもの気持ちを大事にしたい＞という思いがあるためと思われる。障がい特性故にサンプリングが偏ったり限られたりすることが想定されるが，実際に家庭から家庭外施設へと移行した知的障がいのある子どもにインタビュー調査を行うことは，将来について不安を抱えている親にとって有意義なものになり得ることがわかった。

　【北欧の福祉制度から日本に取り入れられること】というカテゴリーは，＜差別のない社会作りのために＞を上位カテゴリーとした。社会の中での差別を感じている障がい者家族の意見が浮き彫りになっていた。

　以上，直後アンケートと一か月後アンケートから見出されたプログラムの効果を示した。

第6節　考察

第1項　プログラムの対象者について

　今回の試行実践の参加者は，子どもが利用している通所施設から本プログラム（通所施設からの案内には勉強会と記されていた）の案内が配布され，参加しようと行動を起こした親たちという共通点がある。その結果，「知的障がいのある子どもの将来の生活場所」というプログラムのテーマに対して，ある程度向き合う準備のあった親と言える。直後アンケートと一か月後アンケートの結果からは，プログラムに対して「新しい視点があった」と感じた参加者と，「新しい内容は無かった」と感じた参加者の存在が明らかになった。本

プログラムの狙いは,「親の主体性に働きかける」,「モデルストーリー不在へのアプローチ」の2点のため,子どもの将来の生活場所や親亡き後に関連する事柄について情報を全く持っていない人や,考えないようにして来た人に対しては狙い通りの内容であったと思われる。しかし,既に具体的な情報収集をしている人や保護者仲間と話し合っている人にとっては,内容が既知のものとして適さなかったかもしれない。このことから,本プログラムは将来のことを考える契機としての役割を担う初歩的な部分に位置づけられると考える。

また,両アンケートの分析結果から見出せたことは,50～60代の親が自身の親と障がいのある子の「ケアの板挟み」状態になっていることにより,知的障がいのある子どもの将来の準備に動けないという状況である。今後は晩婚化の社会的変化などの状況を受けてこれまで言われてきた家族ライフサイクルも変容していく可能性もあるが,一般的に親は40～50代の中年期の時期に,思春期・青年期の子どもと70代を過ぎた祖父母に挟まれて中年期夫婦がケアの板挟みに合うと言われている(中釜,2008)。今回参加した知的障がい者家族は子どもが30～40代であり,健常者の場合は親元から独立して新たな世帯を作っている年齢とも考えられる。つまり,知的障がい者の親は,健常家族の親よりも長きに渡ってケアの板挟みを経験し,まずは自らの親(子どもからすると祖父母)の介護を終えてから障がいのある子どもの将来を考えようと計画していた場合,祖父母を看取った頃には親自身も高齢になり,新たに子どものために動く体力や気力がなくなってしまっているという状況が見出された。このことから,プログラムで対象とする親の年齢を下げ,ケアの板挟みに遭う前の比較的余裕がある状況の親(例えば子どもが特別支援学校に通っているなど)に対して早期の啓発を行う可能性も考えられた。

第2項　プログラムを誰が実践するかという問い

本研究では,A区にあるB通所施設の心理士として勤務している筆者が心

理教育プログラムを実践した。B通所施設で実施した回において,「勤務している心理士が行う勉強会」という条件が実際に参加者にどのような影響があったかは本研究では検討できていない。しかし筆者の勤務内容は,支援員のコンサルテーションや軽度知的障がいのある利用者のカウンセリングのため,親や保護者との関わりは送迎時に挨拶する以外に持っていない。また,E区F通所施設には,今回のプログラムが初めて訪問であった。つまり,今回の試行実践ではファシリテーターと参加者の間の関係性は実践の場のみであった。両アンケート結果からは,プログラムを行う者と参加者との信頼関係によってプログラム内容の届き方が異なる可能性も推測された。そのため本プログラムを,既に親との関係性を築いている通所施設職員が行うことで,日々子どもの様子を見ている通所施設職員の言葉としてより影響をもたらす効果があることも考えられる。

第3項　プログラムの修正案

(1) タイトルの「知的障がいのある子どもの将来の生活場所を考える」を変更する

　プログラム冒頭では,「在宅ケアを続けること」も「子どもを家庭外施設に利用すること」も,どちらも優劣はなく,知的障がいのある本人を含んだ家族での決定が行われることが望ましいという前提を説明している。また,プログラムのタイトルは「在宅ケアを続ける」も「子どもを親元から離す」も方向性を定めないような中立な意味合いを込めて「知的障がいのある子どもの将来の生活場所を考える」と付けた。しかし,「将来とはイコール,"死","別れ"です」という親の言葉がアンケートに記されていたことから考えると,知的障がい者の親や家族にとって「子どもの将来」という言葉には,それ自体にネガティブなイメージが想起されやすく,回避的な親や家族はそもそもプログラムに参加しなかった可能性がある。同時に,プログラムの中立的な狙いの言い回しが,参加者の中で漠としたイメージを生んでしまい,本

来プログラムで伝えたかった「在宅ケアと家庭外施設利用のどちらの生活形態を選択するにしろ将来の準備は必要である」というメッセージではなく，「家庭外施設利用するためには将来の準備が今すぐ必要である」といった内容に伝わってしまった恐れがある。そのため，プログラムのタイトルには「一緒に暮らし続けるために，家庭外施設を利用するために」などの副題を付け，参加者である親の誤解や回避行動を招かないような配慮が求められる。このように，「将来」というキーワードが，それ自体でネガティブなイメージを持つことは障がい者家族の特徴かもしれない。

　また，そもそも在宅ケアの継続と家庭外施設利用で揺れている親にとって，研究者が示した「2つの選択肢のうち，どちらを選んでもいい」というスタンスはそれ自体が葛藤を生んだ危険性がある。直後および一か月後アンケートの結果から，在宅ケア家族の揺れる思いに対する共感の反応が得られたことから考えると，プログラムに求められたことは「親が葛藤体験をすることは当たり前のこと，揺れながら将来のために何か行動をすることで選択肢が見えてくることがある」といったメッセージの提示という修正案も考えられた。

(2)「在宅ケアを続けるために」というトピックを作る

　プログラムのタイトルの変更に関連する修正案として，「在宅ケアを続けるために」というトピックを設けることが挙げられる。一か月後アンケート結果からは，「急かされているような気がした」，という声や「つらかった」という参加者の率直な意見が寄せられた。「将来の準備は必要である」と銘打つことで，親や家族にとっては"現在自分達がしていることとは別のことをした方が良い，今のままではいけない"という印象を与えてしまった危険性がある。親が現在持っているケア能力を，現在のためだけでなく時間軸を未来に移して活かすこと，つまり，「将来の準備は現在のケアの延長線上にある」といったような紹介の仕方をすることで，抵抗感なく家族の文化に受け

入れられたかもしれない。

　そのために，第4章（研究2）の在宅ケアをしている両親のインタビュー調査から見出された，両親が出来る限り知的障がいのある子どもと一緒に暮らし，親亡き後はきょうだいにケアを託すことを計画している家族の事例を，トピックとして取り上げることが求められると考えた。研究2で「在宅ケアが最善」と捉えていた親は，きょうだいの意思を聞き，家族で話し合うことを経て，その結論を選択していた。これらを「在宅ケアを続けるために」として紹介することが考えられる。

　また，一か月後アンケートの結果から，「きょうだいの気持ちを知りたい」と言う声が寄せられたこと，及び「両親が健在なうちに家族で話し合いたかった」というきょうだいからの感想が得られたことは，家族内でもその話題について話せていない家族が多いことを示している。中根（2006）は，プランニング理論を参考にし，親子の関係性やきょうだいを含めた障がい者家族が段階的にケア体制を移行できるようなプロセスの支援が必要であることを指摘している。プランニングを行うためには，その必要性を障がい者本人を含めた家族が認識することが前提となる。この点からも，家族を含んだ意思決定の必要性を家族に伝えていく必要性があることがわかった。

(3) 家族同士が交流を持つ場面の可能性の検討

　本プログラムでは，参加者同士の交流をはかるグループワークを行わなかったため，席の近い参加者同士がプログラム中に雑談する程度の交流に留まっていた。心理教育プログラムにピア・グループとしての役割を持たせるために，自身の状況についてテーマを決めて家族が話し合う時間を持つということも出来る。しかし，心理教育プログラムの中にピア・グループとしての役割を持たせる場合，今回行ったような「知的障がいがある子どもが利用している通所施設の家族会時に行う」という形態が適しているかどうかを判断する必要性がある。通所施設を利用している家族は，小学校・中学校と同

じ地域で過ごしてきていることが多く，そのような状況で家庭環境や親亡き後に関連するようなプライベートな内容を話すことに抵抗がある親もいる可能性がある。多くの先行研究からは，家族のソーシャル・サポートとして機能しているのが保護者仲間だということが明らかになっているが，第4章の研究2の調査協力者からは，「子どもの施設利用については話さない。何でだろうね？」「（子どもの施設利用が）失敗するかもしれないから？」というように，デリケートな話題であることを伝える語りが得られた。また，親の会などで施設を立ち上げた場合，資本金などを多くの親から募っても実際に入所して「その恩恵に預かれる」のは数名の親であることなど，我が国の施設不足の現状から顔見知りの親同士が話し合うには難しいという想定も出来る。プログラムにピア的な要素が必要に見える反面，誰とピア・グループになりたいかは親によって異なることが想定され，慎重になることが求められる。ピア・グループとしての役割を持たせる場合は，プログラムを通所施設にて行うのではなく，いくつかの地域から家族が集まる場所にて行うのが良いかもしれない。しかし，参加者は高齢であることも予想されるため，プログラムのアクセスしやすさとのバランスを取る必要があるだろう。

(4) 知的障がいのある子どもからの視点や，声を足す

　一か月後アンケートの結果から，知的障がいのある子ども本人の気持ちが知りたい，という意見が得られた。実際に第Ⅲ部の調査協力者の親たちも，知的障がいのある子どもの気持ちを大事な行動指針としていたことや，子どもの様子から利用している家庭外施設の評価を下していたことなどから，「子ども本人の視点」が親にとって最も気になる事柄であることは想定できる。実際に家庭外施設利用に至った知的障がいのある子どもにインタビュー調査を行う方法が考えられるが，その場合，言語を介したコミュニケーションが可能な比較的軽度の知的障がいのある子どもが研究対象となりやすい。このような限界も考えられるが，親や家族にとって「本人の言葉」を届ける

ことは有意義であると思われる。

　また，研究3（第5章）の計画的に利用したと思われる両親たちは，準備期には家庭外施設の利用に向けて親が動いている事実を子どもに共有していなかった。そこには「決まってもいないことで不安にさせても嫌だから」というで思いが共通して存在していた。将来は子どもを親元から離そうと考えている在宅ケア中の両親（第4章の研究2）も「今言って抵抗感を持たせたくない」と準備については本人に言わないかたちで行っていた。親が親亡き後や将来を考えて親元から離す準備を行っていることを子どもがどのように受け止めるかについては，子どもを親元から離す前の段階では分からない。そのため，親からしたら不用意に心配を掛けたくない，抵抗感を持たせたくないという感情を抱くのは最もである。プログラムの中でも紹介した，子どもについて生活記録を付けるなど親だけが行える準備は子どもへの影響も少ないが，ショートステイ利用などは子どもへの直接的な影響のある動きである。試行実践参加者のアンケート回答にあったように，ショートステイ利用をする際に「これはお母さんの練習なの」と声掛けするなど，「子どもの気持ちに配慮した準備の仕方」などの内容も追加として必要性があることが見出された。

第4項　本研究の意義

　試行実践の結果から本プログラムには，モデルストーリーを提示することなどによって親が方向性のヒントを得て，子どもの将来のために主体的に動こうと刺激する効果があったと思われる。このようなプログラムを継続的に行うことにより，子どもの将来のために行動している親を心理的に支えながら，その動きの後押しをすることが可能になるだろう。

　また，本研究の結果から，"将来"や"親亡き後"といったワードを用いること自体が，知的障がい者の親や家族にとって心理的葛藤と直面化させる刺激になりうること，及び親や家族につらさを経験させる危険性が示された。

このことは，臨床心理士や心の専門家が，親や家族を対象としたプログラムの構成に携わることの意義を見出せたと言える。同様に，知的障がい者の親や家族に働きかける際に，親や家族が持つ他者侵襲性を刺激しないように細心の注意を払うことが求められる知見を得たことも意義と言える。知的障がいのある子どものケアを長年担ってきた親や家族は，障がい者の親以外の人からの助言に対しては「外集団の人間には自分の気持ちはわからない」と思いやすく，同時に，同じ障がい者の親に助言された場合には，子どもの障がいの種類・程度の違いから「自分の気持ちはわからない」とシャットアウトしやすいことが本研究を通して浮かび上がった。親がそのように捉えやすいのは，社会との摩擦の中で何度も揺れ，その中で手に入れた「家族システムの安定」を揺るがしたくないという防衛反応なのかもしれない。このことから，援助者には家族とのラポールの形成，押し付けない態度の中で家族の支援に当たることが求められる。

　麦倉（2004）は，知的障がい者の親が子どもの施設入所という出来事を経験する中で，どのようなアイデンティティを形成しているのかについて迫り，親が親としてのアイデンティティから，障がい児の親としてのアイデンティティを強く形成すればするほど，ケアを丸抱えする傾向が強くなることを示唆している。本心理教育プログラムの参加者からも，「親の責任と思うことも必要です」という声が得られた。「知的障がいのある子どもの将来を考えることは親の責任」という考え方は，もしかしたら多くの知的障がい者の親には納得いくものかもしれない。しかし，それはパターナリズムの危険性があり，知的障がいのある子ども本人を「ケアの受け手」に規定し続ける動きである。知的障がいがあっても，将来や生活場所について選択する権利がある，それを実現するために親や家族の協力が必要である，という考え方を家族の中に広めていく必要がある。そのためにはプログラムに対する抵抗感を軽減するための配慮もさらに必要であることもうかがえた。具体的には，実際の知的障がい者家族の経験談からプログラムが構成されたということをさ

らに前面に出すことが考えられる。そして参加者の声を活かしながら修正を加えていくということを伝え，参加者がプログラム内で紹介されている家族を内集団として認識できるようにすることが求められる。

第5項　本研究の限界と今後の展望

まず，本研究は試行実践としての回数は2回に留まっており，参加者も約60名と少数である。その結果，直後アンケートや一か月後アンケートの効果検討も不十分と言える。今後は，今回の結果を受け，見出されたプログラムの修正点・改善策をもとに内容を精緻化し，試行実践を重ねる必要がある。また，その際には福祉サービスの地域差があることを考慮に入れたプログラムの展開が求められるだろう。また，家族ごとの将来に対して向き合うタイミングを尊重することも大事だが，家族の緊急事態はいつ生じるか誰にも予想は出来ない。そのため，実践場所を通所施設だけでなく，特別支援学校など知的障がいのある本人が学童期の家族を対象に行うのも可能性の1つであると考える。

また，福祉制度の紹介の仕方を現行の新制度に乗っ取ったことで，参加者はプログラム内で紹介された事例が比較的軽度な知的障がい者家族を対象にして導き出された知見だと誤解を生んだ恐れがある。第Ⅲ部の3つのインタビュー調査を行った年は，2006年度に施行された障害者自立支援法の時代であり，グループホームとケアホームの名称は分けて使用されていた。インタビューから筆者が受けた「知的障がい者家族が持つ，家庭外施設の種類別のイメージ」は，グループホームを利用できる知的障がい者は自らホームから生活寮など日中を過ごす場所に行くことができる比較的軽度の障がいや高い能力の程度を持ち，一方ケアホームは夜間も世話人が常駐しているため重度の知的障がい者が利用するもの，というものであった。2013年に障害者総合支援法に法律が変わり，2014年4月からグループホームとケアホームの制度は一本化された。それを受け，本プログラム内ではケアホームという名称を

用いずにグループホームと紹介した。そのため，本プログラム内で紹介された研究は比較的軽度な障がい者家族を対象とした調査による結果だという誤解を受け，参加者のアンケート結果から「重度・医療ケアがある場合について知りたい」という要望が出たのではないかと思われる。そして同時に，「障害者総合支援法に変更されてからグループホームとケアホームが一元化された」ということを家族が知らないという可能性も浮き彫りになった。後者の可能性は，目まぐるしく変化する福祉政策に高齢の親が付いていけない（紫藤・松田，2010）の指摘や，本研究第Ⅱ部のアンケート調査から通所施設職員が感じている「制度が家族にとってわかりにくい」という指摘と一致する。これらのことから，今後も老年期の親を対象にする際は，制度についての補足などわかりやすさに優先を置くことが求められる。

　そして，プログラムを受けることで親につらさなどの心理的影響があったことから，個人の相談時間を設けることやフォローアップ面接を行うなど，親の心理面のケアと共にプログラムを展開することで心理的影響の軽減を図ることなどが想定される。

第Ⅴ部　今後の家族支援の発展

第10章　総合考察

本章では全体の総合考察として，各部の概観，臨床心理学的意義，本研究の限界と今後の展望をまとめる。

第1節　本研究で得られた知見

第1項　第Ⅱ部の概観

第3章では，親亡き後をめぐる知的障がいのある子どもの将来の生活場所に関する家族支援が，通所施設にてどのように行われているのかを明らかにするために大規模な質問紙調査を行った。その結果，通所施設職員と親の関わる機会は，①「家族会」が最も多く回答数が得られたが，参加する親は限定的である可能性があること，②日々のやり取りには「連絡帳」や「送迎」がメインであり，顔を合わせてじっくり話す機会は日常的には無い傾向にあること，また日常的にやり取りしている内容は「日々の子どもの様子」が主であること，③親としっかり関われる「面談」は年1・2回の頻度が多いこと，この機会に将来についてやり取りをしようとする通所施設職員が多いことなどが明らかになった。これらのことから，通所施設職員には日常的には子どもの将来の生活場所に関するやり取りをする機会は少ない・または職員ごとによって幅のあるものであることが想定された。また，通所施設職員と関わりの深い親と，そうではない親が存在することがうかがえたため，同じ通所施設を利用する親に対して一律に支援を行えていると言うことは難しい。そして，通所施設職員が体験する「親亡き後に関連する子どもの将来の生活場所について親と関わること」の困難には，①そもそも親と関わる機会が少な

いこと，②テーマのデリケートさから【踏み込みづらさ】を感じること，③将来について関わろうにも，直接的または間接的に【親からの拒否】を受けることなどが挙げられた。さらに，日本の現状として生活場所などの社会資源の不足という事態が，上記の困難と共鳴し，益々通所施設職員から親に積極的には関われない状態にしていることも見出された。そのため，通所施設職員にとって親と子どもの将来について関わりやすいと感じられる一番の機会は，親からの要望時であることがわかった。しかし，通所施設職員に印象的だった親亡き後に関する事例について聞くと，限界まで子どものケアを担い，親の急死や体調不良・認知症の悪化などで"手遅れ"になる事例の印象が強かった。このような場合は，福祉の基本理念である「自己選択・自己決定」よりも「生活場所の確保」が優先される。そのため，知的障がいのある子どもにとって知らない土地であったとしても，空きのある家庭外施設への移行が急遽行われることになる。

　このような現状を受け，通所施設職員が必要だと感じる親亡き後をめぐる知的障がいのある子どもの将来の生活場所に関する支援には，①高齢になっていく親自身のケアも視野に入れながら〈親を支援に繋げる〉，②制度や社会資源や生活場所に関することだけでなく，実際に子どもの生活移行を経験した親の体験を聞くなどの〈親に情報提供を行う〉，そして何よりも③親離れ子離れの必要性に気付くことや，子どものケアに関して他者に頼ることも受け入れること，将来のヴィジョンを持って準備することなど〈親が持つ意識を変える〉ことが挙げられた。この〈親が持つ意識を変える〉支援が求められたのは，将来について関わりを持とうとしても【親からの拒否】によって関わりが難しくなっている通所施設職員の現実があると推測された。そのため，親の意識が変わることでその他の支援が活きることや，逆を言えば，その他の支援を充実させても親の意識が変わらないと家族が様々な支援と繋がらないという問題点が浮かび上がってきた。

第2項　第Ⅲ部の概観

　第Ⅱ部を受け，親亡き後をめぐる知的障がいのある子どもの将来の生活場所に関して当事者である親の視点から検討したのが第Ⅲ部である。

　第4章では，研究2として現在在宅にて知的障がいのある子どものケアを行っている親16名を対象に，半構造化インタビューを行った。得られた語りをGTAにて分析し，両親が"子どもを親元から離すこと"に関してどのような意識を持っているのかについて検討した。その結果，同じ「知的障がいのある子どもの在宅ケアを行っている」という状態像であっても，両親には①在宅ケアが最善だと思っている，②将来について考えないようにしている，③いつか親元から離したいと思っているが今ではない，という意識の違いが明らかになった。また，在宅ケアをしている両親の心理的体験は，①〈在宅ケアを続けたい〉と〈親元から離したい〉の2つの気持ちの葛藤を経験していること，②普段は将来について考えないようにすることも可能だが，保護者仲間の訃報などふとしたタイミングで〈親元から離したい〉に影響を及ぼす要因が強くなると，【家族に可能な「親元から離す」に繋がる動き】に出ること，③将来について考えないようにする行為は，決して将来を楽観的に捉えているのではなく，在宅ケアをしている現在の日々を安寧に過ごすための親の努力の一つであること，などがわかった。これらの結果から，親にとって「将来」に直面化することの心理的影響が見出されると同時に，在宅ケアに至る背景ごとに合わせたサポートの構築が求められることが見出された。

　第5章の研究3では，両親が健在なうちに知的障がいのある子どもの生活移行を経験した両親の心理的体験を検討するため，11名の両親を対象に半構造化インタビューを行い，GTAを用いて分析した。その結果，両親は子どもを親元から離すプロセスにおいて≪1．子どものために親が準備する：準備期≫，≪2．家庭外施設を利用する：施設利用初期≫，≪3．親子が別々の

生活に慣れる：安定期≫の3段階を経験していた。≪1. 準備期≫の親は，【親元から離す躊躇】と【将来の不安】の葛藤を経験しながらも，親元から離れた子どもの生活をポジティブに思い描くことで準備のための行動を促進させていた。そして親が準備を行っているうちに，利用していた通所施設が入所サービスを始める，家庭外施設が居住区に新設されるなどの外的要因による施設利用のタイミングが親に訪れていた。≪2. 利用初期≫は親が最も心理的危機を経験した時期であった。親は子どもと物理的に距離があっても，利用施設に頻繁に面会に行く，帰省をさせるなど親に出来る親役割の継続を行っていた。施設利用を続けるうちに，【在宅ケアのデメリット】に気づいたり，【施設利用の肯定的な気づき】が得られたりしていく。そして協力者の両親は1年から5年の月日を経て，≪3. 安定期≫に移行していた。この時期は施設生活に関しては安定を示していたが，いよいよ親子共に高齢になることによる【迫りくる将来の不安】を親は経験していた。また，子どもを親元から離したことについて，［子どもの意思を尊重した自信］と［親の自己満足という疑念］という答えの出ない葛藤を経験していた。これらの結果から，①計画的な利用であっても親子が別々の生活に移行した際には親の心理面のケアが必要なこと，②生活移行後の親から子どもへの頻繁な接触は，親が施設生活の良さに気づくために，そして長期的に見れば親が安定期へ移行するために必要な関わりであることがわかった。

第5章で対象とした親は，"計画的に子どもを親元から離した"という点で，これまで指摘されてきたような日本の成人知的障がい者家族の現状とは異なるサンプリングであったことが想定されたため，第6章では研究4として「ケアを担う親の緊急事態により子どもを親元から離した」という条件に絞って母親4名に半構造化インタビューを行った。得られたデータをTEMを用いて分析した結果，母親は，≪1. 緊急期≫，≪2. 葛藤期≫，≪3. 安定期≫の3段階の心理的体験をしていた。≪1. 緊急期≫には，ケアを担う母親の体調不良という出来事が家族を襲う。この体調不良には，突然のもの

と，前々から警鐘が鳴っていたものの悪化の2パターンがあった。そしてこの緊急事態の深刻性がその後の親の行動や進む経路に影響していた。具体的には，一刻を争う場合，前もって見学なども出来ずに子どもを受け入れ可能な家庭外施設施設に移行させなければならない。少し猶予がある場合，見学に行く，職員と話すなどのその時の親にとって可能な準備を行っていた。また，母親に緊急事態が生じてから1週間から半年で子どもの施設移行が生じており，この期間の長短も緊急事態の深刻性が影響していた。≪2. 葛藤期≫の親は，子どもへの罪悪感，引きこもるほどの空虚感など，心理的危機を経験していた。また，施設生活で子どもに良い変化が起きていると親が感じるか，悪い変化が起きていると感じるかが，親が利用施設を信用できるか否かに影響を与えていた。なお，子どもが施設生活にすぐに慣れなくても，親が職員と協力することにより，子どもが施設生活に慣れるための工夫を行う親も居た。別々の生活に慣れる≪3. 安定期≫には，振り返ると施設利用は良いタイミングだったと感じている親も居れば，叶うならばまた子どもと一緒に暮らしたいという思いを吐露する母親もいた。このことから，緊急事態によって子どもを親元から離さざるを得なかった親に対しては，継続的な心理的支援の必要性が見出された。また，緊急事態が生じる前にショートステイなどの社会資源を利用しているか否かは，親からするとその後の親離れ子離れへの適応に影響を与えている可能性も示唆された。

第3項　第Ⅳ部の概観

第Ⅱ部，第Ⅲ部で得られた知見から，将来に対する準備が無い状態で家庭に緊急事態が生じた場合，親の思いも子どもの思いも尊重されない展開になりやすいこと，それにより親子分離後の親の心理的危機が深刻になる恐れがあることが示された。そこで，第5章で対象とした計画的に家庭外施設を利用した親のように，親の主体性を現在だけでなく将来に向けて活かすための心理教育的プログラムを開発（第8章），その試行実践を行った（第9章）。

第8章では，①親の主体性に働きかける，②親にモデルストーリーを組み込む，の2つに焦点を当ててプログラムを開発する過程を示した。まず，親の主体性に働きかけるために，通所施設職員を対象に行った大規模な質問紙調査（第3章）の結果から「通所施設職員が見た親亡き後について」と「必要だと思う家族支援」に該当する結果を抽出した。また，プログラムの対象としている親と同じ立場である，現在在宅ケアをしている両親のインタビュー調査（第5章）のデータを再分析し，両親が行っている将来のための準備に該当するデータを得た。次に，親に将来についてモデルストーリーを組み込むために，長年の準備の結果子どもを親元から離した両親の心理的プロセス（第5章）及び緊急に子どもを家庭外施設に預けることになった母親の心理的プロセス（第6章）の結果をプログラム用に簡易化した。これらからプログラム内容として，①計画的に子どもを親元から離した両親の心理的体験，②緊急に家庭外施設を利用せざるを得なかった母親の心理的体験，③現在在宅ケアをしている両親の心理的体験及び将来のために行っている準備，④通所施設職員が見た「親亡き後の事例」及び必要だと思う支援，の順で構成した。これを1時間半のプログラム時間に収まるようにし，そして高齢の親にとって見やすい資料を作成した。

第9章では，第8章で作成した心理教育プログラム内容を，都内にある通所施設4施設を利用している親を対象に試行実践を2回行い，その効果検討を行った。プログラムの直後と，一か月後にアンケートを実施して，参加者の声を検討することでプログラムの効果検討及び今後のための精緻化を行った。直後のアンケートの結果からは，①プログラム内容がわかりやすかったこと，②親離れ子離れをする必要性など親にとって新しい視点が含まれていたこと，③プログラムを受けたことで親の主体性が刺激されたと思われること，などの結果が得られた。一か月後のアンケートの結果からは，①「子どもの将来の生活場所を考える」というテーマ自体が親にとって心理的に向き合うことの難しさを呼び起こすこと，②「将来」という言葉は知的障がいの

ある子どもを持つ親にとってネガティブなイメージが強く結びついていること，③プログラムで刺激された親の主体性は，一か月が経過しても維持され，それぞれの親にとって可能な「将来のための準備」に向かわせていたこと，などが得られた。このことから，プログラムの精緻化や改善点，修正点などの示唆が得られたものの，成人した知的障がいのある子どもの親に対する心理教育プログラムを行うことの意義や今後の可能性が示されたと言える。また，今後の家族支援に対しては福祉だけでなく，心理や司法からのアプローチが同時に必要であることも示された。

第2節　臨床心理学的意義

第1項　当事者である家族の立場からの理解の促進

本研究では，成人した知的障がいのある子どもの将来の生活場所の選択・決定をめぐる支援について，当事者である家族の立場，そして通所施設職員という援助者の立場からの多側面による検討を行った。特に，第Ⅲ部では「子どもと一緒に／別々に生活する」ことをめぐる様々な状況の親を対象にし（表10-1），当事者家族の立場からの理解を重要視した。

その結果，家族の状況や年代によって体験する様々な心理的困難を描き出すことが可能になり，援助者が家族と関わる際に配慮すべきことについて，当事者の声を活かした提言を行うことができた。これにより，知的障がい児

表10-1．本研究で対象にした親の家庭状況と子どもの生活場所

	在宅	家庭外施設	
		計画利用	緊急利用
両親健在の家庭	研究2	研究3	研究4
一人親家庭	*	*	研究4

*未調査

者の親の，中年期以降のライフサイクルを通しての重要な知見が見出された。具体的には，我が国の知的障がいのある子どもを持つ親が，自身の親である祖父母世代へのケアと知的障がいのある子どもへのケアの2つを担うという「ケアの板挟み」を健常者家族よりも長期に渡って経験しているということである。さらに，長寿傾向の高い我が国の女性の場合，祖父母世代のケアが落ち着いた頃には，今度は自身の配偶者のケアが始まることもある。このように考えると，知的障がいのある子どもの母親は自身の人生の後半のほとんどを他者のケアを中心にしやすいということが推測される。研究3・研究4の家庭外施設利用をした親のインタビュー調査からは，子どものケアから解放されて戸惑いながらも自身の人生を歩もうとする親（特に母親）の存在があった。また，父親からは子どもが家庭外施設利用することによって，自身に変化は無くても，母親がケアから解放された変化を語る者もいた。このように，家族内のケアをめぐる複数のライフサイクルの動きの知見が見出された。

また，他領域での家族支援に応用可能性があることも本研究の意義と言える。親が子どものケアを担っているために親亡き後を不安に思い，家族支援が必要になるという状況は，例えば精神障がい者家族や引きこもりの子どもがいる家族でも同様と思われる。本研究のように将来について視点を持ったプログラムを行うことで，親や家族が主体的に将来のために動き出すきっかけの提供が可能かもしれない。それぞれの状況の親の心理的困難の相違点などを明らかにすることで，幅広く家族支援の知見を深めることが可能になるだろう。

第2項　家族を援助する施設職員と，当事者である家族という異なる立場からアプローチしたことによる関係者間の理解の促進

第Ⅱ部の通所施設職員に質問紙調査を行った結果から見えてきた知的障がい者の親のイメージと，第Ⅲ部の親にインタビュー調査を行った結果から見

出されたことには相違点が見られた。具体的には，通所施設職員からは「子どもの将来について考えているように見えない親」の存在が語られていたが，親の立場からすると障がいのある子どもが家庭に誕生してから，子どもの将来や親亡き後について考えない日は無い，最大の不安である，という語りが得られたことなどである。この相違点が生じた理由は，援助者と親の関係性により，家族が援助者に本音を話せていないためや，将来について考えないようにすることが親にとって現状を平穏に過ごすための対処である可能性などが考えられる。いずれにせよ重要なことは，援助者は，一見将来について楽観的に考えているように見える親に対しても，潜在的には不安があるだろうことを考慮に入れながらサポートに当たることが求められるということである。

　また，援助者からは親が子どもの意思を尊重しないように見え，しかし親は子どもの意思を尊重したいという気持ちが核にあると語る，という違いも見られた。本研究では，通所施設職員や知的障がいのある子どもの親を対象に研究を行ったため，子どもについての記述は全て，「通所施設職員や親からの視点による」語りに基づいている。そのため，「子どもの意思」について親や通所施設職員がどのようにキャッチしているかの言及が不充分という限界がある。知的障がいのある子どもによっては，関わる人ごとに自分の意思を変えながら相手に合わせることもあるかもしれない。また，例えば「家族と暮らすこと」と「家庭外施設などで仲間と暮らすこと」の両方の選択肢に対して子どもが興味関心を抱いている場合，子どもに意思を聞く者（親であるか援助者であるか）が，子どもの意思のうち片方のみをキャッチしてしまうこともあるだろう。それらが，通所施設職員が見た「子どもの希望を聞かない」親像と，親が語った「子どもの気持ちを大事にしたい」という親の思いの矛盾を生んでいるのかもしれない。そのため，今後は知的障がいのある本人の視点をキャッチするための研究を行うことが課題として挙げられる。軽度の知的障がいのある子どもとその親にインタビュー調査を行ってペアデータを

検討することで，親と子どもの視点の相違を明らかにすることが出来たり，第Ⅳ部で行った心理教育プログラムに子どもの視点として盛り込むことで，親や家族の行動指針の参考になったりすることが期待できる。

本研究では，家族と援助者の双方にアプローチしたことにより，このような理解の溝を埋めることが可能になった。この視点は，双方の信頼関係の構築，当事者の立場からの家族支援のさらなる充実，そして通所施設など家族を支援する援助者にとって「家族を援助する」ことへのモチベーション低下を防ぐことでメンタルヘルス向上に役立つと言える。

第3項　心理教育プログラムの今後の可能性

第Ⅳ部では，親や家族を対象に実践研究のアクション・リサーチを行った。これは，プログラムによって親の主体性を刺激し，自ら子どもの将来のための準備に動くことを狙いに行われた。今後は，「どのような立場の人間がプログラムを実践するか」，「プログラムをどのような形式にするか」，「参加者の声をプログラムに活かして発展させること」などに着目しながら，実践を積み重ねることが求められる。

さらに，家族を対象としたものだけでなく，通所施設職員などの援助者を対象に，「成人した知的障がい者の将来の生活場所の選択・決定に関して家族を援助する方法」をテーマにした心理教育プログラムの開発・発展も期待される。家族の声を元にした情報提供により，在宅ケアをしている親に将来に関する不安を吐露された際や，緊急に家庭外施設を利用することになった家族と遭遇したときなど，援助者が時宜に応じて家族を支援することが可能となるだろう。さらに，援助者が心理の知見を持って日中の支援にあたることで，家族との関係性の構築に役立てることが出来る。家族が援助者を信頼出来るようになることは，家族が抱えている他者にケアを託す不信感を緩和させられることを意味する。このように，知的障がい者家族だけでなく，家族を囲む援助者を含むマクロな視点で心理教育プログラムを発展させることが

望まれる。

第4項　方法論的多様性

本研究では，大規模な質問紙調査，親を対象としたインタビュー調査，そしてアクション・リサーチと，多様な方法論を採用した。そして実践研究から得られた知見をまた研究としてまとめることで，研究と実践を結び付ける総合的な研究を展開することが出来た。

第5項　社会システムに求められる新しい家族支援のかたちの提案

研究3（第4章）の対象とした在宅ケアをしている両親の中には，子どもに一年のうち数か月のミドルステイを利用させている両親が居た。また計画的に施設利用をして数年が経った研究4（第5章）の調査協力者の子どもの多くは，平日は家庭外施設で過ごし，金曜の夜から週末は自宅で過ごすというライフスタイルであった。本書では，前者を「在宅ケアをしている家族」，後者を「家庭外施設を利用している家族」として捉えて研究を行ったが，双方とも親や家族によるケアと，家庭外施設によるケアのバランスを取った選択をしている家族とも言える。ミドルステイなどのサービスが「子どもと一緒に過ごしながら，子どもの将来の準備を行う」といった枠組みで親たちの間に浸透することで，知的障がいのある子どもに対して親のみ又は家庭外施設のみという二分法ではないケアのかたちが社会に広まることが期待できる。さらに，研究4（第5章）の調査協力者が「いずれ建てたい」と語った，親の老人ホームと知的障がいのある子どものグループホームが一体化した施設という選択肢も，社会と親や家族で知的障がいのある子どものケアを共有する社会システムの構築のヒントとなり得る。このように，知的障がい児者へのケアに関する社会システムへの提言も本書の意義と言える。

第3節　本研究の限界

第1項　前提としていることへの問い

(1)「知的障がいのある子どもを親元から離すことは悪いことではない」というメッセージが共有できていたか

　我が国では，日本型福祉社会と呼ばれる，高齢者や障がい者などの社会的弱者のケアを家庭で担おうとする傾向が歴史的に高かった。しかし介護者の負担感への注目や，これまで主な介護者となりやすかった女性の社会的進出に伴い，家庭内で知的障がいのある子どもの介護を親が担うことの限界が囁きはじめられた。多くの研究が，我が国の"親による障がいのある子の抱え込み"の問題解決のためには親が親役割を降りる必要性を説いている（西村，2009）。しかし，未だ多くの家族が"家族がケアを担わなければいけない"という思想に囚われていると言える。この家族の思いと研究領域からの示唆は平行線を辿っている。本研究では，在宅ケアを行うことも，家庭外施設を利用することも親や本人を含む家族ごとに望ましい生活のかたちになり得る，という前提を採用した。そして実際に，研究3（第5章）の結果からは，両親が健在な家庭状況で子どもを親元から離した親は，子どもの家庭外施設生活についてポジティブなイメージを抱いていた。つまり，「子どもを親元から離すこと」も，親自身と親が思う子どもにとって最善な生活のかたちになり得るという示唆を得た。そして，心理教育プログラムでは「在宅ケアの継続も悪いことではない。知的障がいのある子どもを親元から離すことは悪いことではない」という前提のもと，研究を進めた。

　しかし，研究5-2（第9章）の試行実践の結果からは，「子どもを親元から離す」ということへの親の抵抗感の高さが明らかになった。また，研究4（第6章）の調査協力者のように，利用施設で子どもが対人トラブルに巻き込まれ

て施設変更に至るという，施設を利用したことで望ましくない出来事を体験した親がいた。親にとって，施設利用が上手く行ったという経験者の語りよりも，世間を騒がせる施設内の虐待などのイメージが強い印象を持つのかもしれない。その意味で，研究者とインタビュー調査協力者及びプログラム参加者が同じ意味で「知的障がいのある子どもを親元から離すことは悪いことではない」というメッセージを共有できていたかについて疑問が残る。また，参加者である親に対して「子どもの将来」をテーマにした話題を投げかけること自体が，親の心理面へ影響を与えるものであることがわかった。同様に，親が健在な間に家庭外施設を利用することを良しとするメッセージも，親のケアを担っていることの自負を傷つけないように配慮する必要性がわかった。これらが見出されたことは，本研究を通して，研究者である筆者の配慮の欠如があったためとも考えられる。

(2)「"将来のための準備"をすることが，家族の主体的な選択・決定に繋がる」という前提への疑問

　本研究では一貫して，「子どもの将来のための準備をすることは，どのような生活場所を選択するにしろ必要である，そのことが子どもを含んだ家族全体の選択・決定となる」という考えを根幹とした。しかし，緊急に家庭外施設を利用した母親のインタビュー調査（第6章）の結果からも見出されたように，家庭に訪れる緊急事態はその種類と深刻性は誰も知る由が無い。そのため，準備が間に合わずに緊急事態が生じる場合もあり，結果的に主体的な選択・決定に繋がらない現実もある。また，通所施設職員のアンケート結果（第3章）でも指摘されていたように，親が準備をしても子どもの気持ちが伴わないこともある。本研究では，将来の準備を行うことで子どもに悪影響があったように親が感じられた事例についての検討が不充分である。また，「親亡き後」や「将来」を考えることは親にとって直面化がつらい事柄であることを考えると，将来の準備を行っても主体的な選択に繋がらなかった場

合，在宅ケアの日常を安寧に送れたはずの親を心理的に揺らがせることにしかならない恐れがある。今後は，将来の準備を行うことで子どもに悪影響があったと見られた事例などにもアプローチし，そこからどのようなことに気を付けるべきかなどの知見を持って家族にアプローチすることが望まれる。

さらに，「子どもの将来のために親が準備する」ということを促進する本研究の前提そのものが，パターナリズムである危険性もある。障がいのあるなしに関わらず，我々は社会で生きていくにあたり，他者からの支援なしに生活することは出来ない。知的障がいというハンディキャップがある場合はなお更である。しかし子どもの将来を考える支援の前提は，「知的障がい者本人にとってどのような生活が望ましいのか」であり，親や家族の考えと異なることもあるかもしれない。そのことに意識を絶えず向けながら，当事者への援助を行ったり，家族の支援者に対する意識喚起を行っていたりする必要性がある。同様に，将来の準備を行ったことが本人にとって良いとしている根拠はあくまで「親が子どもにとっても良かったように見える」という結果を拠り所としており，知的障がいのある子どもの声を元にした検討が出来ていないことも挙げられる。

第2項　介入効果の検討

第9章（研究5-1）で作成されたプログラムを，第10章（研究5-2）にて試行実践・効果検討を行った。しかしこの効果検討は質的に検討されたものであり，量的に測定されたものではない。プログラム前後の比較検討も，プログラム後の回顧法に基づくため，客観的指標に基づくものではない。同時に，プログラムが親にとって「つらかった」という心理に影響する知見を得たものの，量的には検討できていない。そのため，十分な効果検討を行えたとは言い難い。この点は今後の研究の課題となる所であろう。また，研究5-2では心理教育プログラムを講義形式で行ったが，少人数のグループで行うなど実践方法によって，参加者の反応は異なる可能性も想定される。プログラム

の効果の発揮と，参加者の心理的影響のバランスを取ることのできる実践方法の模索が求められる。

第3項　家族の単位での検討の不充分さ

多くの先行研究が指摘しているように，これまで知的障がい者家族研究は母親を対象にしてきたという実質があり，そこから現在は夫婦（両親）や家族の単位を対象としたりアプローチがなされたりするようになってきている（内野，2006など）。本研究でもこの点に着目し，第Ⅲ部にて家族の立場からアプローチする際には，両親の単位を基本とした。しかしながら，両親だけでなくきょうだいを含んだ視点の検討は不十分であった。得津（2005）は，家族ソーシャルワークの第一のポイントとして「Family as whole - 全体としての家族」への働きかけを述べている。本研究においても，通所施設職員から「親だけでなくきょうだいを含んだ家族で話し合いを持って欲しい」という声が寄せられたこと，知的障がいのある子どもの両親が健常のきょうだいへの思いを語ったこと，心理教育プログラムの感想から「きょうだいに関する内容が知りたい」という要望が出たことは全て，知的障がい者家族支援として，この「全体としての家族」の視点が重要であることを物語っていると言える。

第4節　今後に向けて

今後の課題として，まず国内の成人期の障がい者および家族に関連する研究の積み重ねが挙げられる。第Ⅰ部でレビューを行った先行研究のほとんどが福祉分野からのものであり，心理学からの知見は少数であった。しかし，親が知的障がいのある子どもが成長していく中で様々な心理的困難を体験しているという指摘があることは，成人期になっても本人やその家族をめぐる心理学分野からの知見の深化が重要であることを示している。また，研究1

(第3章)の通所施設職員の質問紙調査結果からは,「子どもと一緒に死にたい」と思う親の声を聞いたことがある職員が少なからずいることが判明した。現状,このような親や家族に対する対応は各職員に委ねられており,必ずしも心理の専門家が対応しているとは限らない。そのような発言をする親の全てが,ニュースに流れるような無理心中や子殺しを行うわけではないが,将来を悲観している親には何かしらの心理ケアが必要だろう。また,積極的に子どもと無理心中しようという親は少なかったとしても,親子共倒れになってしまう警鐘が鳴り続ける生活の中,援助要請をせずに過ごし続けるなどの消極的な心中ともいえる親の存在もあるかもしれない。援助者側からアウトリーチを行い,ハイリスクと考えられる親や家族への接触が求められる。よって,障がい者家族に対する今後のサポート体制として,福祉分野だけでなく,医療,心理,司法との連携が求められる。そのためには各分野での知見を積み重ねることと,その共有をすることが急務である。

　さらに研究分野における今後の課題には,母親以外の家族メンバーにアクセスすることが挙げられる。障がい者を含む家族を支援の対象として考えるとき,そこには母親だけでなく,父親,そしてきょうだいが含まれる。家庭にいる知的障がいのある子どもが家庭外施設に移行するという出来事は,家族力動にも影響を及ぼすことが本研究でも示された。昨今の発達障がいに対する関心の増加から健常のきょうだいに対する研究も深まってきており,きょうだいは障がいのある同胞から様々な影響を受けていることがわかっている(大瀧, 2011)。知的障がいのある子どもが成人を迎えた家族には,健常のきょうだいの就職や自立,結婚などのライフイベントも生じる可能性がある。「親亡き後をめぐる知的障がいのある子どもの将来の生活場所の選択・決定」は,親のライフサイクル,知的障がいのある子どものライフサイクル,そしてきょうだいのライフサイクルの中で生じる。このことからも,家族メンバーそれぞれにとって支援のニーズは異なることも想定され,今後は家族メンバーや家族全体を対象にした研究が深まることが期待される。

自明のことだが，親亡き後には「親による知的障がいのある子どものケア」の継続は望めない。そのため，現状において親による子どもへのケアの比重が大きい家庭ほど，「親によるケアのその先」を考えて準備をしておくことが望まれる。それが叶わずに，親によるケアの次の準備をしなかった結果生じることの責任は，親亡き後には親以外の家族メンバーや知的障がいのある子ども本人が取ることにもなりかねない。本研究から見えてきたことは，親と子の関係性の変容の困難さと，変容には相当のエネルギーが必要だということである。本研究の研究5-2（第9章）では，通所施設を利用している知的障がい者家族を対象にしたが，今後は成人期以降の親子の関係性について変容を狙って，特別支援学校を利用している家族を対象に，幼児期・学童期から成人期の親子関係を見通した支援が展開されることなどが求められる。それにより，幼少期の知的障がい児家族に対する援助として，"親が子どもの主体性を育てる"という可能性がさらに広がると思われる。また，援助者は，知的障がいのある子どもが幼児期・学童期などから，親が持つ「知的障がいのある子どもをケアする力」を現在の時間軸だけでなく，就労の先の子どもの老後や親亡き後といった時間軸でも活かすことが出来るよう，家族に対して意識づけを行っていく必要がある。そして，家族も援助者も，「知的障がいのある子どもを含んだ家族全体の選択・決定」を行うことを諦めずに，そのための方法を模索していくことが求められる。

　知的障がいのある子どもの意思や主体性を育て，周囲が支援すること，そして親や周囲は「親によるケアの次」の準備をすることの二側面により，将来の知的障がいのある子どもの将来の生活場所の選択・決定を可能にする道がさらに広がると言えるだろう。

引用文献

American psychiatric Association (2000). Diagnostic and Statical Manual of mental Disorders. Fouth Edition (Text Revision). American Psychiatric Publishing, Arlington. (高橋三郎・染矢俊幸・大野裕訳 (2003). DSM-Ⅳ-TR 精神疾患の診断・統計マニュアル 医学書院.)

秋田喜代美・市川伸一 (2001). 第6章 教育・発達における実践研究. 南風原朝和・市川伸一・下山晴彦 (編). 心理学研究法入門—調査・実験から実践まで. 東京大学出版会 153-180.

Bailey, D. B., Simeonsson, R. J., Huntington, G. S., Comfort, M., Inbell, p., O'Donnell., & Helm, J. M. (1986). Family-focused intervention: A functional model for planning, implementing, and evaluating individual family services in early intervention, *Journal of the Division for Early Childhood*, 10, 156-171.

Baker, B. L., & Blacher, J. (2002). For better or Worse? Impact of residential placement on families. *Mental Retardation*, 40, 1-13.

Baker, B., Blacher, J., & Pfeiffer, S. (1993). Family involvement in residential treatment of children with psychiatric disorder and mental retardation. *Hospital and Community Psychiatry*, 44, 561-566.

Blacher, J., Baker, B., & Feinfeld, K. A. (1999). Leaving or Launching? Continuing family involvement with children and adolescents in placement. American *Journal on Mental Retardation*, 104, 452-465.

Dorotar, D., Baskiewicz, A., Irvin, N., Kennell, J., & Klaus. M. (1975). The adaption of parents to the birth of an infant with a genital malformation: A hypothetical model. *Pe-diatrics*, 56, 5, 710-717.

藤田政雄 (1970). 心身障害児と親子の分離. 特殊教育学研究, 8, 1, 1-5.

橋本真知子・佐久間宏 (2004). 障害児をもつ母親の自己成長感に関する研究—母親へのアンケート調査を通して—. 宇都宮大学教育学部教育実践総合センター紀要, 27, 323-332.

Heller, T., Miller, A. B., & Hsieh, K. (2002). Eight-year follow up of the impact of environmental characteristics on the well-being of adults with developmental disabilities. *Mental Retardation*, 40, 5, 366-378.

広瀬たい子・上田礼子（1989）．脳性麻痺児（者）に対する母親の受容過程について．小児保健研究，48，5，545-551．

保坂裕子（2004）．5－7 アクション・リサーチ 変化から見えてくるもの．無藤隆・やまだようこ・南博文・麻生武・サトウタツヤ（編） ワードマップ質的心理学 創造的に活用するコツ 新曜社 175-181．

井土睦雄（2013）．福祉権利の分断性と孤立死～知的障害者・家族の孤立死問題をふまえて～．四天王寺大学大学院研究論集，7，18-38．

飯野雄彦（2003）．本人支援を求めて―私の歩いてきた道―．発達障害研究，25，3，165-174．

Jennings, J. (1987). Elderly parents as caregivers for their adult dependent children. *Social Work*, 32, 430-433.

菅野 敦（2006）．知的障害の成人期理解と生涯発達．発達障害研究，28，3，183-192．

笠田 舞（2013）．知的障がい者のきょうだいのライフコース選択プロセス：中年期きょうだいにとって，葛藤の解決及び維持につながった要因，発達心理学研究，24，3，229-237．

川喜田二郎（1970）．続・発想法：KJ法の展開と応用．中公新書．

厚生労働省（2014a）．知的障害児（者）基礎調査：調査の結果 用語の解説．
　　URL ＜http://www.mhlw.go.jp/toukei/list/101-1c.html＞ （2014年11月4日）

厚生労働省（2014b）．障害福祉サービスの内容．
　　URL ＜http://www.mhlw.go.jp/bunya/shougaihoken/service/naiyou.html＞ （2014年1月30日）

厚生労働省（2014c）．障害のある人に対する相談支援について．
　　URL ＜http://www.mhlw.go.jp/bunya/shougaihoken/service/Soudan.html＞ （2014年11月4日）

厚生労働省（2014d）．統計情報 4 障害福祉サービス等の利用状況について．
　　URL ＜http://www.mhlw.go.jp/bunya/shougaihoken/toukei/＞ （2014年11月4日）

小林朋佳・稲垣真澄（2011）．Ⅰ．母子保健から見た発達障害 精神遅滞．母子保健情報，63，16-19．

倉重由美・川間健之介（1995）．障害児・者を持つ母親の障害受容尺度．山口大学教育学部研究論叢，45，297-316．

倉重由美・川間健之介（1996）．障害児・者を持つ母親の障害受容―障害受容に影響を与える要因の検討―．山口大学教育学部研究論叢，45，19-29．

Lofland, J., & Lofland, L. (1995). Analyzing social setting (3rd ed.) Belmont: Wadworth.（進藤雄三・室月誠（訳）(1997). 社会状況の分析―質的観察と分析の方法　恒星社厚生閣）

Mansell, J. & Beadle-Brown, J. With members of the Special Interest Research Group on Comparative Policy and Practice. (2010). Deinstitutionalization and community living: position statement of the Comparative Policy and practice Special Interest Research Group of the International Association for the Scientific Study of Intellectual Disabilities. *Journal of Intellectual Disability Research*, 54, 2, 104-112.

Marie, S. C. (1975). Mental Retardation Past, Present, and Future. *American Psychologist*, August, 800-808.

McDermott, S., Valentine, D., Anderson, D., M. S. Gallup, Dianne., Thompson. Susan. M. S. (1997). Parents of Adults with Mental Retardation Living In-Home and Out-of-Home: caregiving Burdens and gratifications. American *Journal of Orthopsychiatry*, 67, 2, 323-329.

三原博光・松元耕二・冨山大和（2007）．知的障害者の老後に対する親達の不安に関する調査．人間と科学　県立広島大学保健福祉学部誌, 7, 1, 207-214.

溝上　脩（1979）．障害児の家族研究―その研究課題と方法論の検討―．佐賀大学教育学部研究論文集, 27, 2, 101-116.

望月まり・秋山泰子（1999）．重複障害を持つ知的障害者の親の思いについて―在宅児通院治療を長期間続けた親の面接から―．川崎医療福祉学会誌, 9, 2, 201-207.

森地　徹（2011）．知的障害者入所施設からの地域生活移行が移行者に及ぼす影響に関する研究．社会福祉学, 51, 4, 80-90.

森口弘美（2009）．成人期の知的障害者とその親の関係性を視野に入れた支援のあり方―「全日本手をつなぐ育成会」における「自己変革」の考察をとおして―．社会福祉学, 50, 3, 29-40.

麦倉泰子（2004）．知的障害者家族のアイデンティティ形成についての考察：子どもの施設入所にいたるプロセスを中心に．社会福祉学, 45, 77-87.

内閣府編著（2013）．障害者白書　平成25年度版．
　　URL ＜http://www8.cao.go.jp/shougai/whitepaper/h25hakusho/gaiyou/index-pdf.html＞（2013年9月4日）

中釜洋子・野末武義・布柴靖枝・無藤清子（2008）．家族心理学―家族システムの発達と臨床的援助　有斐閣

中根成寿（2006）．コミュニティソーシャルワークの視点から「障害者家族」を捉える〜障害者家族特性に配慮した支援にむけて〜．福祉社会研究，7，37-48．

中田洋二郎（1995）．親の障害の認識と受容に関する考察—受容の段階説と慢性的悲哀—．早稲田心理学年報，27，83-92．

中山妙華（2010）．知的障害者の母親たちの「脱家族介助化」過程—成人知的障害者の母親に対するインタビュー調査の結果から—．社会文化論集，11，51-76．

新美明夫・植村勝彦（1985）．学齢期心身障害児の加齢に伴う父母のストレスについて—ストレス尺度の構成—．特殊教育学研究，18，2，18-31．

西永　堅・奥住秀之・清水直治（2002）．知的障害がある子どもの母親の自己受容．特殊教育研究施設研究報告，1，13-20．

西村　愛（2004）．脱施設化に伴う「知的障がい」者の生活支援に関する一考察—強度行動障がいをもつ施設入所者の保護者の聞き取りから—．社会問題研究，54，1，83-98．

西村　愛（2007）．「親亡き後」の問題を再考する．保健福祉学研究，5，75-91．

西村　愛（2009）．親役割を降りる支援の必要性を考える—「親亡き後」問題から一歩踏み出すために—．青森保健大雑誌，10，2，155-164．

能智正博（2004）．グラウンデッド・セオリー法的分析の認知プロセス〔含　質疑応答〕*Quality nursing*，10，6，571-593．

大瀧玲子（2011）．発達障害児・者のきょうだいに関する研究の概観—きょうだいが担う役割の取得に注目して—．東京大学大学院教育学研究科紀要，51，235-243．

Olshansky, S. (1962). Chronic sorrow: A response to having a mentally defective child. *Social Casework*, 43, 190-193.

小澤　温（編）（2008）．やわらかアカデミズム・＜わかる＞シリーズ　よくわかる障害者福祉［第4版］　ミネルヴァ書房

Rimmerman, A. (1995). Readiness for community residence: the AKIM-Jerusalem demonstration project. International *Journal of rehabilitation Research*, 18, 86-90

Rimmerman, A. & Muraver, M. (2001). Undesired Life events, life satisfaction and well-being of ageing mothers of adult offspring with intellectual disability living at home or out-of-home. *Journal of Intellectual & Developmental Disability*, 26, 3, 195-204.

サトウタツヤ編著（2009）．TEMではじめる質的研究—時間とプロセスを扱う研究をめざして　誠信書房

澤田英三・南博文（2001）．第2章　質的調査—観察・面接・フィールドワーク—，南

風原朝知・市川伸一・下山晴彦（編）．心理学研究法入門―調査・実験から実践まで　東京大学出版会　19-62

Schwartz, C. (2005). Parental involvement in residential care and perception of their offspring's life satisfaction in residential facilities for adult with intellectual disability. *Journal of Intellectual and Developmental Disability*, 30, 3, 146-155.

Selzer, M. M., Krauss, M. W. & Tsunematsu, N. (1993). Adults with Down Syndrome and their aging mothers: diagnostic group differences. *American Journal on Mental Retardation*, 97, 496-508.

Seltzer, M. M., Krauss, M. W., Jinkuk. H, & Osmond, G. I. (2001). Continuity or Discontinuity of Family Involvement Following Residential Transitions of Adults Who Have Mental retardation. *Mental Retardation*, 39, 3, 181-194.

柴藤恵美・松田修（2010）．知的障害児の母親の将来不安に関する研究．東京学芸大学紀要　総合教育科学系，61，1，205-212.

総務省（2012）．高齢者の人口
　　URL ＜http://www.stat.go.jp/data/topics/topi631.htm＞（2013年9月26日）

鈴木　良（2006）．知的障害者入所施設A・Bの地域移行に関する親族の態度についての一考察．社会福祉学，47，1，46-57.

鈴木　良（2013）．知的障害者の脱施設化／地域以降政策の成果に関わる評価研究―海外と日本の論文を比較して―．社会福祉学，53，4，137-149.

Strauss, A. & Corbin, J. (1998). *Basics of Qualitative Research Techniques and Procedures for Developing Grounded Theory*. 2nd ed., Sage. ＝操華子・森岡崇・訳（2004）．質的研究の基礎　グラウンデッド・セオリー開発の技法と手順　第2版　医学書院

Smith, G. C. Tobin, S. S., & Fullmer, E. M. (1995). Elderly mothers caring at home for offspring with mental retardation: A model of permanency planning. *American Journal on Mental Retardation*, 99, 487-499.

鑪　幹八郎（1977）．臨床心理　ケース研究1，臨床心理ケース研究編集委員会編，誠信書房，129-132.

田中千穂子（2005）．第6章　家族への支援，田中千穂子・栗原はるみ・市川奈緒子［編］，発達障害の心理臨床　子どもと家族を支える療育支援と心理臨床的援助　有斐閣アルマ　257-263.

田中千穂子・丹羽淑子（1990）．ダウン症児に対する母親の受容過程．心理臨床学研究，7，68-80.

武田春美（2004）．知的障害者と暮らす家族の介護ストレス―介護ストレスとソーシャル・サポートの緩衝効果―．福島県立医科大学看護学部紀要，43-55.

谷奥克己（2009）．「最重度」知的障害のある人のグループホーム入居決定要因に関する一考察―3家族の親へのインタビュー調査を通して―．臨床心理学研究，47，1，2-21.

得津慎子（2005）．社会福祉における家族支援―家族ソーシャルワーク方法論に向けて―．関西福祉科学大学紀要，9，67-80.

得津慎子（2009）．知的障害者家族に見る日常生活を維持する力―M-GTAによるプロセス研究―．関西福祉科学大学紀要，13，19-35.

十島真理・十島雍蔵（2008）．発達障害の心理臨床 基礎知識と家族システム療法 ナカニシヤ出版 3-14.

鶴野隆浩（2000）．「家族での暮らし」と「家族からの自立」の支援―知的障害児・者家族福祉の視点―．介護福祉学，7，1，70-77.

内野里美（2006）．障害のある子どもの両親に対するソーシャル・サポート―夫婦間サポートと養育ストレスに及ぼす影響―．家族心理学研究，20，1，39-52.

安田裕子・サトウタツヤ（編著）（2012）．TEMでわかる人生の径路――質的研究の新展開 誠信書房

米倉裕希子・水谷正美・和田知美（2009）．知的障害者の家族のニーズ研究―中播磨地区手をつなぐ育成会アンケート報告―．近畿医療福祉大学紀要，10，2，1-12.

Werner, S., Edwards, M, & Baum, T. N. (2009). Family Quality of Life Before and After Out-of-Home Placement of a Family Member With an Intellectual Disability. *Journal of Policy and Practice in Intellectual Disabilities*, 6, 1, 32-39.

お わ り に

　本書は，2015年に東京大学大学院教育学研究科に提出した博士論文をもとに修正を行い，執筆いたしました。まず，博士課程在籍4年目から研究室に入った私に対して終始一貫して丁寧かつあたたかいご指導をくださった，能智正博先生に心より感謝を申し上げます。それまで在籍していた研究室が解散するという事態が生じ，居場所を失った思いの中で，能智先生をはじめ能智研究室の皆様があたたかく受け入れてくださったことに本当に救われました。ありがとうございました。遠藤利彦先生，牧野篤先生，星加良司先生，石丸径一郎先生には，博士論文審査の労をいただき，かつその過程で今後の研究の糧となるアドバイスをたくさん賜りました。先生方のご意見を活かしながら，これからも研究を続けていきたいと思います。

　研究を行うにあたり，多くの方々のご協力をいただきました。日々の勤務でご多忙の中，質問紙調査をご返送くださった通所施設職員の方々，知的障がいのあるご本人と過ごしてきた生活の中での貴重な経験を語ってくださったご家族の皆様，プログラムに参加してくださったご家族の皆様には，研究を行う上でたくさんの気づきを賜りました。また，社会福祉法人武蔵野会福元與様，同じく吉倉美佐子様のご協力に，心から御礼を申し上げます。

　修士課程から博士課程における貴重な学びの機会の中で，下山晴彦先生，高橋美保先生，田中千穂子先生から，多くのご指導ご鞭撻を賜りました。臨床心理学コースの先輩，同期，後輩の皆様には，様々な場面でご助言をいただきました。

　そして，研究を行うきっかけと研究を続けられる環境，時間を与えてくれた両親と二人の姉，私の研究を理解し，常にそばで励まし支えてくれた夫にも深く感謝しています。

最後に，修士論文の研究のテーマ選択の段階から，時に厳しく，優しく親身になって相談に乗ってくださった東京大学教育学研究科　臨床心理学コース教授　故中釜洋子先生には感謝をしてもしきれません。直接御礼の言葉を伝えられないことが残念でなりませんが，修士課程からの5年間という短い時間の中で，先生にご指導いただいたことや先生の研究と向き合う誠実なご姿勢を忘れずに，今後も学びを研鑽していきたいと思います。まだまだ中釜先生にご教示いただきたかったことだらけで，今でも「中釜先生なら何ておっしゃるかな？」と思いを馳せることがある日々を過ごしておりますが，先生と出会えたご縁に感謝しながら，今後も臨床心理学の道を歩みたいと思います。

　なお，本書の出版に当たっては，独立行政法人日本学術振興会平成29年度科学研究費助成事業（科学研究費補助金）（研究成果公開促進費　課題番号17HP5190）の交付を受けております。風間書房の風間敬子様，斉藤宗親様には大変お世話になりました。記して感謝を申し上げたいと思います。

　2017年12月

　　　　　　　　　　　　　　　　　　　　　　　　　　　　山田　哲子

著者略歴

山田哲子（やまだ　てつこ）

臨床心理士・家族心理士
2008 年 3 月　国際基督教大学教養学部教育学研究科臨床心理学専攻卒業
2010 年 3 月　東京大学大学院教育学研究科総合教育科学専攻臨床心理学
　　　　　　　コース修士課程修了　修士（教育学）取得
2015 年 3 月　東京大学大学院教育学研究科総合教育科学専攻臨床心理学
　　　　　　　コース博士課程修了　博士（教育学）取得
2016 年 4 月～現在　立教大学現代心理学部心理学科准教授

成人知的障がい者の「将来の生活場所の選択」に関する研究
―健やかな在宅ケアおよび家庭外施設利用を目指す家族支援―

2018 年 1 月 31 日　初版第 1 刷発行

著　者　山　田　哲　子
発行者　風　間　敬　子
発行所　株式会社　風　間　書　房
〒 101-0051　東京都千代田区神田神保町 1-34
電話 03(3291)5729　FAX 03(3291)5757
振替 00110-5-1853

印刷　藤原印刷　製本　高地製本所

©2018 Tetsuko Yamada　　　　　　NDC 分類：140
ISBN978-4-7599-2204-2　Printed in Japan

JCOPY 〈(社)出版者著作権管理機構 委託出版物〉
本書の無断複製は，著作権法上での例外を除き禁じられています。複製される場合はそのつど事前に(社)出版者著作権管理機構（電話 03-3513-6969，FAX 03-3513-6979，e-mail: info@jcopy.or.jp）の許諾を得て下さい。